JN093042

よくわかる！
教職エクササイズ

森田健宏・田爪宏二 ● 監修

法規で学ぶ 教育制度

古田　薫・山下晃一 ● 編著

第2講 補習
子ども支援の基本的事項に関する法規：こども基本法

第6講 補習
教育職員免許法および教育公務員特例法の改正

第 15 講 補習
生徒指導提要の改訂

ミネルヴァ書房

子ども支援の基本的事項に関する法規：こども基本法

理解のポイント

2022年6月、子どもをめぐる問題を抜本的に解決し、養育、教育、保健、福祉等の子どもの権利施策を幅広く、整合性を持って実施するため、子どもの権利に関する国の基本方針、理念および子どもの権利保障のための原理原則を定めた「こども基本法」が制定され、2023年4月1日に施行されました。その背景と理念を学びましょう。

1 こども基本法制定の背景

子どもの権利保障をめぐっては、我が国は1989年に国連総会で採択された「**児童の権利に関する条約**」（以下、「子どもの権利条約」）に1994年4月に批准し、5月に発効しました。しかし、この条約を具現化する国内法が未整備であったため、子どもの権利保護が十分でない状況が続いていました。いじめ、自殺、不登校、児童虐待の深刻化や、待機児童、幼児教育・保育の無償化など、子どもを取り巻くさまざまな問題が山積しています。

そこで、子どもの最善の利益を第一に考え、子どもに関する取組や政策を強力に進めていくための理念や原理原則を「**こども基本法**」として定め、これらを統括的に担当する新しい国家組織として、「**こども家庭庁**」が設置されました。

2 子どもの権利条約

①特色

子どもの権利条約では、子どもを「保護の対象」としてではなく、独立した人格と尊厳を持つ「権利の主体」ととらえる点に特色があります。おとなと同様の人権を認めるとともに、発達の途上であることも考慮して特別な保護や配慮が必要な子どもならではの権利も定めています。

②一般原則

子どもの権利条約では、以下の4つの原則を定めています。

- ●差別の禁止

  すべての子どもは、子ども自身や親の人種や国籍、性、意見、障がい、経済状況などどんな理由でも差別されず、条約の定めるすべての権利が保障される。

プラスワン

子どもの権利条約

子どもの基本的人権について包括的に定めた国際条約。前文と本文54条から成り、子どもの生存、発達、保護、参加の原則を実現・確保するために必要となる具体的な事項を規定している。1989年国連総会において採択され、1990年に発効した。日本は1994年に批准している。

- 生命・生存・発達への権利

  すべての子どもの命が守られ、もって生まれた能力を十分に伸ばして成長できるよう、医療、教育、生活への支援などを受けることが保障される。
- 子どもの最善の利益

  子どもに関することが決められ行われる時は、「その子どもにとって最もよいことは何か」を優先的に考える。
- 子どもの意見の尊重＝意見表明権

  子どもは自分に関係のある事柄について自由に意見を表すことができ、おとなはその意見を子どもの発達に応じて十分に考慮する。

これらの原則は、こども基本法の原則にもなっています。

3 こども基本法の内容

1 「こども」とは

　こども基本法第 2 条第 1 項では、対象となる「こども」を「心身の発達の過程にあるもの」とし、年齢によって区切らず、若者まで含めることとしています。他の法規と比較してみましょう。

図表 2 Ⅱ-1　「児童」等の対象年齢

法規名	児童等の呼称		定義(対象年齢)
こども基本法	こども		心身の発達の過程にある者
児童福祉法	児童		18 歳未満の者
		乳児	1 歳未満の者
		幼児	1 歳から小学校就学の始期に達するまでの者
		少年	小学校就学の始期から 18 歳に達するまでの者
児童虐待の防止等に関する法律	児童		18 歳未満の者
労働基準法	年少者		18 歳未満の者
	児童		15 歳に達した日以後の最初の 3 月 31 日が終了するまでの者
学校教育法	学齢児童		満 6 歳に達した日の翌日以後における最初の学年の初めから、満 12 歳に達した日の属する学年の終わりまでの者
	学齢生徒		小学校または特別支援学校の商学部の過程を終了した日の翌日後における最初の学年の初めから、満 15 歳に達した日の属する学年の終わりまでの者
児童の権利条約	児童		18 歳未満の者
子ども・若者育成支援推進法	子ども・若者		年齢区分に関する規定はない。 ＊子ども・若者育成支援推進法の規定に基づき策定された「子ども・若者ビジョン」においては、それぞれ対象となる者を以下のように定義している。 ・子ども：乳幼児期(義務教育年齢に達するまで)、学童期(小学生)及び思春期(中学生からおおむね18歳まで)の者。 ・若者：思春期、青年期(おおむね18歳からおおむね30歳未満まで)の者。施策によっては、40歳未満までのポスト青年期の者も対象。

出　典 ： https://www.mhlw.go.jp/file/05-Shingikai-12601000-Seisakutoukatsukan-Sanjikanshitsu_Shakaihoshoutantou /0000096703_1.pdf を基に作成

　こども基本法第 2 条では、子どもに関する施策を、
　（1）新生児期、乳幼児期、学童期及び思春期の各段階を経て、おとなになるまでの心身の発達の過程を通じて切れ目なく行われるこどもの健やかな成長に対する支援
　（2）子育てに伴う喜びを実感できる社会の実現に資するため、就労、

プラスワン

子ども・若者育成支援推進法

有害情報の氾濫等、子ども・若者をめぐる環境の悪化、ニート、ひきこもり、不登校、発達障害等の子供・若者の抱える問題の深刻化を受け、社会生活を円滑に営む上での困難を有する子ども・若者を支援するためのネットワーク整備について定めたもの。2010 年 4 月 1 日に施行された。

結婚、妊娠、出産、育児等の各段階に応じて行われる支援
（3）家庭における養育環境その他のこどもの養育環境の整備

とし、これらのこどもに関する施策はこれに関連する施策と一体的に連続性をもって行われるべきであると述べています。「こどもに関する施策」と一体的に連続性を持って行われるべき若者に係る施策の例として、若者の社会参画支援、就労支援、社会生活を営む上で困難を抱える若者支援などがあげられていることから、新生児・乳幼児期から大学卒業程度までの者を中心的な対象としつつ、場合によっては胎児や30歳未満までの者も対象としていると考えられます。

2 目的：こども基本法のめざすもの

こども基本法のめざすところは、すべての人が将来にわたって（こども時代からおとなまで）幸福な生活を送ることができる社会の実現です。

そのために、
- すべてのこどもが、生涯にわたる人格形成の基礎を築くことができること
- 自立した個人としてひとしく健やかに成長することができること
- 心身の状況、置かれている環境等にかかわらず、その権利の擁護が図られること

を重視しています。

3 基本理念

こども基本法第3条には、6つの基本理念が定められています。

①【差別の禁止】 個人として尊重、基本的人権の尊重、差別的扱いの禁止

②【生命・生存・発達への権利】 福祉にかかる権利の保障、教育を受ける権利の保障

③【こどもの意見の表明】 意見を表明する機会の確保、多様な社会的活動に参画する機会の確保

④【こどもの意見の尊重、こどもの最善の利益】 意見の尊重、子どもの最善の利益の優先

⑤【こどもの養育を担う大人や養育環境】 子どもの養育に関する保護者の第一義的責任、家庭またはこれと同様の養育環境の確保

⑥【子育ての社会環境】 家庭や子育てに夢を持ち、子育てに伴う喜びを実感できる社会環境の整備

①〜④は、子どもの権利条約に則って規定されたものであり、⑤⑥は、これらを実現するために必要となる養育と子育て環境について規定されたものです。

4 責務等

こども基本法では、国や地方公共団体の責務のほかに、事業主や国民の努力義務についても定められています。これは、子どもの人権・権利を擁護し、福祉を増進させるためにはすべての関係者がかかわる必要があることを示しています。

学校教育に関連した、子どもの権利についての課題としては、
- 体罰
- いじめ
- 不登校
- ブラック校則
- ヤングケアラー
- 支援の必要な子ども
- 子どもの貧困

などさまざまなものがありますね。

①国の責務

こども施策の総合的な策定・実施

②地方公共団体の責務

国や他の地方公共団体との連携を図りつつ、その区域内におけるこどもの状況に応じた施策の策定・実施

③事業主の努力義務

労働者の職業生活・家庭生活の充実に必要な雇用環境の整備

④国民の努力義務

こども施策についての関心と理解、こども施策への協力

5 こども白書およびこども大綱、こども計画

①白書（年次報告）

政府は毎年、子どもをめぐる状況及び政府が講じたこども施策の実施の状況に関する報告書（こども白書）を作成して、国会に提出するとともにこれを公表することが義務付けられています。

②こども大綱

政府は、こども施策の基本的な方針や重要事項を示す「こども大綱」を定めなければなりません。

③都道府県こども計画

都道府県は、こども大綱を勘案して、当該都道府県におけるこども施策についての計画である「都道府県こども計画」を定めることが努力義務となっています。

④市町村こども計画

市町村は、こども大綱や都道府県こども計画を勘案して、当該市町村におけるこども施策についての計画である「市町村こども計画」定めることが努力義務となっています。

4 こども家庭庁

こども家庭庁設置法（令和4年法律第75号）により、2023年から内閣府の外局として「こども家庭庁」が設置されます。こども家庭庁はこどもとこどものある家庭の福祉の増進、保健の向上その他のこどもの健やかな成長、こどものある家庭における子育てに対する支援、こどもの権利利益の擁護に関する事務を担当し、「こどもまんなか社会」を目指して、こども施策の司令塔として機能することが期待されています。

1 こども家庭庁の役割

こども家庭庁の役割は次の通りです。保育・教育関連では、保育所、認定こども園を所管するのもこども家庭庁です。幼稚園については、従前どおり文部科学省が所管し、こども家庭庁と連携しながら就学前の子どもの保育・教育、家庭に対する支援を行います。

私たち国民一人ひとりが、子どもの権利に関心をもって取り組むことが求められているのですね・

- 小学校就学前のこどもの健やかな成長のための環境の確保及び小学校就学前のこどものある家庭における子育て支援に関する基本的な政策の企画及び立案並びに推進
- 子ども・子育て支援給付その他の子ども及び子どもを養育している者に必要な支援
- こどもの保育及び養護
- こどものある家庭における子育ての支援体制の整備
- 地域におけるこどもの適切な遊び及び生活の場の確保
- こども、こどものある家庭及び妊産婦その他母性の福祉の増進
- こどもの安全で安心な生活環境の整備に関する基本的な政策の企画及び立案並びに推進
- こどもの保健の向上
- こどもの虐待の防止
- いじめの防止等に関する相談の体制など地域における体制の整備
- こどもの権利利益の擁護（他省の所掌に属するものを除く）
- こども大綱の策定及び推進

2 こども政策推進会議

　こども基本法第17条の規定により、こども家庭庁にこども政策推進会議が置かれています。こども政策推進会議は、こども大綱の案を作成するなどこども施策に関する重要事項を審議し、関係行政機関相互の調整を行って、こども施策の実施を推進します。

5　今後のこども政策の基本理念

　こども基本法に基づいてこども家庭庁がこども施策を推進するにあたり、次の6つの基本方針を重視しています。

図表2Ⅱ-2　今後のこども政策の基本理念

1	こどもの視点、子育て当事者の視点に立った政策立案	2	すべてのこどもの健やかな成長、Well-being の向上
3	誰一人取り残さず、抜け落ちることのない支援	4	制度や組織による縦割りの壁、年齢の壁を克服した切れ目ない包括的な支援
5	支援が必要なこども・家庭に支援が確実に届くようプッシュ型支援、アウトリーチ型支援に転換	6	データ・統計を活用したエビデンスに基づく政策立案、PDCA サイクル（評価・改善）

出典：https://www.cas.go.jp/jp/seisaku/kodomo_seisaku/pdf/kihon_housin_gaiyou.pdf より作成

教育職員免許法および
教育公務員特例法の改正

理解のポイント

2022年7月、教育公務員特例法および教育職員免許法の一部を開始する法律が成立し、これらの法律と関連した地方教育行政の組織及び運営に関する法律や学校教育法施行規則等も改正されました。これらの改正は、新しい時代に必要な教員の資質・能力を踏まえて、教員免許制度や教員研修の在り方を大きく変えるものとなっています。

1 教育職員免許法の改正

　教員免許更新制は、2009年4月1日、定期的に最新の知識技能を身に付けることで教師として必要な資質能力を保持し、教師が自信と誇りを持って教壇に立ち、社会の尊敬と信頼を得られることを目的として導入されました。しかし、Society5.0時代の到来、子どもたちの多様化、学校の情報化といった学校をめぐる状況の変化に加え、高度な専門職であるべき教師にも、主体的に新たな知識技能の修得に取り組むことが求められるようになりました。その学びの在り方として、教師一人一人の個別最適な学び、協働的な学びが重視され、その結果、教員免許更新制、更新講習が見直されることとなりました。

1 教員免許更新制の発展的解消

　最も大きな改正は、普通免許状、特別免許状を有効期間の定めのないものとし、更新制に関する規定を削除したことです。これにより、「授与の翌日から起算して10年を経過する日の属する年度の末日まで」という有効期間はなくなり、これまでに取得済みで、改正前の規定により有効期間が定められた普通免許状、特別免許状についても有効期間が廃止されました。

2 更新講習の廃止

　有効期間の定めがなくなったことにより免許状の有効期間を更新することが不要となったため、更新講習に関する規定が削除され、更新講習制度は廃止されました。

2　教育公務員特例法の改正

　前述のように、社会環境の変化や学校をめぐる状況の変化により、教員の学び方やその内容が大きく変わってきました。これに応じて、教育公務員特例法の教員の研修に関する規定にも変更が加えられ、「新たな教師の学びの姿」を実現するため、公立の小学校等の校長及び教員の任命権者等による研修等に関する記録の作成、資質の向上に関する指導及び助言等に関する規定が整備されました。

1　研修実施者、指導助言者の定義

①研修実施者

　研修実施者とは、研修を行う主体のことです。これまで、任命権者が研修に関する計画の樹立と実施を行うものとされていましたが、研修の主体は、市町村立の中等教育学校の校長・教員については市町村の教育委員会、中核市立の小学校等については当該中核都市の教育委員会（地教行法の改正により都道府県の教育委員会も実施することができます）、それ以外の教育公務員は任命権者と定められました。

　また、同時に学校教育法施行規則も改正され、小学校、中学校、義務教育学校、高等学校、中等教育学校及び特別支援学校に、研修計画の立案その他の研修に関する事項について連絡調整、指導・助言に当たる**研修主事**を置くことができることとなりました。

②指導助言者

　指導助言者とは、教員に対して資質向上に関する指導助言を行う者のことです。校長・教員が属する地方公共団体の教育委員会が指導助言に当たります。実際には、教員への指導助言等は、教育委員会の指揮監督に服する校長等が実施することになっています。

2　研修に関する記録

　任命権者は、校長・教員ごとに**研修等に関する記録**を作成し、指導助言者はこれらの記録を活用して指導助言を行います。

図表2Ⅱ-3　研修等に関する記録の内容

〔記録の範囲〕
- ● 研修実施者が実施する研修
- ● 大学院修学休業により履修した大学院の課程等
- ● 任命権者が開設した認定講習及び認定通信教育による単位の修得
- ● その他任命権者が必要と認めるもの

プラスワン

研修主事

研修主事には、指導教諭または教諭をもってこれに充てることとなっています。その職務は、
- ・校内研修・校内研究に関する計画の企画・立案
- ・校内研修・校内研究のための講師派遣依頼や資料提供依頼等の渉外業務
- ・校内研修・校内研究に関する校内における他の分掌との調整や運営・取りまとめ
- ・初任者研修・中堅教諭等資質向上研修等の受講者の受講日程・内容等の計画作成・調整
です。

生徒指導提要の改訂

理解のポイント

第15講では、児童生徒をめぐる様々な問題について、関連法規を提示しながら、その課題や対処法などについて解説しました。こうした問題を踏まえて生徒指導の理論や考え方、実際の指導方法に等についてまとめたものが「生徒指導提要」です。2022年12月、「生徒指導提要」が改訂されました。この補講では改訂のポイントを整理しました。

1 「生徒指導提要」とは

　「生徒指導提要」とは、文部科学省が、生徒指導の理論・考え方や実際の指導方法等について、学校・教職員向けの基本書として作成したものです。生徒指導の実践に関して教職員間や学校間で共通理解を図り、組織的・体系的な取組を進めることを目的としています。学校段階ごとに作成される学習指導要領とは異なり、小学校段階から高等学校段階までを広く対象としています。

　「生徒指導提要」は、2010（平成 22）年に初めて作成してされ、生徒指導問題の現状や深刻化、いじめ防止対策推進法等の関係法規の成立などを踏まえて、2022 年 12 月 6 日に全面改訂されました。その際、冊子版とデジタルテキスト版の両方が活用可能となり、デジタルテキストは文部科学省 HP 上で公開されています（第 1.0.1 版 https://www.mext.go.jp/content/20230220-mxt_jidou01-000024699-201-1.pdf）。

　デジタルテキストは、目次やしおりから各ページに飛ぶことや語句検索を行うことができる他、記載内容の参考となる法令、通知、ガイドライン等、関連法令等が閲覧できる外部サイトに飛んだり、専門用語の解説を確認できたりするなど、便利な機能が付加されており、より活用しやすくなっています。

2 改訂の背景

1 いじめ、暴力、不登校、自殺等の増加・深刻化

　最新の生徒指導上の諸課題調査[注]（2022 年）によると、問題行動・不登

校等、生徒指導上の諸課題が増加しています。特に、いじめの増加・深刻化、不登校の増加・長期化、暴力行為の低年齢化、自殺者数の増加など深刻な状況です。

> 注　令和４年度児童生徒の問題行動・不登校等生徒指導上の諸課題に関する調査結果　文部科学省ホームページ

2　関係法規の成立、子どもを取り巻く状況の変化

　2010 年に生徒指導提要が作成されて以降、いじめ防止対策推進法（2013年）や障害者差別解消法（2016年）、教育機会確保等に関する法律（2017年）、こども基本法（2023 年）の施行、また児童虐待防止法（2019 年）および少年法（2021年）改正が行われました。法制度の変化や児童生徒を取りまく環境等の社会環境の変化を反映した必要な対応が求められるようになりました。

3　生徒指導の概念・取組の方向性の再整理

　改訂版では、生徒指導の目的として「教育課程の内外を問わず、学校が提供する全ての教育活動」で「個性の発見とよさや可能性の伸長を児童生徒自らが図り」つつ、「児童生徒自らが追求することを支える」こととしています。具体的には心理面（自信、自己肯定感等）、学習面（興味・関心、意欲等）、社会面（人間関係・集団適応等）、進路面（進路意識、将来展望等）（生活習慣、メンタルヘルス等）の発達の支援することに重点があります。

　この目標の実現には、児童生徒一人一人が、他者の主体性を尊重しながらも自ら考え主体的に行動する力である自己指導能力を身につけることが大切です。そのため教員が留意するべき視点を示しています。それは、①自己存在感の感受、②共感的な人間関係の育成、③自己決定の場の提供、④安全・安心な風土の醸成の４項目です。これらは、教員が日常的に行わなければならない「積極的な生徒指導」の取組みとも言うことができます。

> 注　「積極的な生徒指導」の重視
> これまでの特定の児童生徒に焦点化した「事後的」「対処的」な指導援助中心の生徒指導から、全校体制ですべての指導生徒の成長、発達を支えていく生徒指導に転換していくことを意味している。

4　活用促進のための工夫

　改訂版は「第Ⅰ部　生徒指導の基本的な進め方」と「第Ⅱ部　個別の課題に対する生徒指導」に分かれています。第Ⅰ部は「生徒指導の基本的な進め方」として、教員が身につけておくべき生徒指導の基礎（理論と方法、教育課程における位置づけなど）としています。第Ⅱ部では、「個別の課題に対する生徒指導」として、重要課題である「いじめ」をはじめ、9 項目についての取組を述べるとともに、最終章では「多様な背景を持つ児童生徒への生徒指導」として、多様な児童生徒の理解や組織的な対応について述べています。

3 生徒指導の構造

1 生徒指導の2軸

　児童生徒の課題にどのように対応していくかを時間軸でとらえたときには二つの中心軸があります。①常態的・先行的（プロアクティブ）生徒指導と、②即応的・継続的（リアクティブ）生徒指導です。

　前者は、日常的な成長を促す積極的な生徒指導の充実と、課題に対して未然防止をねらいとした教育プログラムの実施を言います（発達支持的生徒指導および課題予防的生徒指導：課題未然防止教育）。後者は、課題の初期段階や予兆的な段階に対して深刻な問題に発展しないように発見・対応することと、深刻で特別な指導・援助を粘り強く行う必要がある課題に対応することを言います（課題予防的生徒指導：課題早期発見対応および困難課題対応的生徒指導）。

　実際には諸課題は予兆なく突然に表面化するように感じることが多いと言われています。児童生徒についての指導記録等の情報は、前段階の学年や学校等から提供されていることがほとんどですが、たとえば、学級の体制が整っていないうちに問題が生じ、後手に回るという悪循環におちいる場合もあります。大切なことは、学級指導や教科指導（授業）等で、しっかりとした常態的・先行的（プロアクティブ）生徒指導が行われていなければならないということです。

　また、即応的・継続的（リアクティブ）生徒指導については、機動的な生徒指導組織の構築が必須です。生徒指導に当たるチームとして、方向性を共有し児童生徒への支援を補完できる体制を構築することが求められます。

2 生徒指導の3類

　生徒指導の課題性と対応の種類から分類すると、①すべての児童生徒を対象として行う発達支持的生徒指導と、②課題予防的生徒指導（課題に対する未然防止教育はすべての児童生徒、課題早期発見対応は一部の児童生徒）、③困難課題対応的生徒指導に分類されます。

　たとえば、第Ⅱ部「個別の課題に対する生徒指導」の「いじめ」では、発達支持的生徒指導として、「一人一人の児童生徒が大切にされる」人権教育、市民社会のルールを尊重する市民としての法教育、多様性を認め共生していく道徳教育等を実施する中で、「すべての児童生徒にとって安全で安心な」学校づくり・学級づくりを求めています。

　課題予防的生徒指導および困難課題対応的生徒指導は、未然防止、早期発見、早期対応の流れをより機動的、組織的に実践できる体制を構築することに重点がおかれています。

3 生徒指導の4層

　2軸、3類の考え方を踏まえ、4層を生徒指導の**重層的支援構造**として理解することが大切です。

図表2Ⅱ-4　生徒指導の重層的支援構造

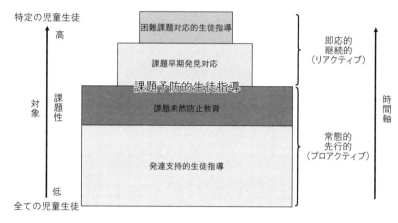

出典：文部科学省『生徒指導提要（改訂版）』（2022年12月）p.19をもとに作成

　旧版の生徒指導提要との相違は、すべての児童生徒に行う「成長を促す指導」が、改訂版では、第1層の発達支持的生徒指導と第2層の課題予防的生徒指導：課題未然防止教育に分けられていることです。改訂版では、生徒指導の課題が発生してからいかに対処するかということ以上に、どのようにすれば課題が生じないか、さらに児童生徒が自己指導能力をいかに身につけていくかということに重点があります。

　第Ⅱ部「個別の課題に対する生徒指導」の「不登校」では、第1層の発達支持的生徒指導として、「自分という存在が大事にされている」「心の居場所になっている」「学校が自分にとって大切な意味のある場になっている」と感じられる魅力ある学校づくり・ホームルームづくりが重要で、特に入学直後やクラス替え後の時期にホームルーム担任等の集団づくりや雰囲気づくり、「指導の個別化」、「学習の個別化」等のわかりやすい授業の工夫が肝要です。

　第2課題予防的指導として、「援助希求的態度の促進」（第8章自殺）としてのSOSの出す方法を身につける教育の実践と、それを受け止める教職員の相談力の向上を挙げています。

4 関係法規の理解

1 チームとしての支援

　「チーム学校」を実現するための4つの視点として、①チームとしての教

員と心理や福祉等の専門スタッフとの連携・協働体制の充実、②校長のリーダーシップを支えるための補佐機能の充実、③教職員の人材育成、業務改善、④教職員間の同僚性の形成が挙げられ、これらの視点を踏まえて生徒指導体制を構築することが求められてます。

特に生徒指導体制と教育相談体制が一体化したチーム支援が重視されています。チーム支援の必要性、その方向性についての判断、アセスメント[注]、支援計画の作成、実践等、教員一人ではできない支援も、他の教職員やさまざまな専門家、関係機関が一体的に支援することで解決への可能性が広がります。

注　アセスメントには多種多様な方法がありますが、代表的なものとして、心理分野・精神医療分野・福祉分野等で活用されている方法である、生物学的要因（発達特性、病気等）・心理学的要因（認知、感情等）・社会的要因（家庭や学校の環境、人間関係等）モデル（BPSモデル）を挙げることができます。

2 児童生徒の有する権利の理解

児童生徒の人権を尊重し、一人一人を大切にした教育を行うためには、「児童の権利に関する条約」や「こども基本法」の基本理念の理解が大切です。

児童の権利に関する条約では、①差別の禁止（第2条）、②児童の最善の利益（第3条）、③生命・生存・発達に対する権利（第6条）、④意見を表明する権利（第12条）の四原則が重要です。

こども基本法では、児童の権利に関する条約の精神に基づき、第1条の目的および第3条の基本理念（第1～4号）が示されています。

3 こども白書およびこども大綱、こども計画

こども基本法第8条では、子供をめぐる状況および施策実施の状況を報告公表することが義務づけられています。同9条では、国がこども施策に関する大綱を定めてこども施策を総合的に推進することとしており、同施策は、少子化社会対策基本法、子ども・若者育成支援推進法、子どもの貧困対策推進法の内容を含むものとしています。また、都道府県は同大綱を勘案し、都道府県子ども計画を定めるよう努める、としています。

4 教科の指導等と生徒指導の一体化と、校則の運用・見直し

教育課程は、学級・ホームルームという土台の上で実践されるものですから、児童生徒にとって学校生活の基盤となるものです。したがって、こうした活動は授業という形で実践されますが、本来、授業と生徒指導とは一体的なものと考えることが大切です。授業は児童生徒全員を対象とした発達支持的生徒指導の場です。各教科の授業を通じて、自己存在感の感受、共感的な人間関係、自己決定の場の提供、安全・安心な風土を醸成していくことで、児童生徒の発達を支援することができます。

校則に基づく指導では、児童生徒が自分のこととして理解し自主的に守っていけるよう、指導していくことが大切です。そのため、校則の内容については、きまりの意義や制定の背景等についても示していく必要があります。また、違反した場合には、守らせることだけにこだわるのではなく、個別の事情や状況を把握しながら内省を促す指導となるように留意することが大切です。

校則は社会の変化や地域・学校の状況をふまえて、絶えず見直しを行う必要があります。校則は最終的には校長により判断されるものですが、児童生徒や保護者等の意見を聴取した上で、決めていくことが望ましいとされています。

5 さまざまな課題と多様な背景を持つ児童生徒の理解

1 さまざまな課題

「第II部　個別の課題に対する生徒指導」では、「いじめ」をはじめ、生徒指導の課題9項目について、未然防止や早期発見・対応の観点から基本的な考え方や留意事項が述べられています。改訂版では、児童生徒の発達を支える立場で指導の在り方や考え方について説明しています。

従前の生徒指導上の諸問題に関する調査にある「いじめ」「暴力行為」「自殺」「不登校」等に加え、「性的被害者への対応」「性マイノリティに関する理解と対応」「精神疾患に関する理解と対応」「多様な背景を持つ児童生徒への指導」等が新しい項目として挙げられています。

2 多様な背景を持つ児童生徒の理解

「第13章　多様な背景を持つ児童生徒への指導」の留意点にあるように、発達障害、精神疾患、健康、家庭や生活背景が直接的に課題となる場合もありますが、「いじめ」「暴力行為」「自殺」「不登校」等の背景に、ここでの課題がかかわってくることも少なくありません。生徒指導の実際においては、課題が見えにくい場合が少なくありません。一つの課題の背後に別の複数の課題が潜んでいることもあります。

ここではチームとして、発達障害、精神疾患、健康課題、要支援家庭等、多様な背景への理解を進めるとともに、関係機関や専門家も交えたアセスメントを行い、的確に対応と支援をおこなっていくことが必要です。

（第2講補講、第6講補講：古田　薫；第15講補講：奥平　賢一朗）

よくわかる！
教職エクササイズ

森田健宏・田爪宏二●監修

7

法規で学ぶ 教育制度

古田　薫・山下晃一●編著

ミネルヴァ書房

監修者のことば

　今、学校を取り巻く状況が大きく変化し続けています。たとえば、「グローバル化」という言葉がよく聞かれますが、確かに、世界中のさまざまな国の人々が、ビジネスや観光で日本を訪れるようになり、日常生活の中で外国の人々と関わる機会が増えています。

　また、世界のさまざまな国で活躍する日本人も増えてきています。そのため、比較的世界で多く使用されている英語を中心に、小学校3年生から外国語活動の授業が行われるようになり、小学校5年生からは教科「外国語」が導入されるようになりました。もちろん、言葉だけでなく、文化や風習についても世界のさまざまな国の人々が、お互いに理解し合えることが大切です。他方で、日本に移住しても日本語を十分に理解できない子どもたちも多く、学校ではそのような子どもたちをどのように指導すればよいか、さまざまな試みが行われています。

　このように、新たな時代に教職を目指す皆さんには、これまで学校教育の世界を支えてきた先生方の教育活動に学びつつ、新しい時代の教育ニーズに応えるべく、自ら考え、開拓していく力が求められています。

　これからの時代の教育を担う教師に大切な教育課題は、たくさんあります。たとえば、これまで、わが国で進められてきた「知識を多く獲得することを重視した教育」だけでなく、「知識や技能を活用する能力」や、「読解力」、「課題を解決する能力」、さらには社会性、意欲、自己調整能力といった社会の中で適応的に生きていくための情緒面の力を育むことにも積極的に取り組むことが求められています。そのため、「主体的・対話的で深い学び」を促進する教育実践力を身につける必要があります。また、電子黒板やタブレット端末など、ICT の効果的な活用、小学生からのプログラミング教育などへの対応も求められています。

　すなわち、教職につく前の学生時代から教師となった後もなお、常に新たな知見を習得しながら、生涯、「教師として学び続ける」姿勢が求められているのだと思ってください。

　この「教職エクササイズシリーズ」では、新しい時代のニーズに対応し、学びながら教師としての資質を育むとともに、教師になる夢を実現し、さらに教師になっても、常に振り返りながら新たな知見を生み出し、自身の能力として加えていけるよう、さまざまな工夫を取り入れています。たとえば、教育場面の事例を題材に「ディスカッション課題」を多く取り入れ、実際の教育現場を想定したアクティブラーニング形式の学習が行いやすいように配慮しています。また、教育実践に関わる最新の知見や資料を豊富に掲載し、初学者から現職教員まで参考にできる内容構成にしました。さらに、MEMO 欄やノートテイキングページを用意し、先生の発言や板書、自分の気づきなどを十分に書き込めるようにしています。そして、各講の復習問題には、実際に出題された各都道府県等の教員採用試験の過去問題を掲載し、教師になる夢を叶える準備ができるようにしています。

　これらを積極的に活用し、「教師として一生涯使えるテキスト」となることを願って、皆さんにお届けしたいと思います。

監修者　森田健宏（関西外国語大学）

田爪宏二（京都教育大学）

はじめに

　学校を取り巻く環境は急速に変わりつつあります。ICTのさらなる発展、人々の価値観や生活スタイルの多様性の拡大、地球環境の変化など、子どもたちが生きていく未来の社会は、これまで私たちが経験してきた社会とはまったく異なるものになるであろうと思わせるさまざまな変化が、日本国内で、そして地球規模で起こっています。それに伴って、子どもたちが学んで身につけるべき内容も変わりつつあります。そして、2020年は新型コロナウイルス感染症の世界的流行により、グローバル化に逆行するような事態が進行するなかで、子どもたちの学びの方法も変化を余儀なくされています。これまでのような学校のあり方だけでは、教育という営みが適切に行えないという大きな課題に、学校は直面しているのです。

　一方で、「教育への権利」をはじめとした子どもたちの人権の保護に立脚して、一人ひとりの子どもの学習を支えていくという学校の役割は、ますます重要になっています。学校教育や教育行政は、さまざまな課題に対応しつつ、その使命を果たしていくことが求められているといえます。

　教育法規は学校教育や教育行政の基盤であり、学校の教員は教育法規について最低限必要とされる知識を有している必要があります。教員は、教育法規に基づき、子どもたちの課題を踏まえながら、自らの教育実践を組み立て実行していかなければならないのです。

　ただ、現在の教育法規も完璧・万全とは言えません。先述のような子どもたちの人権保護や、新しい教育、よりよい学校・社会の実現に向けて、さらなる改善・改良が必要となることもあるでしょう。将来の日本国民、あるいは今の私たちがそうしたことを考える基礎としても、正しい教育法規の知識は必要不可欠です。

　本書は、難しいと思われがちな教育法規についてやさしく学ぶことができるしくみになっています。法規の条文の引用を最小必要限度にとどめ、教育制度とその法的根拠のポイントをわかりやすく説明するように努めました。また、文部科学省の教職課程コアカリキュラムに対応しているだけでなく、教員採用試験によく出題される内容を踏まえた構成となっています。さらに、現場の教員のニーズにも応えられるよう、専門的に見ても充実した内容になっています。その意味では、すでに教員として働いている人や、皆さんが教員になったあとも、手に取っていただけるテキストであると思います。

　教員を目指す皆さんが、教員の仕事、学校の役割を法的な側面から理解し、自信と誇りをもって夢を実現されることを、執筆者一同、心から願っています。

　2020年11月

編者　古田　薫（兵庫大学）

山下晃一（神戸大学）

CONTENTS

CONTENTS

CONTENTS

教育法規の基礎知識

理解のポイント

このテキストでは、教職に関わるさまざまな教育法規について学びます。難しいと思われがちな法規の条文も、基礎知識をもっていることで理解しやすくなります。教育法規の全体像を把握するとともに、条文を読むときのコツも覚えておきましょう。また、教員としての職務を行ううえで知っておくべき法規の主なものを覚えましょう。

1 法規を学ぶ意義

　日本は法治主義国家です。法治主義とは、司法・行政など一切の国家作用は、国会により制定された法律に基づいて行わなければならないとする原理のことです。法律による行政の原理（法律主義）ともいいます。これは何を意味しているのでしょうか。教育とどのような関係があるのでしょうか。

　日本国憲法では、「国民主権」を三大原理の一つとしていますが、これは、国家の重要事項に関する意思決定を行う権威（力）が国民にあるとする考え方です。しかし、すべての国の意思決定を有権者が全員参加して行うのは不可能ですから、国会議員という代表を選挙で選んで、自らの権力の行使を信託し、間接的に政治に意思を反映させる間接民主主義（議会制民主主義）をとっています。国会が国権の最高機関（日本国憲法第41条）とされるのも主権者である国民の信託に基づいています。

　したがって、国会で私たち国民の代表である国会議員によって制定された法律は、間接的ではあるにせよ、私たち国民の意思が反映されたものであるといえます。法治主義とは、国民の意思にしたがって国家作用が行われることを意味しているのです。

　皆さんが将来勤務することになる「学校」は、教育という特殊な行政を行う教育行政機関です。法治主義にしたがえば、学校で行われるさまざまな教育活動は「法律に基づいて行わなければならない」ということになります。別の言い方をすれば、公立学校の教職員は公務員であり、その立場上、コンプライアンス（法令遵守）が求められるということです。

　また、実際に教育活動を行ううえでも、学校のステイクホルダー＊に対してアカウンタビリティ（説明責任）＊を果たし、信頼を確立するためにも、法令を遵守しなければなりません。

プラスワン

コンプライアンス

法令や規則などの社会規範にしたがって、公正・公平に業務を遂行すること。

重要語句

ステイクホルダー

→利害関係者のこと。児童生徒、保護者、地域住民など、学校の教育活動により直接・間接的に影響を受ける（利害関係を有する）者を指す。

アカウンタビリティ

→説明責任ともいう。国民のニーズに合った質の高い公共サービスが、税金を有効に使って、提供されていることを国民に対して説明する責任。学校教育においては、学校の教育目標、教育計画、経営方針とそれらの達成状況、学校の現状などを保護者や地域住民に対して示す責任のことをいう。

　一方、教育制度とは、教育の目的を達成するために行われる、教育行政の仕組みをいいます。一般に仕組みとは物事の構造や機構のことですが、これを教育行政に当てはめると、教育行政の仕組みとは、教育行政がどのような組織で、どのようなルールに基づいて行われるのかを示しています。そしてその仕組みは法によって定められています。つまり、教育制度とは、教育に関する法規のまとまりを意味しています。

　以上のことから、教員としての使命を自覚し、自信と誇りをもって誠実に職務を遂行できるよう、教育や学校について、法規でどのようなことが定められているのかを知っておく必要があるのです。

ディスカッションしてみよう！

学校の教育活動のどのような場面で教育法規の知識が必要になるでしょうか？　そのとき教育法規の知識はどのように役に立ちますか？　具体的な場面を想像して話し合ってみましょう。

たとえば・・・

2 法規の構造と体系

1 法の優先順位

　まず、上位法と下位法の概念を学びましょう。法には優先度に応じて順位があります。優先順位の高いものを上位法、低いものを下位法と呼び、上位法に矛盾したり違反したりする下位法は無効となります。

　日本の法体系は、図表1-1のように、日本国憲法を頂点とした階層構造になっています。図表で示した法の種類のことを法形式といいます。

　ここで、「法」「法令」「法規」という用語について整理しておきましょう。

　「法」は外的な規制力を有する社会規範をいいます。「法令」は法律と命令の総称、「法規」は法令に規則を加えたものの総称です。ただし、「法令」「法規」という言葉が用いられるときには、日本国憲法、条約も含んでいる場合があります。このテキストでは、これ以降、法の一般名として「法」、日本において実際に使われている法の総称として「法規」という言葉を用います。

　それでは、一つひとつの法形式をみていきましょう。

プラスワン

一般法と特別法

法規の効力が一般的に広い範囲に及ぶものを一般法、特定の人・場所・事柄など対象を限って適用されるものを特別法という。特別法優先の原則により、特別法は一般法に対して優先的に適用される。たとえば、特別法である教育公務員特例法は、一般法である地方公務員法に優先する。

後法と前法

同じ事柄に関して前につくられた法（前法）と後からつくられた法（後法）とで矛盾することが規定されている場合は、後法が優先される。これを後法優先の原則という。

図表1-1　日本の法体系

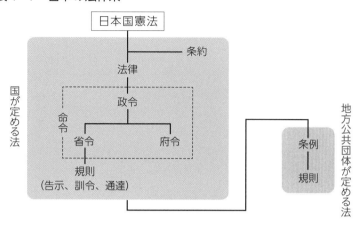

2　国の法規

① 憲法

憲法は、国家の体制について定めた国の最高法規であり、法体系の階層構造のトップに位置しています。憲法に違反する法律や国家行為は無効となります。また、国家にとって非常に重要な法であるため、法律が国会の審議・議決により制定・改正されるのに対し、憲法は厳格な手続きを経なければ改正できない（国民投票で過半数の賛成が必要）ことが定められています。

② 条約

条約は、国家間または国家と国際機関間の文書による合意のことです。批准、公布によって国内法としての効力をもち、法律よりも優先されます。

③ 法律

国会によって制定される法を法律と呼びます。憲法では国会を「唯一の立法機関」であると定めています。

④ 命令

国会の議決を経ずに行政機関によって発せられるものを、命令と呼びます。法律は基本的な事項について定めるため、行政機関が実際に業務を行うにあたっては、具体性に欠けることがあります。そこで、法律を実施するために必要な具体的な事項を、行政機関が命令として定めるのです。命令には、内閣が定める政令、内閣総理大臣が定める府令、各省の大臣が定める省令があり、優先順位は政令→府令・省令の順になっています。

また、法律の名称が「○○法」または「○○に関する法律」であるのに対し、政令には「○○法施行令」、省令には「○○法施行規則」という名称が用いられます（図表1-2）。つまり、法律で定められた内容について、施行令、施行規則と下位になるにしたがって、より具体的で詳細な内容が規定されていくのです。

⑤ 規則

規則は、各省大臣、各委員会・各庁の長官が、その機関の所掌事務について発するものをいいます。上級行政機関が下級行政機関の権限行使を指

図表1-2　法律と命令、その名称

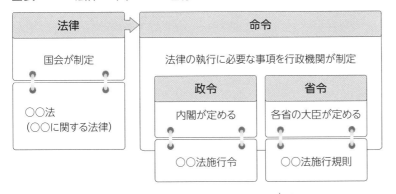

法律	命令	
国会が制定	法律の執行に必要な事項を行政機関が制定	
	政令	省令
○○法 （○○に関する法律）	内閣が定める	各省の大臣が定める
	○○法施行令	○○法施行規則

揮するために発するものを示達といい、このうち、書面の形式をとるものを通達と呼んでいます。

　また、規則のなかでも公示を必要とするものを告示といい、教育に関係するところでは学習指導要領がこれに当たります。

3　地方公共団体の例規

　地方公共団体は法律の範囲内で条例や規則を定めることができます。これらを合わせて例規と総称します。地方公共団体の定める例規は、その地方公共団体内のみで適用されることに注意しましょう。

① 条例

　地方自治法に基づいて、地方公共団体が議会の議決を経て制定するものを条例といいます。

② 規則

　地方公共団体の長や法律で定められた執行機関（教育委員会など）が、議会の議決を経ずに、その権限に属する事務に関して制定するものを規則といいます。

3　法規のきまり

　このテキストでは巻末に法規集（→198頁）を掲載していますので、テキストの指示にしたがって条文を確認するようにしましょう。法規の原文を読んでみることは、内容を理解するために重要なことです。また、教員採用試験の問題にも、条文が出題される場合が少なくありません。教員となってからも、日常的に法規や通知・通達を目にすることになります。

　法規の条文は読みにくい、わかりにくいと感じる人も多いと思いますが、きまりを知って、コツを覚えれば難しくありません。わからない用語が出てきたときは、インターネットや用語集で調べることも大切です。

> **プラスワン**
>
> 「通達」と「通知」
> 「通達」とよく似た言葉に「通知」がある。「通達」が、指揮監督権限が及ぶ対象に対して発出されるのに対し、「通知」は、指揮監督権が及ばない対象に対して一定の事実や処分等を知らせるときに発出される。

皆さんも、教員になると日常的に教育委員会からの通達や、文部科学省からの通知を目にすることになるでしょう。

教育委員会が制定する規則は「教育委員会規則」と呼びます（→第4講参照）。

図表1-3　法規の構成

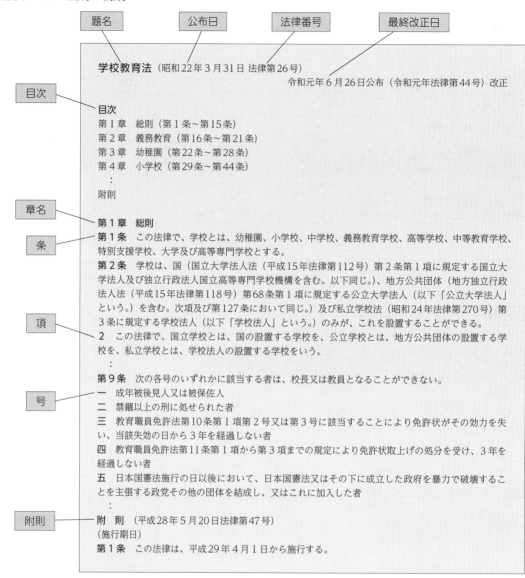

題名　公布日　法律番号　最終改正日

学校教育法（昭和22年3月31日 法律第26号）

令和元年6月26日公布（令和元年法律第44号）改正

目次

目次
第1章　総則（第1条～第15条）
第2章　義務教育（第16条～第21条）
第3章　幼稚園（第22条～第28条）
第4章　小学校（第29条～第44条）
　　：
附則

章名

条

第1章　総則
第1条　この法律で、学校とは、幼稚園、小学校、中学校、義務教育学校、高等学校、中等教育学校、特別支援学校、大学及び高等専門学校とする。
第2条　学校は、国（国立大学法人法（平成15年法律第112号）第2条第1項に規定する国立大学法人及び独立行政法人国立高等専門学校機構を含む。以下同じ。）、地方公共団体（地方独立行政法人法（平成15年法律第118号）第68条第1項に規定する公立大学法人（以下「公立大学法人」という。）を含む。次項及び第127条において同じ。）及び私立学校法（昭和24年法律第270号）第3条に規定する学校法人（以下「学校法人」という。）のみが、これを設置することができる。

項

2　この法律で、国立学校とは、国の設置する学校を、公立学校とは、地方公共団体の設置する学校を、私立学校とは、学校法人の設置する学校をいう。
　　：
第9条　次の各号のいずれかに該当する者は、校長又は教員となることができない。

号

一　成年被後見人又は被保佐人
二　禁錮以上の刑に処せられた者
三　教育職員免許法第10条第1項第2号又は第3号に該当することにより免許状がその効力を失い、当該失効の日から3年を経過しない者
四　教育職員免許法第11条第1項から第3項までの規定により免許状取上げの処分を受け、3年を経過しない者
五　日本国憲法施行の日以後において、日本国憲法又はその下に成立した政府を暴力で破壊することを主張する政党その他の団体を結成し、又はこれに加入した者
　　：

附則

附　則（平成28年5月20日法律第47号）
（施行期日）
第1条　この法律は、平成29年4月1日から施行する。

図表1-4　学校教育法第2条第1項を（　　　）内を飛ばして読んでみた場合

学校は、国（国立大学法人法（平成15年法律第112号）第2条第1項に規定する国立大学法人及び独立行政法人国立高等専門学校機構を含む。以下同じ。）、地方公共団体（地方独立行政法人法（平成15年法律第118号）第68条第1項に規定する公立大学法人（以下「公立大学法人」という。）を含む。次項及び第127条において同じ。）及び私立学校法（昭和24年法律第270号）第3条に規定する学校法人（以下「学校法人」という。）のみが、これを設置することができる。

➡

学校は、国

　　　　　、地方公共団体

及び私立学校法　　　　　　第3
条に規定する学校法人
のみが、これを設置することができる。

1 ▸ 法規の読み方

法規の条文のそれぞれのパーツには、図表1-3のように固有の名称があります。

条文は、「条」を基本単位として、ひとまとまりの内容を示しています。条のなかをさらに細分化して表す必要があるときは「項」に分け、それぞれの項の前で改行して番号を振ります。ただし、第1項には数字はつけないきまりになっています。そして、いくつかの事項をリストアップするときに使うのが「号」です。図表1-3では学校教育法を例に、さまざまなパーツを示しました。

また、条文を読むときには、全体の意味をとらえることが大事です。条文中の（　　）内には、細かなただし書きなどが書かれていますので、まずは飛ばして読んでみましょう（図表1-4）。そのあとで必要に応じて（　　）内を確認します。

条文の（　　）内はとりあえず飛ばして読みましょう。

2 ▸ 公布と施行

法は国民に公布（国民に広く知らせること）し、その後に施行（運用を始めること、実施すること）されることにより効力が生まれます。

公布は、成立した法律を官報に掲載し、国民が知ることのできる状態にすることで行われます。

3 ▸ 法規における表現と解釈

条文には、法規独特の言い回しが使われていて、表現のしかたにより意味も異なります。これらについては、それぞれの講で、関係するものについてそのつど説明していますので、しっかりと理解するようにしましょう。

📝 プラスワン

官報

国が発行する新聞のようなもの。行政機関の休日を除いてほぼ毎日発行され、政府や省庁の決定事項（法律、政令、条約に関することや官庁の報告など）が掲載されている。

4 憲法・教育基本法制

教育関係の法規では、日本国憲法→教育基本法→法律→政令→省令→規則の順番で優先されます。ここで注意が必要なのは、教育基本法の位置づけです。同じ法律でも、教育基本法は他の法律よりも1ランク上におかれています。これは、教育基本法が、我が国の教育のもっとも基本的な理念と方針を示すものであり、他の教育関係法規の基準となること、憲法に次いで重要な法規であることを意味しています。

このように、日本の教育法規、学校教育制度の体系は、憲法と教育基本法の理念を基本原理として構築されています。これを、憲法・教育基本法制と呼びます。

教育基本法は、教育界の「憲法」とも呼ばれます（→第2講参照）。

1 ▸ 日本国憲法

1946年11月3日に公布、1947年5月3日に施行された日本国憲法は、国家の体制について定めた国の最高法規で、教育に関しても教育制度の根

図表1-5 教育制度の3つの根本原理

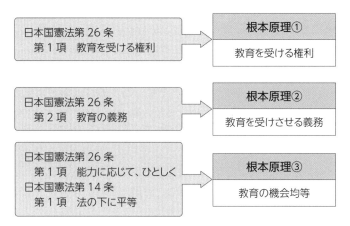

本原理や義務教育の無償制、学問の自由などを定めています。

① 日本の教育制度の根本原理

　日本国憲法には教育に関する3つの根本原理（図表1-5）が示されています。

　まず、第26条第1項には、すべての国民が教育を受ける権利を有することが明示されています。これが1つ目の根本原理である「教育を受ける権利」です。また、同じ第26条第2項では、保護者が教育を受けさせる義務を負うことが定められています。これが2つ目の根本原理である「教育を受けさせる義務」です。3つ目の根本原理である「教育の機会均等」は、第26条第1項の「能力に応じて、ひとしく」と第14条第1項の「法の下に平等」の2つの要素から成り、障害の有無や家庭の経済状況など能力以外の理由で教育を受ける機会を奪われてはならないこと、能力や必要に応じて誰もが平等に教育を受ける機会を保障されることを表しています。

② 義務教育の無償制

　日本国憲法第26条第2項には、「義務教育は、これを無償とする」と明記され、義務教育の無償制が定められています。何をどこまで無償とするかは憲法では述べられておらず、教育基本法で無償の範囲が示されています（→第2講教育基本法第5条を参照）。

③ 学問の自由

　日本国憲法第23条では、個人が真理を探究する活動において、国家による介入や干渉を受けない「学問の自由」が保障されています。学問の自由は、学問研究の自由、研究発表の自由、教授の自由から成り、教授の自由については大学等の高等教育機関では完全な自由が認められているものの、下級教育機関（小・中学校、高等学校など）では、児童生徒の発達段階を踏まえて制限がつけられています。

2　教育基本法

① 旧教育基本法

　1947年3月31日に公布・施行された教育基本法は、戦前の教育勅語*に代わり、新しい憲法の下で平和で民主的な国家の建設を目指す、教育の原理と方針を示すものとして制定されました。戦前の天皇主義・国家主義の教育観を改め、一人ひとりの子どもを大切にしようとの考えから、「個人の尊厳」が謳（うた）われました。

　教育基本法は11の条文から成っていましたが、日本国憲法と同じく、前文がおかれていることが大きな特徴となっています。1947年当時、前文をもつ法規は日本国憲法と教育基本法のみであり、このことからも教育基本法が憲法と同じくらい重要なものだとされていたことがわかります。

　この前文には、日本国憲法に掲げられた新しい国家の理想は教育の力なくしては実現しないこと、すなわち教育を通じて、はじめて日本国憲法の理想が具現化していくことが述べられています。このように日本国憲法と教育基本法は、不可分の密接な関係にあり、どちらも教育にとって非常に重要な法規として位置づけられているのです。そして教育基本法は、2006年に改正されるまで約60年間、一度も改正されることなく大切に守られてきたのです。

② 現行教育基本法

　大切に守られてきた教育基本法も、ついに改正のときを迎えました。これには大きく3つの背景が考えられます。

　1つ目は、戦後の日本社会への反省です。個人の尊厳の理念に基づいて「一人ひとりを大切にする」教育は、「自分さえよければよい」という利己主義や規範意識の低下を招いているのではないか。他人への配慮に欠け、モノやカネの価値を偏重する日本人をつくり出してきたのではないか。こうしたことから教育の方針を見直す必要が出てきたのです。

　2つ目は、旧教育基本法が制定された頃の戦争直後の日本と現在の日本では社会の状況がまったく異なっているということです。家族形態の変化や女性の社会進出、地域社会の崩壊による教育のあり方の変化、科学技術の進歩やグローバル化の進展による子どもたちが学ぶべきものの変化、子どもの生活の変化や進学率の向上による学校の役割の変化などのため、新しい教育が求められるようになったのです。

　3つ目は、国際競争力の維持と、持続可能な（サステイナブルな）社会の構築の両方が求められていることです。

　これらのことから、「新しい時代にふさわしい新しい教育基本法」（教育改革国民会議）へと改正されることになったのです。

③ 改正のポイント

　前文と11条から構成されていた旧教育基本法は、社会状況に照らして見直し、削除と追加が行われた結果、前文と18条から成る現行の教育基本法へと全面的に改正されました。

　改正のポイントとしては大きく3つの点が指摘できます。

　1つ目は、「個人の尊厳」に加えて「公共の精神」の重要性が強調され、

重要語句

教育勅語

→1890年に明治天皇により出された、教育の基本理念を示す勅語。親孝行やきょうだい仲良くなど、国民が守るべき道徳や心得などが記されており、戦前の教育の中心をなすものであった。1948年に国会で排除・失効が決議された。

プラスワン

持続可能な（サステイナブルな）社会

目の前の利益のみを追求するのではなく、次世代の人類の豊かな生活を守ることを考えてさまざまな開発などが行われている社会のこと。右肩上がりの成長の限界や、地球環境の保全、貧富の格差の縮小、人権の擁護、平和の維持などが必要となってきたことを背景に、1980年代半ばに生まれた考え方。持続可能な社会の担い手を育成する教育を、「持続可能な開発のための教育（Education for Sustainable Development：ESD）」といい、2017年改訂の新学習指導要領の基本理念にも反映されている。

これら2つの理念が車の両輪のように並び立つものとされたことです。

　2つ目は、わかりやすい具体的な記述となったことです。抽象的な理念を述べるだけでなく、誰が見ても理解しやすく、政策に結びつけやすい内容になっています。

　3つ目は、教育に関わる人々および機関の役割分担と連携協力が明記されたことです。

5 特に重要な教育法規

　教育に関連する法律は、教育基本法〔教基法〕のほかにも数多く存在します。図表1-6に、皆さんが目にする機会が多い重要なものをあげました。

　以下に図表1-6にあげた法律に重要な政令、省令、告示を加えて、それぞれどのような法規かを説明します。これらの法規については、法規名と法規の主な内容(何について定めたものか)を覚えておきましょう。〔　〕内は略称または通称の法規名を、(　)内は法形式を表しています。

① 学校教育に関する法規

学校教育法〔学教法〕(法律)

　我が国の学校制度の基本的事項や基準について定めたもの。

学校教育法施行令〔学教法施行令〕(政令)

　主に義務教育に関すること、認可・届出に関することを規定したもの。

学校教育法施行規則〔学教法施行規則〕(省令)

　「同施行令」に規定する事項以外の学校教育についての詳細を規定したもの。

学校保健安全法(法律)

　学校における健康管理および安全管理が適切に実施されるよう、国・地

図表1-6　教育に関連するさまざまな法律の例

学校教育に関する法律	・学校教育法 ・学校保健安全法 ・学校給食法 ・私立学校法
教育職員に関する法律	・教育公務員特例法 ・教育職員免許法 ・地方公務員法
教育行政に関する法律	・地方教育行政の組織及び運営に関する法律 ・地方自治法
教育財政に関する法律	・市町村立学校職員給与負担法 ・義務教育費国庫負担法
社会教育に関する法律	・社会教育法 ・スポーツ基本法 ・図書館法

方公共団体が果たすべき役割、学校で実施されるべき事項や措置について定めたもの。

② 教員に関する法規

教育公務員特例法〔教特法〕（法律）

教育公務員の職務とその責任の特殊性に基づいて、一般の地方公務員とは異なる教育公務員の身分の取り扱い、服務、研修等について規定したもの。

教育職員免許法〔教免法〕（法律）

教育職員の免許の取得や更新等に関する基準を定めたもの。

地方公務員法〔地公法〕（法律）

地方公共団体の職員の人事、勤務条件、服務、懲戒等について定めたもの。

③ 教育行政に関する法規

地方教育行政の組織及び運営に関する法律〔地教行法〕（法律）

教育委員会の設置、教育委員会の職務・権能、教育機関の職員の身分取扱その他地方公共団体における教育行政の組織のあり方や運営の基本を定めたもの。

地方自治法〔地自法〕（法律）

国と地方公共団体の役割区分、地方公共団体の組織・運営の大綱について定めたもの。教育委員会の職務権限が示されています。

④ 教育財政に関する法規

市町村立学校職員給与負担法〔給与負担法〕（法律）

本来、市町村が負担すべき市町村立学校の教職員の給与費を、都道府県が全額負担することを定めたもの。

義務教育費国庫負担法（法律）

都道府県が負担することとなっている市町村立学校の教職員給与費について、都道府県の実支出額の原則1/3を国が負担することを定めたもの。

⑤ 教育内容に関する法規

学習指導要領、幼稚園教育要領（告示）

教育課程の国家基準。すべての児童生徒が学ぶべき最低限の内容（ナショナル・ミニマム）を示す大綱的基準。

⑥ その他の法規

就学前の子どもに関する教育、保育等の総合的な提供の推進に関する法律〔認定こども園法〕（法律）

地域における子どもの健全育成とそのための環境整備推進を目的として、小学校就学前の子どもに対する教育・保育、保護者に対する子育て支援の提供について定めたもの。

以上の法規は、公務員としての教員に関わるもの以外は、国公立学校、私立学校すべてに適用となることに注意しましょう。

特別法優先の原則を思い出してみましょう。

プラスワン

地方公務員法と教育公務員特例法

一般法である地方公務員法は、地方公務員一般に効力をもち、地方公務員である教員にも適用される。教員に対しては、さらに教育公務員にのみ適用される教育公務員特例法が効力を及ぼすが、服務や研修、給与等、これら2つの法律に異なる内容が規定されている場合は、特別法優先の原則により、教育公務員特例法が適用される。

地方公務員法
教員を含む地方公務員一般に効力をもつ

地方公務員
公立学校の教員

公立学校の教員
教育公務員特例法が優先的に適用される

憲法を守らなければ
ならないのは誰？

　法には「公法」と「私法」があります。公法とは、「国家権力（国や地方公共団体）」と「私人（国民や市民）」との統治関係を規律する法であり、一方、私法は「私人」と「私人」との私的な関係を規律する法です。図表1-7を見てみましょう。

図表1-7　公法と私法

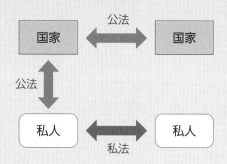

　公法の代表的なものが行政法です。行政法は行政の活動に関する法律で、たとえば、罪を犯した場合の刑事罰を定めた刑法、選挙について定めた公職選挙法、税金に関して定めた租税法などがあります。教育に関するところでは教育基本法や学校教育法等がこれに当たります。私法の代表的なものとしては民法があげられます。大勢の人が集まるとさまざまなトラブルが起こりがちです。そのため一定のルールを定めて秩序を維持する必要があり、そのための法律が民法なのです。

　では、憲法は公法でしょうか、それとも私法でしょうか。

　答えは「公法」です。憲法は、国と国民の関係を規律する法で、国家権力を制限して、国民の権利と自由を守る役割を担うものです。したがって憲法を守らなければならないのは国家権力であり、国民ではないということになります。国公立学校の教員は、行政機関であり国家権力を行使する立場ですから、当然、憲法を遵守する義務を負っているわけです。

　なお、憲法は国民が制定したものであり、これを国民自身が守るのは当然であるとして、憲法に明示されていなくても、国民は憲法を尊重し擁護する義務を負うとする説もあります。

復習問題にチャレンジ

(栃木県　2019年)

次の1から4は、ある法規の条文である。その法規名をあとのアからクのうちからそれぞれ一つ選べ。

1　父母その他の保護者は、子の教育について第一義的責任を有するものであって、生活のために必要な習慣を身に付けさせるとともに、自立心を育成し、心身の調和のとれた発達を図るよう努めるものとする。

2　校長及び教員は、教育上必要があると認めるときは、文部科学大臣の定めるところにより、児童、生徒及び学生に懲戒を加えることができる。ただし、体罰を加えることはできない。

3　職員は、法律又は条例に特別の定がある場合を除く外、その勤務時間及び職務上の注意力のすべてをその職責遂行のために用い、当該地方公共団体がなすべき責を有する職務にのみ従事しなければならない。

4　公立の小学校等の教諭等の任命権者は、当該教諭等に対して、その採用の日から一年間の教諭又は保育教諭の職務の遂行に必要な事項に関する実践的な研修を実施しなければならない。

ア　教育公務員特例法　イ　労働基準法　ウ　学校教育法　エ　学校保健安全法
オ　児童虐待防止法　カ　日本国憲法　キ　教育基本法　ク　地方公務員法

理解できたことをまとめておこう！

ノートテイキングページ

学習のヒント：法体系のピラミッドを書き、それぞれに具体的な法規名を入れて全体像を整理しましょう（それぞれの階層の大きさは、書き込みたい法規の数によって調整するなど工夫してください）。

教育の基本的事項に関する法規：教育基本法

理解のポイント

教育基本法は全部で18条ほどの短い法律ですが、学校教育のみならず、社会教育や家庭教育も含んだ、文字通り教育の基本を示す法律です。我が国の教育の目的や目標、学校制度や教員のあり方など、とても重要な理念や事柄が定められています。各条文の要点を押さえながら、教育基本法の理解を深めていきましょう。

1 教育の理念と教育基本法の構成

　教育は、児童生徒の豊かな発達を支援する営みです。同時に、社会からも大きな期待を寄せられます。ゆえに、その理想は高く掲げられ、人々に広く共有されなければなりません。我が国でそうした理想の設定や周知の役割を果たすのが、教育基本法という法律です。

　教育基本法は1947（昭和22）年に、戦後教育改革の一環として公布・施行されました。その後さまざまな論議を呼びながらも、2006（平成18）年に全面的に改正されて、今日にいたります。

　この法律は全部で18条と、さほど長い法律ではありません。全体構成

プラスワン

教育基本法の位置づけ

教育基本法は、形式的には「法律」である。しかし、教育の出発点を示す根本の役割を果たすことから、長年にわたり「教育界の憲法」と呼ばれてきた。

条番号の後の「見出し」に注目して、学習の手がかりにしましょう。

図表 2-1　教育基本法の構成

```
前　文
第1章　教育の目的及び理念
　第1条：目的　第2条：目標　第3条：生涯学習の理念　第4条：教育の機会均等
第2章　教育の実施に関する基本
　（学校教育）　第5条：義務教育　第6条：学校教育　第7条：大学　第8条：私立
　　　　　　　　学校　第9条：教員
　（家庭教育）　第10条：家庭教育　第11条：幼児期の教育
　（社会教育）　第12条：社会教育
　（連携協力）　第13条：学校・家庭・地域住民の連携協力
　（中立性）　　第14条：政治教育　第15条：宗教教育
第3章　教育行政
　第16条：教育行政　第17条：教育振興基本計画
第4章　法令の制定
　第18条：法令制定
```

は図表2-1の通りです。前文と4つの章から成り立っています。

　前文では、①民主的で文化的な国家としての発展、②世界平和と人類福祉への貢献の2つを願うと述べています。次に個人の尊厳、真理と正義、公共の精神、豊かな人間性・創造性など、教育で重視する価値をあげます。最後に、憲法の精神にのっとり、我が国の未来を切り拓く教育の基本を確立し、その振興を図るという同法の制定趣旨を示します。

2　教育の目的と目標

1　教育の目的（第1条）

　それでは各条文の解説に進みましょう。第1条には教育の目的が示されます。最初にあげられる目的は人格の完成です。何をもって完成かを考えるのは難しいことですが、ここではあくまで、目指す方向を示していると理解してください。次にあげられるのは、国民の育成です。どんな国民を育成するかというと、①平和で民主的な国家及び社会の形成者に必要な資質を備え、②心身ともに健康な国民だとされます。

　なお、国家や社会の形成そのものは教育の目的とされていません。国家や社会の維持・繁栄も目的ではありません。あくまで、国や社会の担い手となる「個人を育てる」のであり、個人の成長や発達を尊重・優先した目的設定になっているのです。

2　教育の目標（第2条）

　第2条には、教育の目標が列挙されています。第1条の目的との関係でいえば、目的実現のために設定されるのが目標です。抽象的な目的から、もう少し具体的な目標へ広がる、と押さえておけばよいでしょう。

　ここでは約20の目標が、5つに分けられています。それぞれに見出しはついていませんが、図表2-2のように理解することが可能です。

プラスワン

教化と教育
「国家や社会のための人づくり（人材養成）」を指すのは教化（きょうか・きょうげ）という概念である。教育の概念は「個人のための人づくり」を指す。

図表2-2　教育の目標

① 【教育の基礎：知育・徳育・体育】幅広い知識と教養、真理を求める態度、豊かな情操と道徳心、健やかな身体
② 【発展的な個人の資質・価値】個人の価値の尊重、自主・自律の精神、職業・生活との関連重視、勤労重視の態度
③ 【社会関係面】正義と責任、男女平等、自他の敬愛と協力の重視、公共の精神、主体的な社会形成への参画
④ 【生命・環境面】生命を尊び、自然を大切に、環境保全
⑤ 【日本と国際関係】伝統と文化の尊重、我が国と郷土を愛する、他国を尊重、国際社会の平和と発展

（注）見出しは例

目標は多いですが、一つずつ覚えていきましょう。

2006年の改正時に争点になったのが、この第2条でした。特に5番目の「我が国と郷土を愛する」という目標が、戦前のゆがんだ愛国心教育を思い出させるなどと批判されたのです。国や郷土への愛着自体は否定すべきではないかもしれません。しかし、我が国の不幸な歴史に深く関連する問題ですので、教育者は慎重な姿勢で向き合う必要があります。

3 教育を受ける権利と教育の機会均等

1 教育の機会均等とは（第4条）

第4条第1項は、まず前半で、すべて国民が「ひとしく、その能力に応じた教育を受ける機会」を与えられなければならないと述べます。これは日本国憲法第26条に明記された「教育を受ける権利」を具体化するため、人々の教育を受ける機会、端的にいえば学校に通う機会を平等に保障するよう、国の責務として求めたものです。

この教育基本法第4条についても、憲法第26条と同様、何をどう「ひとしく」するのか、「能力に応じた」とはどういうことか、解釈が分かれます。

たとえば、皆が同じ教室にいること、同じ点数を取れるようにすることなど、さまざまな「ひとしさ」が考えられます。また、「能力に応じ」ることとは、高い能力をもつからよい教育を受けられることなのでしょうか。それとも能力を満たす必要（ニーズ）がある児童生徒ほど充実した教育を受けられることなのでしょうか。あるいは両者は両立すべきことなのでしょうか。

さまざまな解釈がありますが、本講では、どの子どもも発達上のニーズを抱えていて、それを適切に満たすことが「能力に応じる」ことであり、一人ひとりの豊かな可能性が「ひとしく」開花させられるという理想としてとらえておきたいと思います。

第1項の後半では「人種、信条、性別、社会的身分、経済的地位又は門地によって、教育上差別されない」と定められています。かつて、日本を含む世界の国々では、貴族や富裕層の子弟だけが学校に通えたり、特別に豊かな教育を受けたりすることがありました。しかし、このことはほかの児童生徒にしてみれば、自分で選べない理由・自分で責任を負えない理由によって、教育を受ける権利を不当に奪われることになります。これは、

プラスワン

権利と機会

憲法での「権利」の場合、国民が「有する」のか否かを明記することが重要となる。他方「機会」の場合、無条件に存在するものではなく、あくまで国が国民に保障すべきである。ゆえに「与えなければなら」ないと努力義務の形で書かれている。図表2-3下線部の述語表現の違いは、このように生じると考えられる。

図表2-3 教育を受ける権利（日本国憲法）と機会（教育基本法）

日本国憲法 第26条第1項	すべて国民は、法律の定めるところにより、その能力に応じて、ひとしく教育を受ける<u>権利を有する</u>。
教育基本法 第4条第1項	すべて国民は、ひとしく、その能力に応じた教育を受ける<u>機会を与えられなければ</u>ならず（後略）

重大な差別にあたります。第1項後半は、こうした教育上の差別を禁止したものです。

2 障害者と経済的弱者

　教育の機会均等を考えるとき、障害のある人々には特に配慮しなければなりません。なぜなら、発達を保障されるべきニーズをもちながらも、障害を理由に就学を制約されてきた歴史があるからです。

　また、経済的理由によって教育を受けられない人も数多く存在します。このことは本人にも気の毒なことですが、社会にとっても、その人が教育を受けたら生じたであろう、貢献・恩恵を受けられないことになります。

　第4条第2項と第3項は、こうした問題に対応するため、国と地方公共団体*に対して教育の条件整備を義務づけるものです。第2項では「障害のある者が、その障害の状態に応じ、十分な教育を受けられるよう、教育上必要な支援を講じなければならない」とされます。第3項では「能力があるにもかかわらず、経済的理由によって修学が困難な者に対して、奨学の措置を講じなければならない」とされます。

　近年では特別支援学校への就学希望者が急増しており、各自治体は特別支援学校を増設しているものの、数が追いついていません。また、給付型奨学金制度も整備され始めましたが、受給人数が少ないとの批判もあります。第4条の実現に向けては、未だ課題が残されています。

4 義務教育と学校教育

1 義務教育と学校教育（第5条、第6条、第7条）

　前述の目的・目標を実現するうえで重要な根幹となるのが、義務教育です。

　第5条第1項において、義務教育の義務の意味として、教育を「受ける」義務ではなく、保護者が子に教育を「受けさせる」義務であることが明記されます。なお、類似条文が憲法と学校教育法にもみられます。これらは混同しやすいので、図表2-4で見比べておきましょう。語句の違いを確認して、各条文がどの法規に収められているか理解してください。

図表2-4　義務教育関連条文（日本国憲法、教育基本法、学校教育法）

日本国憲法 第26条第2項	すべて国民は、法律の定めるところにより、その保護する子女に普通教育を受けさせる義務を負ふ。
教育基本法 第5条第1項	国民は、その保護する子に、別に法律で定めるところにより、普通教育を受けさせる義務を負う。
学校教育法 第16条	保護者（中略）は、次条に定めるところにより、子に9年の普通教育を受けさせる義務を負う。

📮 プラスワン

「障害」の表記

「障害」については、「障がい」や「障碍」とも表記されるが、本書では、法規中の表記に統一している。

✏️ 語句説明

地方公共団体

→都道府県・市町村のこと。これら普通公共団体に加え、東京都の特別区は特別公共団体として市と同等の事務を扱う。

📮 プラスワン

特別支援学校への就学希望者

2006年から2018年の間に、特別支援学校の在籍者は3万8,000人以上、約1.4倍に増加している（→くわしくは第3講参照）。

各条文の該当法規名を答えられるようになりましょう。

語句説明

普通教育

→すべての人に必要な基礎的・一般的な知識・技能を習得する教育。職業教育や専門教育に対置される。

重要語句

一条校

→学校教育法第1条に定める種類の学校（→第3講参照）。

第5条第2項では「義務教育として行われる**普通教育***」の目的として、能力を伸ばすこと、社会で自立的に生きる基礎を培うこと、国家および社会の形成者として必要とされる基本的な資質を養うことがあげられます。第3項では、義務教育の機会保障・水準保障のため、国と地方公共団体が適切な役割分担と相互協力のもとで責任を負うとされます。第4項では、国立・公立の義務教育段階の学校（小学校・中学校など）では授業料を徴収しないこと（授業料不徴収）が明記されています。

第6条は学校教育に関する条文です。まず、いわゆる一条校*と呼ばれる「法律に定める学校」が公の性質を有すると述べた後、国、地方公共団体、学校法人のみが学校を設置できるとします。これらが国立学校、公立学校（都道府県立、市町村立など）、私立学校と呼ばれるものです。

さらに、学校が①児童生徒らの心身の発達に応じること、②体系的な教育を、③組織的に行うことを、それぞれ義務づけています。

また、教育する側がいくらがんばっても、教育を受ける側に学ぶ姿勢や自発性・意欲が乏しければ、教育は成立しません。このことから、学校で教育を行う際には、「教育を受ける者が……必要な規律を重んずる」こと、また「（教育を受ける者が）自ら進んで学習に取り組む意欲を高める」ことを、それぞれ重視するよう求めています。ただし、重視するよう求められるのは、あくまで教育者側です。教育基本法は、国・地方公共団体や教員など、主に教育者側への命令としての性質をもち、学ぶ側の児童生徒らに直接命令するものではありません。このことに注意が必要です。

なお第7条では、一条校の一つである大学について、その使命（真理探究など）と同時に、自主性・自律性を尊重することが記されています。

2 私立学校（第8条）

第8条では、私立学校に焦点が当てられています。すなわち、第6条で見たように、私立学校であっても公の性質をもつことが確認されます。加えて、学校教育で重要な役割を果たすことも確認されます。そのうえで国と地方公共団体には、私立学校の自主性を尊重しつつ、助成*などによって振興に努めなければならない、と努力義務が課せられています。

 語句説明

助成

→国や地方公共団体が私立学校に行う財政的支援を、一般に私学助成という。私立学校法第59条や私立学校振興助成法に基づく。

図表2-5　学校段階別の国立・公立・私立の割合（2019年）

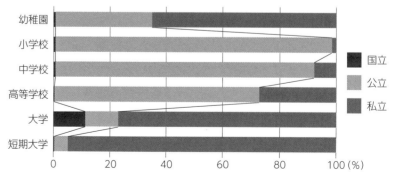

出典：文部科学省「学校基本調査（令和元年度）」2019年をもとに作成

現在の我が国における学校数についてはほかの講でもふれますので、ここでは私立学校の割合を見ておきましょう（図表2-5）。特に、就学前教育や高等教育（大学・短期大学）で大きな比重を占めています。

3 学校の教員（第9条）

第9条は学校の教員について規定したものです。国立・公立・私立を問わず、また幼稚園から大学まで、すべての一条校に勤務する教員を対象としています。第9条第1項では、教員の義務（「しなければならない」こと）として、①自己の崇高な使命を深く自覚すること、②絶えず研究と修養に励むこと、③職責＊の遂行に努めることがあげられています。

ところで公立学校の教員は、公務員でもあります。公務員については憲法や地方公務員法にその基本を示す関連条文があります。上記の教育基本法第9条第1項は教員の基本を示していますが、公務員の基本を示す憲法・地方公務員法の関連条文と一緒に学習しておくと効果的です。

図表2-6にそれら関連条文を並べてみました。特に条文の主語の違いに注目してください。義務教育関連条文の場合と同様、各条文が収められる法規名を答えられるよう、しっかり理解しておくことが大切です。

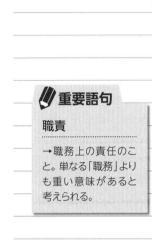

重要語句

職責

→職務上の責任のこと。単なる「職務」よりも重い意味があると考えられる。

図表2-6　教員・公務員の使命（日本国憲法、教育基本法、学校教育法）

日本国憲法 第15条第2項	<u>すべて公務員は</u>、全体の奉仕者であつて、一部の奉仕者ではない。
地方公務員法 第30条	<u>すべて職員は</u>、全体の奉仕者として公共の利益のために勤務し、且つ、職務の遂行に当つては、全力を挙げてこれに専念しなければならない。
教育基本法 第9条第1項	<u>法律に定める学校の教員は</u>、自己の崇高な使命を深く自覚し、絶えず研究と修養に励み、その職責の遂行に努めなければならない。

さらに第9条第2項には、教員が崇高な使命と重要な職責をもつことから、①身分の尊重と、②待遇の適正を実現するよう求め、③養成と研修＊の充実を図ることを義務づけます。これらの義務は、教員を任命または雇用する国・地方公共団体・学校法人に対して求められたものです。

4 教育の中立性（第14条、第15条）

この2つの条文は、特定の政党や宗教に偏った教育を禁止しています。教育の政治的中立性（第14条）や宗教的中立性（第15条）と呼ばれる考え方です。歴史上、特に日本では戦前に、政治勢力や宗教勢力が教育へ介入し過ぎました。そのため国民が正しい科学的知識や判断力を習得できず、戦争を止められないなど不幸な出来事が起こったのです。こうした反省に基づき、教育を中立的に行うよう定めた条文です。

しかし、政治教育や宗教教育そのものが禁止されるのではありません。「良識ある公民として必要な政治的教養」や「宗教に関する寛容の態度、宗教に関する一般的な教養及び宗教の社会生活における地位」は、「教育

重要語句

研修

→研究と修養をあわせた言葉とされる（→第6講参照）。

プラスワン

政治教育の重要性

いわゆる「18歳選挙権」の実現によって、学校に求められるのは単なる模擬投票などの指導だけではない。教育基本法にいう政治教育が、ますます重要になる。

図表2-7　国公私立学校別：政治教育と宗教教育の可否

	項　　目	国公立	私立
政治教育	良識ある公民として必要な政治的教養	◎	◎
	特定の政党を支持・反対する教育、その他政治的活動	×	×
宗教教育	宗教に関する寛容な態度、一般的な教養、地位	◎	◎
	特定の宗教のための宗教教育、その他宗教的活動	×	○

◎…教育上尊重されなければならない、○…可能、×…禁止

上尊重されなければならない」ことを覚えておきましょう。また、私立学校では宗教教育が許されており、国公立学校とは異なります（図表2-7）。

5 　教育における連携と協力（第13条）

　第13条では「学校、家庭及び地域住民（中略）相互の連携及び協力」が述べられています。そこで定められるのは「学校、家庭及び地域住民その他の関係者」が、教育においてそれぞれの「役割と責任を自覚する」とともに「相互の連携及び協力に努めるものとする」ことです。本条における「家庭」の構成員については、保護者だけを指さずに家庭と表現しているので、それ以外の人々（祖父母など）も含まれると考えられます。

　少し細かい点ですが、上記の「努めるものとする」など条文の文末表現に注目してください。たとえば同じく連携を求める場合でも、図表2-8のように意味合いが異なる例も考えられ、義務の程度が変わってきます。

　なお、第13条は2006年の改正で新たに追加されたものです。当時、家庭や地域の教育力の低下や学校の信頼低下などが深刻になったと叫ばれたことが、追加の背景にありました。こうした状況下で、互いに責任を押しつけ合うのでなく、児童生徒を中心に手を取りあうという本来の姿に立ち戻ることを、我が国の大人全体に求めた条文といえます。

プラスワン

法律の改廃と世論

家庭の教育力の低下について、しつけはむしろ厳しくなったと統計などに基づく異論もあった。法律の改廃は、エビデンスよりも世論によって強く進むことも多い。

図表2-8　条文の文末表現の違い（例）

文末表現の例	意味合い	義務の程度
連携しなければならない	義務	強
連携に努めなければならない	努力義務（強め）	
連携に努めるものとする	努力義務（弱め）	弱

5 家庭教育と幼児教育

1 家庭教育（第10条）

　私たちは、教育というと学校教育だけを思い浮かべがちです。しかし、家庭教育、社会教育も教育が行われる大切な領域です。これらすべての教育の基本になる法律なので、教育基本法と呼ぶわけです（図表2-9）。

図表2-9　教育が行われる3つの領域：学校教育・家庭教育・社会教育

教育が行われる3つの領域（教育基本法＝これら3領域の基本）

| 学校教育（学校教育法） | 家庭教育 | 社会教育（社会教育法） |

　1947年の旧教育基本法は、社会教育に関する条文に家庭教育を含んでいました。2006年の改正時に家庭教育の条文が新設されました（第10条）。その第1項では、まず保護者が自分の子の教育に第一義的責任を有するとします。そして保護者が具体的に「努めるものとする」責務として、①生活のために必要な習慣を身に付けさせること、②自立心を育成すること、③心身の調和のとれた発達を図ることをあげます。

　第10条第2項で示されるのは、家庭教育に対する国と地方公共団体の責務です。前提として「家庭教育の自主性を尊重」することを明記したうえで、家庭教育の支援に必要な施策を講ずるよう「努めなければならない」としています。支援施策の具体例としてあげられるのは、保護者に対する学習の機会や情報の提供などです。

「第一義的」とは、もっとも大事な、という意味です。

2 幼児期の教育（第11条）

　第11条は幼児教育に関する条文です。まず同条では、幼児期の教育が、生涯にわたる人格形成の基礎を培う重要なものだと確認されます。その重要性に照らして、国や地方公共団体に責務を課します。すなわち、幼児の健やかな成長に資する良好な環境の整備などの方法によって、幼児教育の「振興に努めなければならない」と努力を義務づけています。

　幼児教育では、教育者の側が一方的に教える内容を押しつけるのではなく、幼児自らが周囲（人や事物、自然など）に働きかけて成長することが大切にされます。こうした環境を通して行う教育の考え方に基づき、上記のように「良好な環境の整備」が求められるのです。

6 生涯学習と社会教育（第3条、第12条）

　教育基本法において、機会均等（第4条）とならんで教育の重要理念とされるのが、第3条の生涯学習の理念です。

　現在の我が国の教育は、前述の学校教育・家庭教育・社会教育を通じて一人ひとりが生涯学習に取り組めることを理念の一つとしています。それを示したのが第3条です。同条では①自己の人格を磨き、豊かな人生を送れることを目的として、②あらゆる機会に、あらゆる場所で学習でき、③その成果を適切に生かせる社会の実現を目指すことが求められます。

　生涯学習の理念によって、あらためて大人の学びが注目されましたが、これは従来、社会における学びである社会教育の現場で中心に位置づけられるものでした。社会教育について規定するのは第12条です。

　同条は国や地方公共団体の責務を示します。まず、第1項で社会教育をすすめ励ますことを義務づけます（「奨励されなければならない」）。第2項で社会教育を盛んにすることを努力義務とします（「振興に努めなければならない」）。後者の振興については、①社会教育施設の設置、②学校施設の利用、③学習機会と情報の提供などが、具体的方法例としてあげられます。上記①の社会教育施設とは、図書館、博物館、公民館＊などです。

7 教育行政（第16条、第17条）

　以上に見たように、教育基本法では教育の理念や基本的なあり方を定めると同時に、それらを実現するうえで、国や地方公共団体にさまざまな責務を命じていました。第16条と第17条では、こうした責務を実現するための教育行政のあり方について総括的に述べられています。

　第16条は教育行政のあり方を定めたものです。第1項前半では「教育」が、①「不当な支配＊」に服しないこと、②法律により行われることを述べて、後半で「教育行政」が、③国と地方公共団体の役割分担・相互協力の下、④公正かつ適正に行われなければならないと定めます。前半と後半で主語が「教育」「教育行政」と異なることに注意しましょう。

　第2項と第3項は、上記③の「役割分担」の語を受ける形で、国と地方公共団体の役割を示したものです。第2項では「国」が、全国的な教育の機会均等と教育水準の維持向上を図るため、教育施策を総合的に策定・実施しなければならないとされます。第3項では「地方公共団体」が、その地域の教育振興のため、その地域の実情に応じた教育施策を策定・実施しなければならないとされます（図表2-10参照）。

　第4項では、国・地方公共団体の双方に対して、教育が円滑かつ継続的に実施されるために必要な、財政上の措置を講じるよう命じます。

図表 2-10　第16条第 2 ～ 4 項にみる国と地方の役割（目的と責務）

主体	第 2 項（国）・第 3 項（地方公共団体）	第 4 項
国	目的…全国的な教育の機会均等・水準の維持向上 責務…教育施策の総合的策定・実施	目的 円滑で継続的な教育の実施 責務 財政上の措置
地方公共団体	目的…その地域の教育振興 責務…地域の実情に応じた教育施策の策定・実施	

　第17条は「教育振興基本計画」について規定したものです。この計画は我が国の教育を総合的かつ計画的に推進するために、基本的な方針や施策を盛り込んだものです。政府には、この計画の策定、国会への報告、国民への公表が義務づけられます。また地方公共団体には、地方の実情に応じた教育振興基本計画の策定が、努力義務（「定めるよう努めなければならない」）として課されています。

ディスカッションしてみよう！

　教育基本法には実にさまざまなことが書かれていました。もし、教育基本法の各条文がなかったら、一体、どんなことが起こってしまうでしょうか。第 3 講以下の内容もふまえながら、それぞれの条文について、なくなってしまったときのことを考えてみましょう。

たとえば・・・

「教育振興基本計画」って何だろう

　教育基本法第17条は「教育振興基本計画」について規定しています。これは、今後の教育をどういう方向で進めるのかを記した計画です。

　本文で述べたように、国は必ずこの計画を策定しなければなりません。これに対して地方（都道府県・市区町村）には策定の努力義務があるだけです。とはいえ、最近の調査によれば（2019年3月31日現在）、47すべての都道府県（100％）と、1,718のうち1,421の市区町村（82.7％）が策定済みとなっています。また、残る297（17.3％）の市区町村のうち、56の市区町村は今後策定する予定があるとしています（なお、東京都の23区は特別区と呼ばれ、市町村に準ずる地方公共団体とされるので、他の市町村と同様に教育委員会が設置されます。このため、市町村レベルの教育委員会を指すときは、特別区も含んで「市区町村」教育委員会と表されることがあります）。各地方の教育振興基本計画は、国の計画を参照しながらつくられることが多いようです。

　国の教育振興基本計画は、①「今後10年間を通じて目指すべき教育の姿」を明らかにしたうえで、②「今後5年間に取り組むべき施策を総合的・計画的に推進する」という二段構えでつくられます。前者は少し抽象的で、後者は具体的と考えてよいでしょう。実際は、後者に合わせる形で5年ごとに新たな計画が策定され、2回に1度、前者が記されます。5年ごとに策定されるそれぞれの計画を、第○期の計画と呼びます。第1期が2008〜2012年、第2期が2013〜2017年、第3期が2018〜2022年です。各期の計画は文部科学省のホームページで閲覧可能です。

　最新版である第3期の教育振興基本計画は、以下のような概要になっています。

　まず、「子供たちが将来生きる社会」の特徴を「超スマート社会（Society5.0）」と「人生100年時代」の到来ととらえます。そして「生涯にわたる一人一人の『可能性』と『チャンス』の最大化を、今後の教育政策の中心課題に据え」ます。そのうえで、「今後の教育政策に関する基本的な方針」としてあげられるのが、以下の5点です。

①夢と志を持ち、可能性に挑戦するために必要となる力を育成する
②社会の持続的な発展をけん引するための多様な力を育成する
③生涯学び、活躍できる環境を整える
④誰もが社会の担い手となるための学びのセーフティネットを構築する
⑤教育政策推進のための基盤を整備する

　それぞれの基本的方針のもとで、いくつかに分けられた教育政策の目標が掲げられます。たとえば、上記の①では、確かな学力の育成、家庭・地域の教育力の向上、学校との連携・協働の推進など、教育基本法にも深く関係する目標があげられています。また、②では、イノベーションをけん引する人材の育成、③では、人生100年時代を見据えた生涯学習の推進がそれぞれあげられるなど、前述の将来社会への対応も意識されています。ぜひ一度、読んでみてください。

　このように、長期間を見通しながら、しかも、文部科学省だけでなく政府全体をあげて教育を計画的に進めていくことは大切なことです。しかしながら、予算の裏づけが十分ではなく、絵に描いた餅との批判もあります。教育が社会の発展に重要なことは多くの人が認めるところです。どの程度お金をかけるのか、財源を割くのかを鋭く問われています。教育基本法の理念が今こそ大切にされるべきともいえる一方で、投資に見合う成果を出せ（成果主義）、効果的に運用しろ（計画・実施・評価・改善：PDCAサイクル）、証拠に基づく政策を実施せよ（エビデンスに基づく政策立案；Evidence-based Policy Making：EBPM）など、さまざまに厳しい要求・条件が突きつけられており、道は険しいようです。

復習問題にチャレンジ

（秋田県　2019年）

次は、教育基本法の条文の一部である。文中の（ア）～（エ）にあてはまる語句の正しい組合せを下の①～⑥から一つ選べ。

第9条　法律に定める学校の教員は、自己の崇高な使命を深く自覚し、絶えず研究と修養に励み、その（ア）の遂行に努めなければならない。

2（略）

第10条　父母その他の保護者は、子の教育について第一義的責任を有するものであって、（イ）のために必要な習慣を身に付けさせるとともに、（ウ）を育成し、心身の調和のとれた発達を図るよう努めるものとする。

2（略）

第13条　学校、家庭及び地域住民その他の関係者は、教育におけるそれぞれの役割と責任を自覚するとともに、相互の（エ）に努めるものとする。

①　ア　職責　イ　生活　ウ　自立心　エ　連携及び協力
②　ア　職務　イ　生活　ウ　豊かな心　エ　連携及び協力
③　ア　職責　イ　学習　ウ　自立心　エ　信頼関係の構築
④　ア　職責　イ　生活　ウ　豊かな心　エ　連携及び協力
⑤　ア　職務　イ　学習　ウ　豊かな心　エ　信頼関係の構築
⑥　ア　職務　イ　学習　ウ　自立心　エ　信頼関係の構築

理解できたことをまとめておこう！

ノートテイキングページ

学習のヒント：図表2-1を参考に、教育基本法の構成に各条のキーワードを加えてまとめましょう。

学校教育の基本に関する法規

理解のポイント

教育基本法にも記されているように、「教育」は学校のみならず家庭や社会でも行われるものであり、「教育」を受ける対象は子どもに限られるわけではありません。しかし、子どもたちの「教育」ということを考えたときに、学校が果たす役割は決して小さなものではないともいえます。そこで本講では、学校教育に関して法律にどのような規定があるのかを見ていくことにしましょう。

1 「学校」とは何か

1 一条校

皆さんが目指しているのはどの「学校」の先生でしょうか。公立の小学校の先生ですか？ それとも私立の中学校の先生でしょうか？ 幼稚園や保育所の先生に魅力を感じている人や、自分が通っていた予備校の先生になることを目指しているという人もいるかもしれません。

ただ、公立の小学校、私立の中学校、幼稚園、保育所、予備校は、すべて「学校」と呼べるものなのでしょうか。小学校や中学校のような勉強をする場ではないことから、幼稚園や保育所が「学校」だといわれると違和感があるという人もいるはずです。予備校は確かに勉強の場ではあるけれども、「学校」とは異なるところだと考える人もいるでしょう。「学校」とは何かという問いに答えることは簡単ではありません。

では、日本の法律のなかで「学校」とはどのように定義されているのでしょうか。この疑問に答えるためにまず注目すべきは、学校教育法第1条です。そこには、幼稚園、小学校、中学校、義務教育学校、高等学校、中等教育学校、特別支援学校、大学、高等専門学校の計9種が、学校教育法に定める学校であると示されています。これら9種に該当するのであれば、国立であるか公立であるか私立であるかは関係なく、すべて「一条校」と呼ばれます。逆に、ここに名前のない保育所や予備校といった施設は、一条校にはあたらないということになります。

なお、教育基本法第6条で「法律に定める学校は、公の性質を有する」とされていますが、ここでいう「法律に定める学校」とはこれまで一条校のことを指してきました。ただ、この後で述べるように、現在は一条校に加えてもう一つ「法律に定める学校」が存在します。

2 一条校ではない施設

保育所や予備校がそうであるように、子どもの学びや育ちを支える施設というのは、一条校だけに限られるものではありません。そこで、法律上の位置づけに準拠しながら、大きく3つに分けて代表的な「一条校ではない施設」を紹介していきます。

① 各種学校・専修学校

まず、学校教育法にその名前が登場するにもかかわらず、一条校とは区別されている施設として各種学校と専修学校があります。たとえば各種学校であれば、「第1条に掲げるもの以外のもので、学校教育に類する教育を行うもの」(学校教育法第134条)と規定されています。インターナショナルスクールや民族学校、大学進学を目的とする予備校や自動車学校などが、各種学校に含まれます。

専修学校は、各種学校から独立して法律に位置づけられたものです。職業や実際の生活に必要な能力を育成したり教養の向上を図ったりすることを目的とし、高等課程、専門課程、一般課程の3つに分かれます。このなかで皆さんにとってなじみがあるのは、専門課程ではないでしょうか。専門課程は高校の卒業者を対象とするもので、この課程を置く専修学校は「専門学校」とも呼ばれます。「専門学校」では看護師、栄養士、保育士などの養成も行われています。

② 保育所

「幼稚園」が一条校に該当するのに対し、「保育所」は学校教育法にその言葉すら登場しません。では、何に規定されているかというと児童福祉法という法律で、児童養護施設や児童自立支援施設などと並んで「児童福祉施設」の一つとされています。つまり、法律上の区分に即して厳密にいうと、「保育所」は学校にはあたらないのです。そして、幼稚園を所管するのが文部科学省であるのに対し、保育所を所管するのは厚生労働省です。幼稚園の先生には幼稚園教諭免許が必要とされるのに対し、保育所の先生には保育士資格が必要とされます。

③ 認定こども園

幼稚園と保育所は、小学校入学前の子どもを対象とする施設という点は同じであるにもかかわらず、所管が違うために運営のルールなども異なってきました。そこで近年、幼稚園と保育所の統合（一元化）を試みる動きが進み、2006年にスタートしたのが「認定こども園」という制度です。教育と保育を一体的に行う施設で、幼稚園と保育所の両方のよさをあわせもつといわれています。

認定こども園には「幼稚園型」や「保育所型」などいくつかのタイプがありますが、そのうち「幼保連携型認定こども園」は、学校と児童福祉施設のどちらにも法的位置づけを有する施設です。つまり、一条校の枠内にその名前は登場しないものの、「幼保連携型認定こども園」は、教育基本法第6条に登場する「法律に定める学校」の一つということになります。

児童養護施設は、保護者のいない子どもや虐待を受けている子どもなど、社会的養護が必要だと判断される子どもが入所する施設です。児童自立支援施設は、不良行為をした子どもや不良行為をするおそれのある子どもらが、個々の状況にあわせた指導を受けながら育ち合うための施設です。

プラスワン

一条校ではない施設

ほかにも国の省庁や独立行政法人などの所管する「大学校」がある。例として防衛省が幹部自衛官養成のために設置している「防衛大学校」、国土交通省が気象庁の中核となる職員の養成や現役の職員を対象とした研修のために設置している「気象大学校」などがある。

　このように日本国内だけを見ても、多様な「学校」が存在します。では、諸外国と比べたときに、日本の教育制度にはどのような特徴があるでしょうか。この問いに答えるうえで参考となるのが「学校体系」という考え方です。「学校体系」は、異なる種類の学校のまとまりを意味するもので、「複線型」「分岐型」「単線型」の3つに分かれます（図表3-1）。

　複線型とは、1つの国に複数の学校系統が併存するものを指します。かつてヨーロッパでは、エリートを対象とする教育とノン・エリートを対象とする教育を分離して行っていました。階級社会ゆえ、この2つが交わるということは想定されておらず、初等教育の段階で振り分けられたルートのまま、中等教育、高等教育を受けることになります。その後、平等な教育を求める声が強まったため、多くの国で複線型からの転換が図られましたが、イギリスには現在も一部で残っているといわれます。

　分岐型は、複線型からの転換を図った国で採用されたものです。どの家庭で生まれ育ったとしても同じ教育機会が与えられるよう、初等教育については統合がなされています。ただ、中等教育以後は別々のルートを歩むことになるため、初等教育を終える段階で進路を決めなければなりません。たとえばドイツでは、将来的には職業訓練を受ける道に進む子どもたちが集う学校と、大学進学を希望する子どもたちが集う学校に、原則として10歳で分かれます。双方を行き来することは可能ですが、ドイツの学校体系は分岐型であるといわれています（図表3-2）。

　単線型では、初等教育のみならず、中等教育についても統合が図られています。どの学校を選んでも高等教育が受けられるというもので、第二次世界大戦後、日本はこの単線型の学校体系を採用することになりました（図表3-3）。どの小学校、中学校、高等学校を経由しても大学への進学が可能だというのは、現代の日本で生まれ育った人からすると当たり前のことかもしれませんが、歴史的に見ると、そして海外の制度と比較すると、必ずしもそうではないといえるでしょう。

日本では小学校が初等教育、中学校が前期中等教育、高等学校が後期中等教育、短大や大学などが高等教育にあたります。高等学校≠高等教育だという点に注意しましょう。

図表3-1　学校体系の3類型

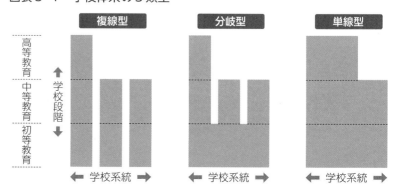

出典：山下晃一「現代の公教育制度」河野和清編著『現代教育の制度と行政』福村出版、2008年、31頁

2 学校教育の目的と目標

ただ、日本の学校体系が本当に単線型といえるのか、疑問の声も少なくありません。それは、一条校だけを見ても国内には多様な学校種が存在するからです。本節では、日本の学校体系の複雑さにも目を向けながら、それぞれの段階で行われる教育の目的・目標を確認していきます。なお、一条校のうち「特別支援学校」については第4節で取り上げることにします。

1 就学前教育〜前期中等教育

一般に、初等教育より前の段階に行われる教育を「就学前教育」と呼びます。日本の就学前教育のうち、学校教育法に示されているのは幼稚園のみです。幼稚園の目的は「義務教育及びその後の教育の基礎を培うものと

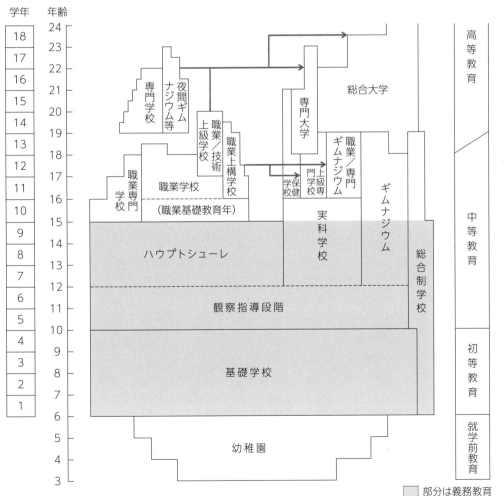

図表3-2　ドイツの学校体系

出典：文部科学省「諸外国の教育統計」2019年

　部分は義務教育

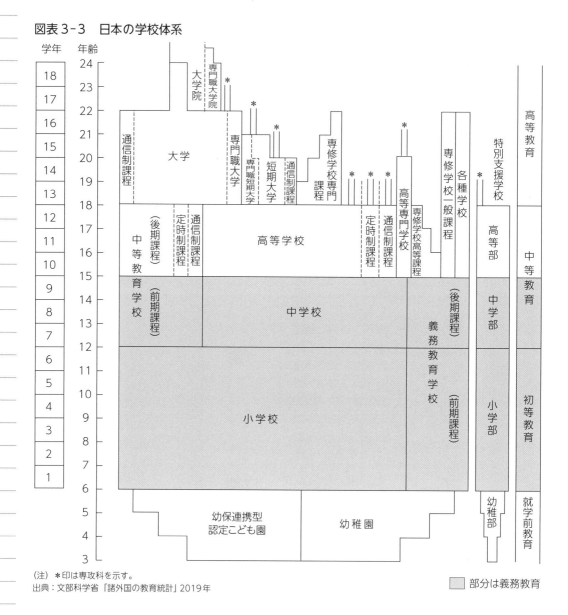

図表3-3　日本の学校体系

（注）＊印は専攻科を示す。
出典：文部科学省「諸外国の教育統計」2019年

部分は義務教育

して、幼児を保育し、幼児の健やかな成長のために適当な環境を与えて、その心身の発達を助長すること」にあり、「音楽、身体による表現、造形等に親しむことを通じて、豊かな感性と表現力の芽生えを養うこと」（学校教育法第22条、第23条）など、5つの目標が掲げられています。なお、幼稚園に入園できるのは満3歳からとなります。

　6～15歳の計9年に及ぶ義務教育については、「各個人の有する能力を伸ばしつつ社会において自立的に生きる基礎を培い、また、国家及び社会の形成者として必要とされる基本的な資質を養うこと」（教育基本法第5条第2項）が目的とされます。この目的を実現するため、学校教育法第21条には計10個に及ぶ目標が掲げられています。小・中学校における教育の目的と目標を定めた学校教育法第29条、第30条、第45条、第46条とあわせて、巻末の法規集を確認してみてください。

なお、小学校と中学校を分けることなく9年一貫の教育を施すのが義務教育学校、中学校と高等学校を分けることなく6年一貫の教育を施すのが中等教育学校となります。

2 後期中等教育～高等教育

「中学校における教育の基礎の上に、心身の発達及び進路に応じて、高度な普通教育及び専門教育を施すこと」（学校教育法第50条）を目的とするのが高等学校です。高等学校における教育の目標として掲げられるのは、「個性の確立に努めるとともに、社会について、広く深い理解と健全な批判力を養い、社会の発展に寄与する態度を養うこと」（学校教育法第51条）など、わずか3つしかありませんが、全日制、定時制、通信制と多様な形態が存在します。また、普通教育を主とする学科のみならず、農業や工業など専門教育を主とする学科や、普通教育と専門教育の選択履修が可能な「総合学科」を置くことができます。

では、中学校を卒業した子どもが進学できるのは、高等学校だけなのでしょうか。そうではありません。日本には「高等学校」ではなく「高等専門学校」に進学する子どもたちが存在します。高等専門学校は「深く専門の学芸を教授し、職業に必要な能力を育成すること」（学校教育法第115条）を目的とするもので、略して「高専」などと呼ばれています。全日制の高等学校が3年を修業年限とするのに対し、高等専門学校の場合は5年ないしは5年6か月です。機械工学や電子工学を学ぶ工業系の学科のほか、商船系の学科や情報系の学科が置かれています。

一条校のうち高等教育段階に位置するのが「大学」です。大学は「学術の中心として、広く知識を授けるとともに、深く専門の学芸を教授研究し、知的、道徳的及び応用的能力を展開させること」（学校教育法第83条）を目的としています。専修学校や各種学校のなかにも高等教育段階に位置するものがありますが、先述の通り、これらは一条校ではありません。なお、2019年4月には「深く専門の学芸を教授研究し、専門性が求められる職業を担うための実践的かつ応用的な能力を展開させること」（学校教育法第83条の2）を目的とする「専門職大学」というカテゴリが新たに設けられました。日本の学校体系はますます複雑なものになるといえるでしょう。

> **プラスワン**
>
> **高等学校の修業年限**
>
> 高等学校の修業年限について、全日制は「3年」と定められているのに対し、定時制や通信制は「3年以上」となっている。そのため、定時制や通信制では、標準修業年限を4年とする学校が多い。

ディスカッションしてみよう！

「単線型」ともいわれていたはずの日本の学校体系が、どんどんと複雑化しているのはなぜでしょうか。また、学校体系を複雑化させることのメリットとデメリットは、どこにあるのでしょうか。近年になって新しく設けられたカテゴリである、「義務教育学校」や「中等教育学校」の位置づけを調べたうえで、話し合ってみましょう。

たとえば・・・✎

3 教育を受ける権利と義務教育

1 義務教育とは何か

しばしば誤解されるのですが、日本で「義務教育」という場合、それは子どもに課せられた「義務」ではありません。子どもが有しているのは日本国憲法第26条第1項に登場する「教育を受ける権利」だけで、学校に通うことを強制されるような規定は存在しないのです。では、「義務教育」というのはいったい誰にとっての「義務」なのでしょうか。

日本国憲法第26条第2項には「すべて国民は」「その保護する子女に普通教育を受けさせる義務を負ふ」という条文が登場します。ここから読み取れるように、子どもの教育に対して直接に「義務」を負うのは保護者です。さらに学校教育法第16条と第17条を見ると、満6歳からの9年間、保護者は子どもを小学校および中学校に「就学させる義務」を負っていることがわかります。これを「就学義務」と呼びます。

ただ、そもそも学校が存在しなければ、保護者は子どもを就学させることができません。そこで登場するのが「学校設置義務」と呼ばれるものです。小学校および中学校については市町村が、特別支援学校については都道府県が設置する義務を負っています（学校教育法第38条、第49条、第80条）。加えて教育基本法第5条では、地方公共団体（都道府県や市町村）のみならず国にも「義務教育の機会を保障し、その水準を確保するため」の責任があることを定めています。保護者の力だけで学校を建てることはできませんので、行政が責任をもって条件整備にあたらなければならないのだといえるでしょう。

2 無償性と就学援助

子どもの教育を受ける権利を保障し、保護者が「就学義務」を果たせる環境を整えるうえで、「学校設置義務」と並んで重要となるのが、無償性の原則と呼ばれるものです。突然ですが、皆さんは小学校や中学校のときに授業料を支払っていたでしょうか。私立の学校に通っていたのであれば、授業料を払っていたはずですが、公立の学校で授業料を徴収されることは絶対にありません。なぜならば、家庭の経済状況によらずすべての子どもに教育を受ける権利が保障されるよう、日本国憲法第26条第2項に「義務教育は、これを無償とする」ことが定められているからです。仮に授業料を払わないといけないとなれば、「就学義務」を果たそうにも果たせない家庭が出てきてしまうかもしれません。

しかし、公立の小・中学校に対して何のお金も納めずに通えるかというと、必ずしもそうではありません。たとえば、音楽の時間に使うリコーダーや家庭科の時間に使う裁縫セット、算数の時間に使うドリルなど、いわゆる学用品と呼ばれるものは、基本的に皆さん（の保護者）からその代金を徴収し、学校が一括して購入することが多いといわれています。給食費や

図表 3-4　要保護および準要保護児童生徒数の推移

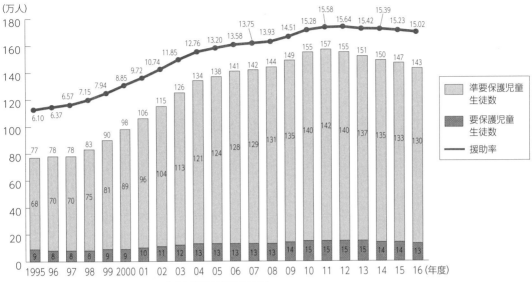

出典：文部科学省「平成29年度就学援助実施状況等調査結果」2019年

PTA会費、修学旅行の積立金など、銀行口座から毎月引き落とされるお金もあります。制服や体操服についても、学校から無償で渡されることはありません。「義務教育は、これを無償とする」ことが定められてはいますが、現実には、子どもを学校に通わせようとするとお金がかかります。

　では、こうした保護者が負担しなければならないお金を準備できない家庭は、どうしたらよいのでしょうか。皆さんが教員になったときに、「あの子の家庭は経済的に厳しそうだから、給食を食べさせることも修学旅行に連れていくこともできないだろう」などと考えてはいけません。なぜならば、経済的な理由によって学校に通うことが困難だと考えられる子どもやその保護者に対し、「市町村は、必要な援助を与えなければならない」（学校教育法第19条）ことが定められているからです。そして、この規定をもとにつくられているのが「就学援助」と呼ばれる制度です。

　就学援助制度のもとでは、学用品費や体育実技用具費、修学旅行費、学校給食費、PTA会費など、学校生活を送る際にかかるお金の多くが補助されることとなります。では、誰が就学援助を受けられるのかというと、その対象は「要保護者」と「準要保護者」の2つに分かれます（図表3-4）。このうち「要保護者」は生活保護を必要とするものを意味する言葉であるのに対し、市町村教育委員会が要保護者に準ずる程度に困窮していると認めるものが「準要保護者」となります。つまり、生活保護を受けるほどではないものの、子どもの学校生活にかかるお金を負担するのは困難だという家庭も、就学援助の対象になりうるということです。将来、もし経済的な理由から登校を渋りがちな子どもと出会うことがあれば、教員としてぜひこの制度の存在を思い出してください。

教育基本法第4条第3項にも「国及び地方公共団体は」「経済的理由によって修学が困難な者に対して、奨学の措置を講じなければならない」ことが定められています。

4 障害のある子どもの教育

1 就学義務の猶予と免除

　前節では、子どもたちの教育を受ける権利を守るため、保護者に就学義務が課されていることを紹介しました。しかし、学校教育法をよく読むと、この規定には例外が付されていることに気づきます。それが就学義務の猶予や免除と呼ばれるもので、「病弱、発育不完全その他やむを得ない事由のため、就学困難と認められる者の保護者」（学校教育法第18条）に認められることになっています。たとえば「病弱」であれば、その治療に専念しなければならず、学校で教育を受けることすら難しい子が猶予や免除の対象となります。

　子どもたちの教育を受ける権利を守るため、就学義務の猶予や免除が認められるケースというのは、あくまで限定的でなければなりません。しかし日本では1970年代末頃まで、多くの障害のある子どもに対してその適用がなされてきました。これは、保護者がわざと就学義務を果たさなかったからではありません。障害のある子どもが通える学校が十分になく、就学義務を果たそうにも果たせなかったからです。

　学校教育法が1947年に制定されたときから「都道府県は（中略）盲学校、聾学校又は養護学校を設置しなければならない」（旧学校教育法第74条）ことを定めていました。ところが「これらの学校の設置義務に関する部分の施行期日は、政令で、これを定める」（旧学校教育法附則第93条）という規定をあわせて設けることにより、都道府県に課されているはずの「学校設置義務」を先延ばしにし、障害のある子どもへの教育についてはその本格的な実施を見送ってきました。特に養護学校については、その設置がなかなか行われてこなかったため、知的な障害がある子どもや肢体不自由の子どもをもつ保護者の多くは、就学義務の猶予や免除を受けざるを得なかったといえます。

　養護学校の設置義務が都道府県に課されることになったのは、学校教育法が制定されてからおよそ30年の時を経た、1979年です。各都道府県が養護学校の設置を進めたため、保護者が就学義務を果たせる環境が整ったといえます。その証拠に、就学義務の猶予や免除を適用される子どもの数は、1970年代末を境に大きく減少しました（図表3-5）。

2 特殊教育から特別支援教育へ

　ただ、現在の学校教育法第1条に「養護学校」という言葉は見当たりません。なぜ、障害のある子どもの教育を受ける権利を守る立場にあるはずの「養護学校」が登場しないのでしょうか。その謎を解く鍵は、2007年に行われた特別支援教育の導入にあります。

　障害のある子どもの教育は長く「特殊教育」と呼ばれてきました。特殊教育では、盲学校・聾学校・養護学校、あるいは小・中学校に置かれる特

図表3-5　就学猶予・免除者数の推移

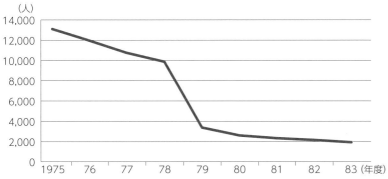

出典：文部科学省「特別支援教育資料（平成18年度）」をもとに作成
http://www.mext.go.jp/a_menu/shotou/tokubetu/material/013/023.htm（2020年6月26日確認）

養護学校には知的な障害のある子や肢体不自由の子、病弱の子らが通うことになっていました。

殊学級においてきめ細かな教育を行うことが原則となってきました。目の不自由な子であれば盲学校、耳の不自由な子であれば聾学校というように、障害の種類や程度に対応して教育の場を整備することが目指されていました。

　しかし、①盲・聾・養護学校に在籍する児童生徒の障害の重度・重複化が進みつつあること、②通常の学級にもLD*、ADHD*、高機能自閉症*などの発達障害*を抱えた児童生徒が在籍していることなど、従来の特殊教育の枠組みでは十分に対応しきれない問題が生じてきたことが、1990年代に入って明らかとなってきました。そこで、障害の種類や程度に応じた特別の場で指導を行う「特殊教育」から、子どもたち一人ひとりの教育的ニーズに応じて弾力的に教育の場を用意する「特別支援教育」へと、2007年にその理念が変わることとなり、従来の盲・聾・養護学校に代わって、障害種別を超えた学校制度としての「特別支援学校」が誕生しました。特別支援学校では、障害のある子どもに対して適切な教育を行うのはもちろんのこと、地域の特別支援教育のセンター的機能*を担うことが期待されています。

　ただ、障害のある子どもへの教育は、特別支援学校においてのみ行われるものではありません。学校教育法第81条には、知的障害者、肢体不自由者、身体虚弱者、弱視者、難聴者などのため、通常の学校に「特別支援学級」を置くことができるという規定があります。また、学校教育法施行規則第140条を見ると、通常の学級に在籍する障害のある児童生徒に特別の指導を行う必要がある場合には、「特別の教育課程によることができる」と書かれています。この規定をもとに実施されるのが「通級による指導」というものです。各教科等の授業についてはそのほとんどを通常の学級で受けるのですが、週に1～8時間程度、障害に応じた特別の指導を別の場で実施するため、「通級」と呼ばれています。

　他方、特別支援教育の実施状況を見ると、課題も指摘できます。とりわけ重要なのが、障害を有すると判断される子どもの数が急増する状況への対応です。特殊教育から特別支援教育への転換が図られたことにより、発

重要語句

発達障害

→それぞれの障害の特徴は次のとおりである（→くわしくは『よくわかる！　教職エクササイズ5　特別支援教育』を参照）。

・LD（学習障害、限局性学習症）
基本的には全般的な知的発達に遅れはないが、聞く、話す、読む、書く、計算する、または推論する能力のうち特定のものの習得と使用に著しい困難を有する状態を指す。

・ADHD（注意欠陥・多動性障害、注意欠如・多動症）
年齢あるいは発達に不釣り合いな注意力、衝動性、多動性を特徴とする行動の障害を指す。

・自閉症、自閉スペクトラム症
①他人との社会的関係の形成の困難さ、②言葉の発達の遅れ、③興味や関心が狭く特定のものにこだわることを特徴とする行動の障害を指す。

・高機能自閉症
自閉症のうち、知的発達の遅れを伴わないものを指す。

図表 3-6　特別支援学校等在籍者数の推移

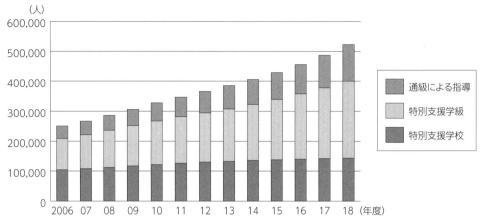

（注）特別支援学校と特別支援学級については国・公・私立学校の合計、通級による指導については公立小・中学校のみの値となっている。
出典：文部科学省「特別支援教育資料（平成30年度）」
　　　https://www.mext.go.jp/a_menu/shotou/tokubetu/material/1406456_00001.htm（2020年6月26日確認）をもとに作成

達障害に該当する児童生徒が特別の場での指導および支援の対象に加えられました。また、発達障害に関する研修の機会が増えたため、それまで障害を有するとは考えられてこなかったような、子どもたちの教育的ニーズに、教職員が目を向けるようになりました。その結果、2006年と2018年で比較すると、特別支援学校の在籍者数はおよそ1.4倍（10万4,592人→14万3,379人）に、特別支援学級の在籍者数は2.5倍（10万4,544人→25万6,671人）に、通級による指導の利用者数は3.0倍（4万1,448人→12万2,394人）に上っています（図表3-6）。

　障害を有すると判断される子どもが増えれば、それに見合った教育環境を整えなければなりません。しかし、特別支援学校教諭免許状を有した教員の配置は、十分といえない状況にあります。たとえば特別支援学級については、法律上、特別支援学校教諭免許状を有することが求められていません。そのため、特別支援学級を担当する教員のうち、特別支援学校教諭免許状を有するのはわずか30.8%です（2018年時点）。特別支援教育における教員の専門性をどのように確保するのか、大きな課題が残されているといえるでしょう。

知っておくと役立つ話

不登校は就学義務違反？

　本文中でも解説したように、保護者は子どもを小学校および中学校に「就学させる義務」を負っています。では、もし保護者がこの「就学義務」に違反した場合、一体どうなるのでしょうか。学校教育法および同法施行令には、就学義務違反への対応について細かな定めがあります。

　まず、小学校や中学校の校長は、その学校に在学する学齢児童生徒が「休業日を除き引き続き7日間出席せず、その他その出席状況が良好でない場合において、その出席させないことについて保護者に正当な事由がないと認められるとき」、その状況を市町村の教育委員会に通知しなければなりません（学校教育法施行令第20条）。通知を受けた教育委員会は、保護者に対して出席の督促を行います（同21条）。そして、督促を受けたにもかかわらず保護者がなお就学義務を履行しない場合は、「これを10万円以下の罰金に処する」（学校教育法第144条）ことになります。

　しかし、就学義務違反を理由に罰金が科されるということは、現実にほとんどありません。なぜなら、学校に来ていない子どもの保護者には「正当な事由」があることがほとんどだからです。たとえば、学校生活のなかで何らかの課題を抱えた結果として、子どもが学校に通えなくなったという場合、それを「正当な事由」として認めるべきだと多くの人が考えるのではないでしょうか。1年度間に連続または断続して30日以上欠席した、いわゆる長期欠席の子どもが全国の小・中学校におよそ20万人弱いますが、その保護者に出席の督促が送られるかといえば、必ずしもそうではないのです。

　ただし、1980年代頃までは不登校の子どもをもつ保護者に対して社会や行政から厳しいまなざしが向けられていました。「保護者が甘やかしているから子どもが学校に行かなくなる」「不登校の子どもを学校に戻そうとしない保護者の対応に問題がある」といった考え方が、その代表例です。保護者らはこうした考え方に対抗するべく「親の会」を結成し、そもそも学校側に問題があって不登校となっているケースもあることや、学校に行かずに生きるという選択肢もありうることを訴えました。

　その結果、文部省（現：文部科学省）は1992年に「登校拒否問題への対応について」という通知を出すこととなります（当時、「不登校」は「登校拒否」と呼ばれていました）。そこでは、「登校拒否はどの児童生徒にも起こりうるものであるという視点に立ってこの問題をとらえていく必要がある」と記されました。さらに、「いじめや学業の不振、教職員に対する不信感など学校生活上の問題が起因して登校拒否になってしまう場合がしばしばみられる」として、学校側に適切な対応を求めました。学校に通おうとしない子どもやその保護者の側だけに問題があるという考え方に、修正を迫るものだったといえるでしょう。

復習問題にチャレンジ

（岡山県　2019年）

①次の文は、教育基本法（平成18年法律第120号）、学校教育法（昭和22年法律第26号）の一部である。(A) ～ (E) に当てはまる語句の組合せとして正しいものはどれか。

○教育基本法

第1条　教育は、(A) を目指し、平和で民主的な国家及び社会の形成者として必要な資質を備えた心身ともに健康な国民の育成を期して行われなければならない。

○学校教育法

第22条　幼稚園は、義務教育及びその後の教育の基礎を培うものとして、幼児を保育し、幼児の健やかな成長のために適当な環境を与えて、その心身の発達を (B) ことを目的とする。

第29条　小学校は、心身の発達に応じて、義務教育として行われる (C) のうち基礎的なものを施すことを目的とする。

第45条　中学校は、小学校における教育の基礎の上に、心身の発達に応じて、義務教育として行われる (C) を施すことを目的とする。

第50条　高等学校は、中学校における教育の基礎の上に、心身の発達及び (D) に応じて、高度な (C) 及び専門教育を施すことを目的とする。

第72条　特別支援学校は、視覚障害者、聴覚障害者、知的障害者、肢体不自由者又は病弱者（身体虚弱者を含む。以下同じ。）に対して、幼稚園、小学校、中学校又は高等学校 (E) 教育を施すとともに、障害による学習上又は生活上の困難を克服し自立を図るために必要な知識技能を授けることを目的とする。

	A	B	C	D	E
1.	文化の創造	見守る	学校教育	学力	に準ずる
2.	人格の完成	見守る	学校教育	進路	と異なる特別な
3.	人格の完成	助長する	普通教育	進路	に準ずる
4.	人格の完成	助長する	学校教育	学力	に準ずる
5.	文化の創造	助長する	普通教育	進路	と異なる特別な

（鹿児島県　2019年）

②特別支援教育について、後の問いに答えよ。
　次のア～エの文の下線部について、それぞれ正しい場合は○で、誤っている場合は×で答えよ。

ア　学校教育法第72条において、「特別支援学校は、視覚障害者、聴覚障害者、知的障害者、肢体不自由者又は病弱者（身体虚弱者を含む。以下同じ。）に対して、幼稚園、小学校、中学校又は高等学校と同じ教育を施すとともに、障害による学習上又は生活上の困難を克服し自立を図るために必要な知識技能を授けることを目的とする。」とされている。

イ　学校教育法施行規則の一部を改正する省令（平成28年文部科学省令第34号）により、平成30年4月1日から、高等学校又は中等教育学校の後期課程においても、通級による指導が実施できるようになった。

ウ　特別支援学級においては、原則として小学校、中学校の教育課程によることになるが、学校教育法施行規則第138条の規定により、特に必要がある場合は、特別の教育課程によることができる。

エ　学校教育法第76条において、「特別支援学校には、小学部及び中学部を置かなければならない。ただし、特別の必要のある場合においては、小学部のみを置くことができる。」とされている。

理解できたことをまとめておこう！

ノートテイキングページ

学習のヒント：子どもの教育を受ける権利とそれを保障するための制度について、その根拠となる法規の条項を含めて、整理しましょう。

教育行政に関する法規

理解のポイント

行政にはさまざまな分野がありますが、学校教育や社会教育だけでなくスポーツ、文化なども含む教育に関する行政を「教育行政」と呼びます。国と自治体が役割分担して教育行政を担っていますが、教育という分野に特殊性があることから、他の行政分野とは異なる仕組みが導入されています。本講では、国と自治体の役割分担と教育行政に固有の仕組みについて、根拠となる法規とともに理解しましょう。

1 教育行政の主体について

1 文部科学省、都道府県、市町村の役割分担の考え方

第1講で学習したように、教育行政に関する基本的なルールは、法規（法律、政令、省令、告示、条例、規則等）で定められており、たとえば、教育の基本的な事項を定める教育基本法や、学校教育について定める学校教育法（以下、学教法とする）、教員の免許について定める教育職員免許法など、教育に関するさまざまな法規があります。文部科学省や都道府県、市町村等の行政機関は、こうした法規において権限や責任、すなわち教育行政においてどのような役割を担っているのか、何をしなければならないのかなどが定められています。また、文部科学省と都道府県、市町村は、それぞれの責任と役割を果たしつつ、互いに協力して教育行政を推進するという関係にあります（教育基本法第16条第12項）。

2 文部科学省

文部科学省は、国の行政機関です。国家行政組織法第3条第2項で定める「省」であり、文部科学省設置法第3条で、教育の振興、創造的な人材の育成、学術の振興、科学技術の振興、スポーツおよび文化に関する施策の推進等を行うことが任務とされています。国にはさまざまな行政機関がありますが、教育に関する事務を分担管理している行政機関は、文部科学省だけということになります。

文部科学省の主な役割は、基本的な教育制度の枠組みの設定や全国的な基準の設定、地方公共団体における教育条件整備のための財政的支援、地方公共団体における教育事業の適正な実施のための指導、助言等です。法令等の制定・改廃や、予算、税制等の手段を用いて、その役割を果たします。

国内のさまざまな規範（きまり）を定める法律は、国会で定めることと

文部科学省、都道府県、市町村の関係は、上下の関係ではなく、役割分担であり、お互いに協力して教育行政を行っています。

プラスワン

指導助言行政

文部科学大臣は、都道府県又は市町村に、都道府県委員会は市町村に対して、都道府県又は市町村の教育に関する事務の適正な処理を図るため、必要な指導、助言又は援助を行うことができる（地方教育行政の組織及び運営に関する法律第48条）。一般的な国と地方の関係では「指導、助言、援助」ではなく、「技術的な助言」となっている（地方自治法第245条の4第1項）。

なっており、その法律案の国会提出は、国会議員が行う場合と、内閣を代表して内閣総理大臣が行う場合がありますが、後者の場合は、法律案を各府省庁が作成します。したがって、教育行政に関する法律案は、文部科学省が検討を行い、審議会等での審議などのプロセスを経て、作成しています。同様に、内閣が制定する政令についてもその案は文部科学省が作成します。

　また、法律や政令からの委任を受け、文部科学大臣自らがさまざまなルールを、文部科学省令や文部科学省告示という形式によって定めることができます。具体的には、学校関係では、各学校種の設置基準（たとえば小学校設置基準や大学設置基準など。学教法第3条により文部科学大臣に委任）や小・中・高等学校等の教育課程に関すること（たとえば小学校学習指導要領等。学教法第33条等により委任）、大学の学位に関すること（たとえば学位規則。学教法第104条により委任）などがあります。

　そのほか、文部科学大臣が担う業務については、公立または私立の大学および高等専門学校の設置廃止等の認可等（学教法第4条第2項）や、学校の法令違反による勧告や変更命令、廃止命令（学教法第15条）、教科書の検定（学教法第34条）などがあります。

　なお、法令では、「文部科学大臣」に権限と責任が与えられていますが、文部科学大臣は、文部科学省の長であり、文部科学省という組織を用いて行政事務を分担管理することになります。

3　都道府県

　都道府県は、市町村よりも広域的な行政機関ですので、教育行政においては広域的な処理が必要な教育事業を実施したり、施設等を設置したりすることがその役割とされています。

　学校の関係では、学教法等において、都道府県の知事または教育委員会の権限とされている事項があり、たとえば、学教法第4条第1項では市町村の設置する高等学校、中等教育学校及び特別支援学校は都道府県教育委員会（→教育委員会については次節参照）が、私立学校は都道府県知事が、学校の設置廃止等の認可を行うことになっています。また、学教法第80条においては、特別支援学校の設置義務を都道府県に課しています。また、県費負担教職員制度＊により、指定都市を除く市町村が設置する公立小中学校の教職員の給与費を負担するとともに、都道府県委員会がその任命権を有しています。その他、法令の規定はないのですが、高等学校については、都道府県の広域的な性格から、都道府県が設置することが多くなっています。

　国との関係については、都道府県や市町村は、憲法で地方自治の本旨に基づくこととされており、地方自治法により、国は地方公共団体へ関与する場合は、その目的を達成するために必要最小限のものとすべきこととされています。その原則のうえで、地方教育行政の組織及び運営に関する法律（以下、地教行法とする）において、文部科学大臣は、都道府県および市町村に対して指導、助言および援助ができ、同様に都道府県教育委員会

✐ **重要語句**

県費負担教職員制度

→学校の経費は設置者が負担することが原則だが、指定都市を除く市町村が設置する小中学校の教職員の給与は、都道府県が市町村に代わって給与を負担することになっている。このことを、県費負担教職員制度という。このため、県費負担教職員の任命権（任用、免職、休職、懲戒など）は、都道府県委員会に属するものとされている（市町村立学校職員給与負担法第1条、地教行法第37条）（→第5講参照）。

💬 **プラスワン**

「指導」の効果

指導とは、行政機関が、その任務または所掌事務の範囲内において一定の行政目的を実現するため、特定の者に一定の作為または不作為を求める行為。指導された側は、指導に従う義務が生じるわけではない。

も市町村に対して指導、助言、援助ができることとなっています。

　なお、都道府県や市町村の地方自治体としての一般的な事項は、地方自治法で定めていますが、教育行政に特有のものについては地教行法で定められています。

■4■　市町村

　市町村は、基礎自治体*として、その区域内にある学齢児童を就学させるに必要な小学校および中学校（又は義務教育学校）を設置する義務を負っています（学教法第38条、第48条）。設置した学校については、設置者管理主義（学教法第5条）により、学校の管理を行う義務を負うとともに、その学校の経費を負担することになっています（設置者負担主義）。設置する小中学校の教職員の任命権と給与は、前述の県費負担教職員制度により都道府県が担うため、市町村は服務監督の権限を有することとなっています。

　ただし、指定都市*については、県費負担教職員制度が適用されておらず、指定都市立の教職員については、任命権および給与負担を指定都市が担うことになっています。

　市町村は、その規模もさまざまであり、多様です。小中学校の設置など義務的に実施しなければならないこと以外にも、規模や地域の実情に合わせて、教育に関する事務を実施しています。社会教育も行っていますし、市町村によっては、高等学校や特別支援学校を設置したり、大学を設置したりすることもあります。

　また、県費負担教職員の研修については、任命権者である都道府県が原則として責任を負う（地方公務員法第39条）ことになりますが、中核市*については、中核市が研修を行うこととされています（地教行法第59条）。

　以上をまとめると、図表4-1の通りです。

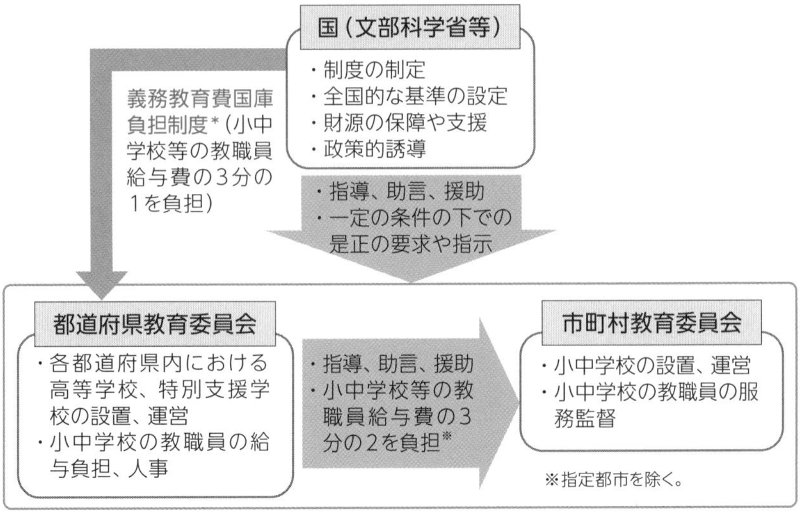

📝 語句説明

基礎自治体

→国の行政区画における最小単位の自治体。

指定都市

→人口50万人以上の市のうちから政令で指定されたもの。

中核市

→人口20万人以上の市が申し出て政令で指定されたもの。

📝 重要語句

義務教育費国庫負担制度

→国は義務教育に必要な経費のうち教職員の給与費について、その3分の1を負担している。この制度によって、義務教育に対する国の責任を果たすと同時に、全国すべての学校に必要な教職員を確保し、都道府県間における教職員の配置基準や給与水準の不均衡をなくし、教育の機会均等と教育水準の維持向上が図られている（義務教育費国庫負担法）（→第5講、第7講参照）。

図表4-1　初等中等教育行政における国、都道府県教育委員会、市町村教育委員会の主な役割分担

2 教育委員会制度について

1 教育委員会制度の仕組み

　都道府県や市町村が担う教育に関する事務は、首長と教育委員会で行政事務を分担し、管理しています。教育委員会とは、地方自治法で定められた行政委員会*の一つであり、「執行機関*」として地方公共団体に置くことになっています。また、首長*も執行機関です。教育委員会は、地方自治法第180条の8で「学校その他の教育機関を管理し、学校の組織編制、教育課程、教科書その他の教材の取扱及び教育職員の身分取扱に関する事務を行い、並びに社会教育その他教育、学術及び文化に関する事務を管理し及びこれを執行する」こととされており、さらに詳細な分担については地教行法で定められています。

2 教育委員会の組織

　教育委員会は、教育長および原則として4人の教育委員で構成されます。教育長と教育委員で構成される教育委員会は、教育長が主催する会議であり、首長から独立した行政委員会として、合議により教育行政における重要事項や基本方針を決定し、教育行政を執行することになります。

　教育長は、常勤ですが、教育委員は非常勤です。したがって、教育長は、教育委員会の業務にフルタイムで従事しますが、教育委員はほかに職業等を有している人が多く、会議や行事等の教育委員会関係の業務を行う必要があるときだけ業務を行うことになります。教育長の任期は3年、教育委員の任期は4年で、それぞれ再任が可能です。教育長の任期が3年になっているのは、首長の任期（4年間）中に少なくとも1回は任命できるようにするためです。

　教育長は教育委員会の会務を総理し、教育委員会を代表することとされており、人格が高潔で、教育行政に関し高い識見を有する者から首長が議会の同意を得て任命することになっています。また、教育委員会の委任を受けて、教育委員会の権限に属する権限の一部を自ら管理執行する（要するに、教育委員会会議に諮らずに、教育長が判断し、決定する）ことができます。ただし、委任できない事項もあり、基本的な方針の策定や、教育委員会規則の制定・改廃、教育機関の廃止、職員の人事、活動の点検・評価、予算に関する意見の申し出については、教育委員会が自ら管理執行しなければなりません。

　教育委員には学識・経験が豊かな人が指名されますが、必ずしも教育の専門家ではありません。このような「素人」による運営を「レイマンコントロール」と呼んでいます。また、教育委員には必ず保護者を専任することが義務づけられています。

　なお、個々の教育委員が独自に教育行政を執行する仕組みにはなっておらず、合議体としてのみ、その職務を執行することができることになって

重要語句

行政委員会

→行政の中立性や安定性の確保、行政の専門的技術的な執行等の目的のために置かれるものであり、地方公共団体に置かなければならないものとして、教育委員会のほか、選挙管理委員会、人事委員会、監査委員があり、都道府県には、公安委員会、労働委員会等、市町村には農業委員会等がある（地方自治法第180条の5）。

執行機関

→地方公共団体が行う行政事務を、自らの判断と責任において管理・執行する機関。

首長

→知事や市町村長。

プラスワン

教育委員会の人数

教育委員の人数は条例で変更可能だが、都道府県または市の場合は最低4人、町村の場合は最低2人必要である（地教行法第3条）。

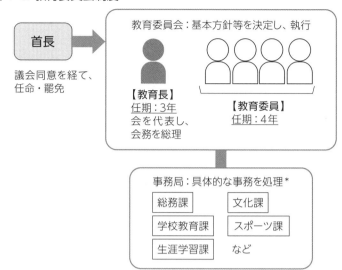

＊組織の枠組みは自治体によって異なる。

プラスワン

教育委員会事務局の呼称

地方自治体のなかには、教育委員会と事務局を区別するために、教育委員会の事務局を「教育庁」や「教育局」とする場合もある。たとえば、福岡県では、教育委員会規則で「教育委員会の事務局を、福岡県教育庁（以下「教育庁」という。）と称する」としている。

指導主事

指導主事は、教育委員会事務局にあって、学校における教育課程、学習指導その他学校教育に関する専門的事項の指導に関する事務に従事する職員（地教行法第18条第3項）であり、教育委員会の指導機能に関して教育長の職務の執行を補助する立場に立つものである。

社会教育主事

社会教育主事は、教育委員会事務局に置かれ、社会教育を行う者に専門的技術的な助言を与え、また、学校が社会教育関係団体、地域住民その他の関係者の協力を得て教育活動を行う場合には、その求めに応じて、必要な助言を行う職員（社会教育法第9条の2、第9条の3）である。教育委員会が主催する社会教育事業等の企画・実施等も行っている。

います。したがって、教育委員は、教育委員会という組織としては、教育委員会事務局や学校の職員の上司であり、指揮命令をすることができますが、教育委員個人として指揮命令をすることはできません。

　執行機関としての教育委員会は、教育長と教育委員からなる機関ですが、教育行政の実務は、教育委員会事務局が行います。一般的に、「教育委員会」と呼称されるときは、教育長と教育委員からなる会議体としての教育委員会と教育委員会事務局を合わせたものを意味することが多いです。したがって、市役所などに行くと、「○○市教育委員会」や「○○市教育委員会□□部△△課」などの表示があると思いますが、これは会議体の教育委員会ではなく、教育委員会事務局の担当部署のことを意味しています（本講では、会議体の教育委員会を「教育委員会」と表し、教育委員会の事務局は「教育委員会事務局」と表します）。教育委員会事務局は、後述する教育行政に関するさまざまな実務を部や課、係などを設けて分担管理しています。また、教育委員会事務局には、事務職員や技術職員、指導主事（地教行法第18条）や社会教育主事（社会教育法第9条の2）などの職員が置かれることになっています。

　教育委員会制度をまとめると、図表4-2のようになります。

３　教育委員会の職務権限

　教育委員会は、図表4-3の通り地方公共団体の区域内における教育に関する事務を処理することになっています（地教行法第21条）。

　また、首長も、教育に関する事務を一部実施することとなっています（地教行法第22条）。

　ただし、条例で定めればスポーツ（学校体育を除く）・文化に関する事務を教育委員会ではなく、首長が執行できるようにすることができます。

　教育委員会において、実際にどのように実務が行われているかについて

図表4-3　教育委員会と首長の主な職務分担

教育委員会	原則教育委員会が管理・執行するが、条例を制定すれば首長に移管できる事務	首長（知事・市町村長）
■学校教育に関すること ・公立学校の設置、管理 ・教職員の人事・研修 ・児童生徒の入学、退学 ・学校の組織編成、教育課程、生徒指導 ・教科書採択 ・校舎等の施設の整備 ■社会教育に関すること ・講座、集会の開設等社会教育事業の実施 ・公民館、図書館、博物館等の設置、管理 ■学校における体育に関すること	■スポーツに関すること ・スポーツ事業の実施 ・スポーツ施設の設置管理 ■文化に関すること ・文化事業の実施 ・文化施設の設置管理 ■文化財の保護に関すること	■大学に関すること ■幼保連携型認定こども園に関すること ■私立学校に関すること ■教育財産の取得・処分 ■契約の締結 ■予算の執行

ですが、教育委員会事務局は、各部署で分担管理している業務を日々実施しています。そのなかで意思決定しなければならない案件については、教育長が判断するもの（前述の通り、教育委員会から教育長に委任されている範囲において）もあれば、教育委員会に諮って決定しなければならないものもあります。教育長名で実施するものについては、正式には決裁という形で意思決定を行います。それ以外にも、業務上のさまざまな案件について教育長と相談し、対処方針を決めるなどしています。また、教育委員会に諮り意思決定を行う案件については、教育委員会会議を開催し、事務局等から説明を受け、会議体として意思決定をしていきます。教育委員会の会議は、一般的に月に1回程度の定例会が行われる場合が多いのですが、臨時会等を開催することもあるようです。

4 教育委員会規則

　教育委員会は、法令または条例に違反しない限りにおいて、その権限に属する事務に関し、教育委員会規則を制定することができることになっています（地教行法第15条）。特に、学校に関しては、教育委員会の職務と学校（校長）の自主的な運営に委ねる部分とを明らかにするため、学校の管理運営の基本的事項について、教育委員会規則を定めることになっています（地教行法第33条）。この学校の管理運営について定めた教育委員会規則のことを「学校管理規則」と呼びます。この学校管理規則に定められている事項は、地教行法で示されている施設、設備、組織編制、教育課程、教材の取扱いに加えて、教職員の休暇、出張などの管理、休業日、児童生徒の原級留置および出席停止の取扱い、健康診断、学校給食の運営などがあります。

　なお、学校管理規則では、学校が教育委員会に対して「許可」や「承認」を求め、または「届出」を行うと規定されていることがしばしばあります。これらの違いについてですが、「許可」や「承認」は、事前に教育委員会に申し出て、認められたら実施できるというものであり、「届出」は、事前または事後に教育委員会に報告しておけば、実施することができるとい

> 自治体が定める条例や規則は、各自治体のホームページに掲載されています。自分が住む自治体の学校管理規則を調べてみましょう。

49

うものです。ただし、届出であったとしても、最終的な権限は教育委員会にあるので、事前または事後に把握した教育委員会が実施を認めない場合には、その旨を校長に命ずることになります。

3 首長と教育委員会

1 首長と教育委員会の役割分担

首長と教育委員会の職務の分担については、第2節 3 で述べた通りですが、このように地方公共団体における教育に関する事務を、首長ではなく、独立した執行機関である教育委員会が担う制度としているのは、以下の教育という行政分野の特殊性に由来する理由によるものです。

> ①政治的中立性の確保
> 　教育は、その内容が中立公正であることが極めて重要である。個人的な価値判断や特定の党派的な影響から中立性を確保することが必要である。
> ②継続性・安定性の確保
> 　教育は、子どもの健全な成長と発達のため、学習期間を通じて一貫した方針のもとで安定的に行われることが必要である。
> ③地域住民の意向の反映
> 　教育は、地域住民にとって関心の高い行政分野であり、専門家のみが担うのではなく、広く地域住民の参加を踏まえて行われることが必要である。

この3つの理由を担保するために、教育委員会制度には、さまざまな工夫がなされています。

たとえば、首長と異なり合議制の執行機関とすることで、個人の独断専行で教育行政が行われることがないようにしています。また、教育委員の任命に当たっては、委員の年齢、性別、職業等に著しい偏りが生じないように配慮するとともに、教育長および教育委員の半数以上が同じ政党等に所属しないように求めています（地教行法第4条）。また、教育委員には、保護者を含むこととなっています。こうした仕組みで中立性や地域住民の参加を確保しようとしています。

また、教育長および教育委員は、心身の故障、職務上の義務違反、非行がある場合には首長が罷免できますが、それ以外の場合にはその意に反して罷免することはできず（地教行法第7条）、辞職する場合にも首長および教育委員会の同意が必要（地教行法第10条）です。これにより、首長はいったん任命してしまうと、気に入らないからといって簡単に罷免することはできない仕組みになっており、特に首長が選挙で変わった際などに、現職の教育長や教育委員を罷免して、自分の意に沿う人を任命し、教育行

プラスワン

首長と教育委員会の役割分担の考え方

首長と教育委員会の職務権限の分担が、図表4-3のようになっているのは、第3節 1 「首長と教育委員会の役割分担」において、①～③として掲げている事項を担保しなければならない事務かどうかで整理されている。近年の法改正により、社会教育機関の設置、管理等や文化財の保護についても、首長に移管することができるようになった。

政を一気に変えるようなことはできません。このような仕組みで継続性・安定性を確保しようとしています。

2 総合教育会議と大綱

　政治的中立性等の観点から、教育事務の多くは首長から独立した教育委員会が行うこととされていますが、一方で、首長は選挙によって選ばれており、民意を代表する者といえます。首長も、教育委員の任命や予算権限、条例提出権など、教育事務に関する権限を一部有していることもあり、教育行政を円滑に実施するためには、首長と教育委員会とが十分に意思疎通を図る必要があります。そのため、首長と教育委員会が協議する場として「総合教育会議」を設置することとなっています。

　総合教育会議は、首長が招集することになっていますが、教育委員会も協議の必要があると考える場合は、首長に対して協議すべき事項を示したうえで、総合教育会議の招集を求めることができます。会議の構成員は、首長と教育委員会ですが、必要がある場合には関係者や学識経験を有する者から意見を聞くことができることになっています。会議の具体的な協議・調整事項としては以下の通りです（地教行法第1条の3、第1条の4）。

> ①教育、学術及び文化の振興に関する総合的な施策の大綱の策定に関すること
> ②教育を行うための諸条件の整備その他の地域の実情に応じた教育、学術及び文化の振興を図るために重点的に講ずべき施策
> ③児童、生徒等の生命または身体に現に被害が生じ、又はまさに被害が生ずる恐れがあると見込まれる場合等の緊急の場合に講ずべき措置

　総合教育会議においては、以上の事項について協議等がなされることになりますが、協議・調整が調った事項については、首長と教育委員会はそれぞれの権限に基づいて、その結果を尊重して、適切に事務を執行することになります。

　また、①の大綱については、地域の民意の反映である首長の意向を教育行政に反映させることができるように、首長が総合教育会議において教育委員会と協議して、教育に関する総合的な施策の大綱を定めることになっています。では、実際にどういう事項が大綱に記載されているのか見てみましょう。

　たとえば、東京都では、「東京都教育施策大綱」（2017年1月公表）という名称で定めています。「東京の将来像と目指すべき子供たちの姿」を示すとともに、「今後の教育施策における重要事項」として、以下の8項目をあげています。

> ①全ての子供が学び成長し続けられる教育の実現
> ②新しい価値を創造する力を育む教育の推進
> ③世界で活躍できる人材の育成

【プラスワン】

総合教育会議の導入

総合教育会議は、2014年の地教行法改正により教育委員長と教育長を一本化する改正等と同時に制度化され、2015年4月から施行されている。

④社会的自立に必要な力を育む教育の推進
⑤悩みや課題を抱える子供に対するサポートの充実
⑥障害のある子供たちの多様なニーズに応える教育の実現
⑦オリンピック・パラリンピック教育の推進
⑧子供たちの学びを支える教師力・学校力の強化

　東京都では、これらの各項目について現状を分析するとともに、今後の取り組みについてまとめています。
　また、市町村については、たとえば、福岡市では、「第2次福岡市教育振興基本計画」（2019年6月）をもって大綱に代えることとしています。すでに教育に関する計画や方針を有している自治体も数多くあるので、改めて大綱を策定し直すのではなく、従前からあった計画等をもって大綱としていることも多いようです。
　福岡市の計画では、前計画の評価や各種データから市の教育の現状を整理し、課題を明らかにするとともに、「めざす子ども像（教育の目標）」を示したうえで、「子どもをはぐくむ（導く・支える・守る）各主体の姿や役割」を整理し、「確かな学力の向上」や「豊かな人権感覚と道徳性の育成」などの17の施策を定めています。
　以上のように、内容や位置づけ、策定のプロセスなど、自治体によってさまざまではありますが、学校教育を中心に教育行政をどのように進めていくのかについて、方向性を示すものが大綱であるといえます。

ディスカッションしてみよう！

　「教育の政治的中立性」が大事だとして、教育委員会制度が設けられており、教育基本法でも学校教育における政治的中立性の確保が規定されています。一方で、選挙で選ばれた都道府県知事、市町村長などの首長は総合教育会議を通してだけでなく、いろいろな場面で教育政策について関わっていますし、地方議会の議員も、選挙の際や議会においてさまざまな形で教育政策について訴え影響力を有しています。
　これで政治的中立が守られているといえるのでしょうか。教育の政治的中立性が守られていなければどうなるか、守るべき中立性とは何であるかについて、話し合ってみましょう。

たとえば・・・

教育長や教育委員は どういう人が任命される？

　すべての都道府県、市区町村に教育委員会が置かれていますので、教育長はその数だけ、教育委員はその約4倍（1自治体あたり原則4人）の数が全国にいることになります。2017年度現在で、1,858の教育委員会があり、全国で9,297人の教育長と教育委員がいます。では、どういう人が任命されているのでしょうか。文部科学省が毎年度行っている「教育行政調査」を見ると、その概況がわかります（以下のデータは、文部科学省「平成29年度教育行政調査」より引用。ただし、教育長の直前歴については、2017年度の制度改正の影響を除外するため、2015年度のデータを引用）。まず、教育長ですが、市町村では平均年齢が63.9歳、都道府県は61.3歳となっています。教育長となる直前の職を見ると、市町村教育委員会では、約37％が教職員で、地方公務員及び教育委員会関係職員が約39％、その他の職が約14％となっています。また、前職が教育長である場合も約10％です。一方、都道府県では、地方公務員及び教育委員会関係職員が約59％で、教職員が約13％です。

　このデータからわかることとして、教育長は、教職員や自治体の人事の一部として任命されていることがうかがえます。これは、教育長は、教育委員会事務局の長という立場があり、行政組織を指揮命令しなければならないので、行政や教員としての経験を有することが評価されているものと思われます。一方で、行政または教員経験のない教育長もいますが、大学の教員や元地方議員、民間会社員等から任命されているようです。また、教育長の給料ですが、平均報酬月額は、市町村教育委員会の教育長が約59万円、都道府県教育委員会の教育長が約80万円とのことです。

　一方、教育委員は、図表4-4の通りとなっており、教育委員を4名とした場合は、教職経験のある人が1名（「専門的・技術的職業従事者」に含まれている）、残りがいわゆる地元のさまざまな立場の人から選ばれている、という構図が一般的であるようです。

図表4-4　教育委員の職業

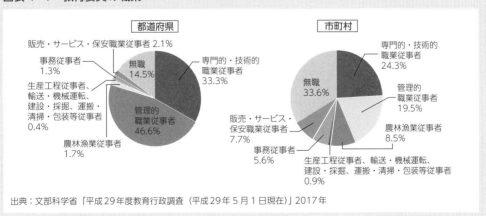

出典：文部科学省「平成29年度教育行政調査（平成29年5月1日現在）」2017年

　教育委員会を形骸化させず、活発で有意義な議論を経て意思決定を行う組織とするためには、教育に関心をもちつつ、さまざまな視点での指摘や知見の提供ができる人が教育委員として任命されることが大切です。

復習問題にチャレンジ

（東京都　2019 年）

①地方教育行政の組織及び運営に関する記述として適切なものは、次の１～５のうちどれか。

1　地方公共団体の長は、教育委員会に対し、その地域の実情に応じ、当該地方公共団体の教育、学術及び文化の振興に関する総合的な施策の大綱を定めるよう指示することができる。

2　総合教育会議は、地方公共団体の長及び教育委員会をもって構成し、地方公共団体の長が招集する。

3　教育委員会の委員は、地方公共団体の長が、議会の同意を得て、任命する。また、教育委員会は、委員のうちから、教育長を選出しなければならない。

4　教育長の任期は３年とし、委員の任期は、４年とする。また、教育長及び委員は、再任されることができない。

5　教育委員会が管理し、及び執行する教育に関する事務には、教育委員会の所管に属する学校その他の教育機関の用に供する財産を取得し、及び処分することが含まれている。

（福島県　2017 年）

②次の文は、地方教育行政の組織及び運営に関する法律第１条の４の一部である。下線部ａ～ｄのうち、誤りであるものを一つ選び、その記号と正しい言葉を書きなさい。

　地方公共団体の長は、ₐ大綱の策定に関する協議及び次に掲げる事項についての協議並びにこれらに関する次項各号に掲げる構成員の事務の調整を行うため、ᵦ再生教育会議を設けるものとする。

　一　教育を行うための諸条件の整備その他の𝒸地域の実情に応じた教育、学術及び文化の振興を図るため重点的に講ずべき施策

　二　児童、生徒等の生命又は身体に現に被害が生じ、又はまさに被害が生ずるおそれがあると見込まれる場合等のₐ緊急の場合に講ずべき措置

ノートテイキングページ

学習のヒント:図表4-2を参考に、首長と教育委員会の関係や役割分担について、図解してみましょう。

教職員に関する法規①
：地方公務員としての教員

理解のポイント

公立学校の教員（教育公務員）になると、公務員として、さらに教員として、身分上の保障や制限を受けることになります。公務員は国民や地域住民に幸せな生活を送ってもらう手助けをするという役割を、教員は国や地域の将来を支える人材を育成するという役割を担っており、それらの重要な役割を果たすため、守るべきさまざまな服務・義務が定められています。その服務や義務の内容について確認していきましょう。

1 教職員の服務・義務には、どのようなものがあるか

　皆さんが教員採用試験に合格すると、公立学校の教員への道が開かれます。教員は子どもたちの成長を見守り、子どもたちと喜びを分かち合える素晴らしい職業ですが、教員として、また地方公務員としてさまざまな職務上あるいは身分上の制約を受けることになります（図表5-1）。

　本講では、服務*・義務がなぜ定められているのかを押さえたうえで、「職務上の義務」・「身分上の義務」の内容について確認していきましょう。

1 服務はなぜ生じるのか

　教職員の服務は、公務員が「全体の奉仕者」であることから生じます。

語句説明

服務

→「公務員として守るべき義務や規律のこと」（富山県教育委員会『令和2年度 教員研修ハンドブック』2020年）、あるいは「公務員たる地位に基づき、職務上又は職務外において公務員に課せられている規律に服する義務のこと」（京都府総合教育センター『学校の教育力の向上を目指して――教職の手引き 令和2年度版』2020年）などを指す。

図表5-1　教員の服務・義務

職務上の義務

| 宣誓 | 服務宣誓（地方公務員法第31条） | 命令 | 法令および上司の職務上の命令に従う（地方公務員法第32条） |

| 専念 | 職務専念（地方公務員法第35条） |

身分上の義務

| 義務 | 守秘義務（地方公務員法第34条） | 禁止 | 信用失墜行為（地方公務員法第33条）争議行為など（地方公務員法第37条） |

| 制限 | 政治的行為（教育公務員特例法第18条）兼職・兼業（教育公務員特例法第17条） |

教員の服務・義務

出典：山下晃一作成

日本国憲法第15条第2項に「すべて公務員は、全体の奉仕者であつて、一部の奉仕者ではない」とあり、国家公務員法第96条（服務の根本基準）第1項や地方公務員法第30条（服務の根本基準）にも、公務員は「全体の奉仕者」だと規定されています（図表5-2）。

　これは、戦前・戦中に役人が「天皇の官吏*」として一部の人たちにのみ奉仕していたことへの反省からきています。戦後、日本では民主的な国家をつくったことから、公務員は一部の人のために存在するのではなく、国民全体のために奉仕しなければならないと規定されたのです。

　さらに公立学校の教員は、一般公務員とは異なり「教育公務員」と呼ばれます。教育は児童生徒への影響が大きく、社会の期待に真剣にこたえなければなりません。公立学校の教員はこうした「職務と責任の特殊性」をもつため、特別な立場にあるわけです。

　この特殊性に見合った法律が必要となったため、教育公務員特例法が制定されました。この法律は、地方公務員法の特別法に該当します。

　以上のように公立学校の教員は、公務員として、さらには教育公務員として、格別に高い責任感や倫理性を求められるのです。

　ところで、教員と呼ばれるのは公立学校の教員だけでしょうか。もちろん、それに限りません。国立学校や私立学校に勤務する教員もいます。公立、国立、私立をすべて含んだ「法律に定める学校」の教員は「自己の崇高な使命を深く自覚し、絶えず研究と修養に励み、その職責の遂行に努めなければならない」（教育基本法第9条第1項）とされ、また「その使命と職責の重要性」から、一般公務員より一層「その身分は尊重*され、待遇の適正が期せられ」（教育基本法第9条第2項）と規定されます。

　このように教員は、公立・国立・私立学校を問わず、①高い責任感と倫理性が求められ、②研究と修養、つまり研修に励まなければならないとされ、③公務員ではない国立・私立の教員も含めて、身分が尊重されます（→66頁「知っておくと役立つ話」参照）。公立学校の教員は、公務員として手厚く身分保障されますが、教員としても身分が強く守られるわけです。

（→66頁「知っておくと役立つ話」参照）

語句説明

官吏

→国家機関に勤務する者、つまり国家公務員などの役人を指す。

プラスワン

特別法優先の原則

一般法と特別法では、特別法のほうが優先される。たとえば、一般法である国家公務員法や地方公務員法よりも、特別法である教育公務員特例法が、法律の適用時に優先される。

重要語句

身分の保障（尊重）

→意に反して、その地位を失ったり、その権利を奪われたりしないこと。

図表5-2　服務の根本基準

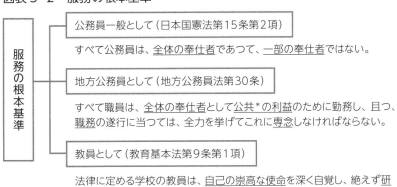

服務の根本基準	公務員一般として（日本国憲法第15条第2項）
	すべて公務員は、<u>全体の奉仕者であつて</u>、<u>一部の奉仕者</u>ではない。
	地方公務員として（地方公務員法第30条）
	すべて職員は、<u>全体の奉仕者</u>として<u>公共</u>*の<u>利益</u>のために勤務し、且つ、<u>職務の遂行</u>に当つては、全力を挙げてこれに<u>専念</u>しなければならない。
	教員として（教育基本法第9条第1項）
	法律に定める学校の教員は、<u>自己の崇高な使命</u>を深く自覚し、絶えず<u>研究と修養</u>に励み、その<u>職責</u>の遂行に努めなければならない。

出典：山下晃一作成

重要語句

公共

→社会一般や、おおやけを指す言葉。

図表 5-3　地方公務員・教育公務員・教員などの関係

地方公務員			非公務員	
一般の公務員	教育委員会の教育長・指導主事など	公立学校教員	私立学校教員	国立大学教員（附属学校を含む）

教育公務員　　　　　　　　教員

出典：山下晃一作成

図表 5-3 に地方公務員・教育公務員・教員の関係を示しておきます。

2　職務上の義務

　教育公務員を含む公務員の義務は、職務を遂行する際に守らなければならない「職務上の義務」と、公務員の身分となったために守らなければならない「身分上の義務」の 2 つがあります。公立学校の教員にも、これらの義務が課されます。義務の内容は、地方公務員法と教育公務員特例法に規定されています。ここではまず「職務上の義務」について見ていきましょう。

① 服務の宣誓（地方公務員法第31条）

　新たに公務員となる者は、「服務の宣誓」を任命権者＊に対して行わなければなりません。すでに述べたように「服務」とは、公務員として守るべき義務や規律のことで、一般企業で使われる意味とは少し異なります。また、こうした宣誓も企業ではあまり見られません。

② 法令等及び職務命令に従う義務（地方公務員法第32条）

　公務員は、職務を遂行する際、法令・条例＊等の規程に従うとともに、上司の職務上の命令に忠実に従わなければなりません。

　しかし、このことを逆にいえば、職務に関係しない法令等や、職務上必要のない上司の命令などに従う必要はありません。たとえば、上司が職務と関係のない理不尽な命令や、法律を犯すような命令を出した場合は、従わなくてもかまわないのです。

③ 職務に専念する義務（地方公務員法第35条）

　公務員は、その「勤務時間及び職務上の注意力のすべてをその職責遂行のために用い」、さらに、その「当該地方公共団体がなすべき責を有する職務にのみ従事しなければならない」とされています。これらを一般に、職務専念義務と呼びます。

3　身分上の義務

　以上の「職務上の義務」に加えて、先に述べたように、公務員としての身分となったために守らなければならない「身分上の義務」があります。「職務上の義務」は職務時間内に守らなければならない義務ですが、「身分上の義務」は職務を離れても、つまりプライベートの時間帯でも守らなけ

たとえば、後で述べる「人材確保法」などによって、公立学校教員の給与は、一般公務員の給与より優遇されています。

国立学校教員が「非公務員」である理由は、66頁の「知っておくと役立つ話」を参照してください。

✏ **重要語句**

任命権者

→公務員の任命、休職、免職、懲戒など身分に関する権限をもつ者を指す。これについては、第1節 4 「服務の監督」でくわしく説明する。

✏ **語句説明**

条例

→地方公共団体が、地方議会の議決を経て、国の法令とは別に制定する法規（→第1講参照）。

ればならない義務を指します。

① 信用失墜行為の禁止（地方公務員法第33条）

　地方公務員は、「その職の信用を傷つけ」たり、「職員の職全体の不名誉となるような行為」を禁止されています。これらの行為のことを、信用失墜行為と呼びます。最近では、公務員・公立学校教員への世間の目が厳しいことから、たとえば飲酒運転などを行った場合、公務員は、道路交通法による罰則とは別に、条例によって厳しい処分を受けることもあります。

② 秘密を守る義務（地方公務員法第34条）

　地方公務員は、職務上知り得た秘密を漏らしてはならないとされ、それは「その職を退いた後」も同様です。これを「守秘義務」といいます。例外として、裁判の証人などになるときは、任命権者の許可を受けたうえで秘密を漏らすことを認められています。

　さて、上記の「職務上知り得た秘密」は、公立学校教員の場合、成績や家庭環境、健康状態など児童生徒の個人情報、入試問題など多岐にわたります。これらの情報は、自分の家族も含め、外部に一切漏らしてはなりません。また、データにパスワードをかけたり、USBメモリや書類等の利用記録を適切に残したりするなど、厳重に管理されなければなりません。

③ 政治的行為の制限（地方公務員法第36条、教育公務員特例法第18条）

　公務員も国民の一員ですから、日本国憲法第21条の「表現の自由」などに基づく「政治的活動の自由」が認められるべきです。しかし、その職務の特殊性から、公務員は政治的権利の一部が制限されています。

　さらに公立学校の教員は、公務員のなかでも児童生徒や保護者に及ぼす影響が大きいので、より厳しく政治的行為が制限されます。一般の地方公務員は政治的行為を制限されるのが所属する地方公共団体の範囲内だけなのに対し、公立学校の教員は全国的に政治的活動を制限されています（国家公務員と同様の扱い）。具体的には、図表5-4のような事柄が禁止されています。

　他方、これらの法律が、教員の政治的権利を著しく制限し、また、政治的な内容を児童生徒に教えるとき、教員を萎縮させる原因になっているとの批判もあります。

図表5-4　公立学校教員に対する政治的行為の制限の例

- ・政党などの結成に関与すること、政党などの役員になること
- ・政党などの構成員となるよう勧誘運動をすること
- ・PTA等の会合の席上で特定の候補者へ投票するよう依頼すること
- ・児童生徒への面接指導の際、自分の支持する政党や候補者の名をあげること
- ・特定の政党や候補者の名をあげて、賛成または反対の署名運動をすること
- ・受持ちの児童生徒に選挙用ポスターを貼らせること

出典：文部科学省「教職員等の選挙運動の禁止等について（通知）」2019年6月3日をもとに作成

📝 **プラスワン**

職務専念義務

職務専念義務が免除されるときもある。たとえば、「勤務場所を離れた研修」を受ける場合（→第6講参照）や、適法な職員団体や労働組合の活動の場合など。

近年、「開かれた学校づくり」が進み、各学校がさまざまな情報を発信しています。その際、児童生徒の個人情報を漏らさないような配慮が必要となります。子どもの顔にぼかしを入れてある学校のホームページもたくさんありますよね。

📝 **プラスワン**

公立学校教員の政治的行為

公立学校教員については、逸脱した政治的行為とならないよう、絶えず注意が必要だが、他方で、認められる例についても、きちんと知っておく必要がある。たとえば、たまたま会った人に投票を頼むことは可能とされる（「個々面接」）。署名活動については、選挙に関係しないものは可能とされる。

④ 争議行為等の禁止（地方公務員法第37条）

地方公務員は、いわゆる同盟罷業(ストライキ)や怠業(サボタージュ)*などの争議行為が禁止されています。公務員の職務は公共性が高く、国民生活に与える影響が大きいためです。

これらを禁止することで、公務員は労働基本権(日本国憲法第28条)を制限されてしまいます(図表5-5)。そのため一般の職業よりも身分が保障され、給与面でも不利にならないよう、人事院勧告などの代償措置が準備されています。

公務員の労働基本権の制約については、諸外国に比べるとかなり厳格になっているため、見直すべきとの意見もあります。

図表5-5 「労働三権」と争議行為がそれぞれ認められるかどうか

労働三権	公務員	公立学校教員	民間企業と国立・私立学校教員
団結権 (労働組合を組織する権利)	○	○	○
団体交渉権 (労働条件等について交渉する権利)	△	△	○
争議権 (団結して争議行為を行う権利)	×	×	○

争議権における争議行為 (例)	公務員	公立学校教員	民間企業と国立・私立学校教員
同盟罷業 (ストライキ：集団で業務を停止すること)	×	×	○
怠業 (サボタージュ：意図的に仕事を停滞させること)	×	×	○

○…可能、△…制限、×…禁止
出典：山下晃一作成

⑤ 営利企業への従事等の制限（地方公務員法第38条、教育公務員特例法第17条）

公務員は、民間企業などでの兼職・兼業が厳しく制限されています。ただし、公立学校の教員に関しては、任命権者によって本務の遂行に支障がないと認められた場合、「教育に関する」兼職や兼業ができるとされ、制限が少しゆるやかです。一般公務員に比べて教員の場合、専門分野ですぐれた能力をもち、他に適格者がいないことも多いので、本務以外の兼職や兼業で専門的能力を発揮することは、社会全体の利益になります。教員本人にとっても、力量向上や研修のよい機会となります。こうした理由により、一般公務員とは制限の厳しさが異なると考えられます。

■4■ 服務の監督

① 県費負担教職員制度

日本の学校制度では、設置者負担主義(学校教育法第5条)という考え方が採用され(→第7講参照)、その学校に必要な全経費は、原則とし

て設置者が負担します。教職員給与も一般的にはここに含まれるはずです。

ところが、市町村が設置する義務教育段階の諸学校（小、中、義務教育学校、中等教育学校の前期課程、特別支援学校。以下、市町村立小中学校等とする）の教職員の給与は、これに当てはまりません。設置者負担主義からすれば、それらの学校を設置する市町村教育委員会が、そこに勤務する教職員の給与を支払うべきなのに、そうではないのです。

では誰が負担するのか、それは都道府県教育委員会です。都道府県が給与を負担するので、市町村立小中学校等の教職員を、県費負担教職員と呼び、この制度全体を県費負担教職員制度と呼びます。

このように給与を負担する理由は、財政規模の大きい都道府県が市町村に属する教職員の給与を肩代わりすることで、財政状況の悪い市町村でも教職員を十分に確保できるようにして、義務教育の教育水準を全国的に維持することにあります。これは、日本国憲法第26条にある「教育を受ける権利」をすべての児童生徒に保障することにつながるのです。

さらに、義務教育費国庫負担制度によって（→第7講参照）、都道府県が負担する市町村立学校等の教職員の給与のうち、3分の1は国によって負担されるため、都道府県の負担は3分の2に軽減されます。

② 服務監督者

公立学校の教員が適切に服務を果たしているかどうかについては、学校設置者である教育委員会が、各学校の校長とともに監督します。こうした監督を行う者を「服務監督者」と呼びます。

ところで、 **2** 「職務上の義務」 ①では、公務員の任命や免職、懲戒などを行う「任命権者」という用語が出てきました。本来なら職員を任命する人（任命権者）と日頃から監督する人（服務監督者）は同じであることが望ましいはずですが、県費負担教職員の場合には一致しません。整理すると図表5-6のようになります。

図表5-6からわかるように、県立高等学校の教職員は、設置者も給与負担者も都道府県教育委員会なので、任命権者と服務監督者が一致します。

市町村立小中学校等の教職員（県費負担教職員）は市町村の公務員なので、学校設置者である市町村教育委員会が服務監督者ですが、給与は都道府県が負担するので、（給与、つまりお金を出す立場にある）都道府県教育委員会が任命権者となり、任命権者と服務監督者が一致しません。

③ 市町村費負担教員

こうした教職員とは別に、市町村費負担教職員が最近増えてきました。

図表5-6　任命権者と服務監督者

	市町村立小中学校等の教職員 （県費負担教職員）	県立高等学校教職員
任命権者	都道府県教育委員会	都道府県教育委員会
服務監督者	市町村県教育委員会	都道府県教育委員会

(注) 政令指定都市の教職員と、市町村費負担教職員はこの限りではない。

プラスワン

県費負担教職員制度

県費負担教職員制度では、市町村立小中学校等の教職員に対して、給与を負担する都道府県が任命権を持ち、服務監督者である市町村教育委員会の内申*を待って任免等が行われる（地教行法第37・38条）。

語句説明

内申

→内々に申し伝えることで、県費負担教職員の場合、市町村教育委員会の内申がないと、基本的に都道府県教育委員会による任免（任用や罷免等）はできない（→第6講参照）。

プラスワン

政令指定都市の教育委員会

政令指定都市の教育委員会は、かつて地教行法の規定によって、教職員の任免などの人事権が認められて教職員の任免権者と服務監督者が一致していたが、教職員の給与だけは都道府県が負担するというねじれた状態がずっと続いていた。このねじれを解消するため、2017年から、給与についても政令指定都市が負担するようになった。

上記の県費負担教職員制度は、国税や県民税などの税金を支出して、国や都道府県が、市町村立学校等の教職員の給与を負担するものですが、その際の教職員数は国が定めた基準（定数）によって決められています。

しかし近年、各地の市町村が少人数学級などを制度化し、国や都道府県が規定した教職員定数以上に教員を雇用するケースが増加しました。この定数外の教職員は国や都道府県から給与が支給されませんから、**市町村が給与を負担して独自に雇用しなくてはなりません**。こういった教職員を、市町村費負担教職員といい、この場合、任命権者と服務監督者の両方が市町村教育委員会となります。

独自に給与を支払ってでも少人数学級などを導入することは、児童生徒にとっては大変よいことですが、導入した市町村ではその分の財源を確保しなくてはならないため、納税者の理解が必要不可欠となります。

2 教員の勤務条件は、どうなっているのか

1 条件付採用

次に、教員の勤務条件などについて見ていきましょう。

「六月」は6か月間のことです。法律用語としては、「ろくげつ」と読みます。

教員採用試験に合格して採用されても、すぐに正教員になれるわけではありません。まず、地方公務員は、採用時に「条件付」で採用されます。一般の公務員は「六月」を勤務し、「その職務を良好な成績で遂行した」という条件を満たしたときにはじめて、「正式採用になる」と定められているのです（地方公務員法第22条）。ただし、公立学校教員の場合は、上記の「六月」を「一年」に読み替えて、条件付採用期間とされます（教育公務員特例法第12条）。

前に述べた「特別法優先の原則」によって、特別法である教育公務員特例法が、一般法である地方公務員法より優先されるため、**教育公務員の条件付採用期間は1年**となります。これは、教員の職務の専門性から、6か月間での能力の実証では不十分であると考えられているからです。

 プラスワン

養護教諭や栄養教諭の条件付採用期間

養護教諭や栄養教諭の条件付採用期間は、一般の公務員と同様に6か月間となる。

1年間じっくりと勤務態度や教員としての適性を観察されてから、正式採用になるのは少し辛いかもしれませんが、教員の仕事の重要性から考えると仕方のないことでしょう。なお、この1年間の条件付採用期間に実施される研修が「初任者研修」と呼ばれるものです（→第6講参照）。

しかし近年、1年後に**正式採用に至らなかった教員の数が増加傾向**にあります。一番多い理由は「自己都合による**依願退職***」ですが、不本意ながら依願退職に至ったケースも多くあると考えられます。

本人の適性もありますが、学校をめぐる問題は複雑化・困難化してきており、新任教員がそうした問題に対応できず、せっかく就いた教職を辞めざるを得ない状況に追い込まれる事態は、できるだけ回避されなければなりません。職場全体で新任教員に対する**手厚い支援体制**をつくっていくことが、これからますます重要となってきます。

語句説明

依願退職

→自ら願い出て、辞めさせてもらうこと。

2　勤務時間

　教育公務員の給与や勤務時間に関しては、地方公務員法第24条の第1項で「職員の給与は、その職務と責任に応ずるものでなければならない」と規定され、同じく第5項で「職員の給与、勤務時間その他の勤務条件は、条例で定める」と規定されています。

　県費負担教職員の場合、上記の第5項で「条例で定める」と記された勤務条件等については「都道府県の条例で定める」とされています（地教行法第42条）。したがって、県費負担教職員の給与や勤務時間等は、給与を負担する都道府県の条例で定められることになります。

　ちなみに、東京都が定めている「学校職員の勤務時間、休日、休暇等に関する条例」では、公立学校教員の勤務時間は、休憩時間を除き1週間で38時間45分とされています。1日だと7時間45分で、労働基準法第32条が定める週40時間、1日8時間より若干短めに規定されています。ほとんどの道府県が、ほぼ同じ内容の条例を定めているようです（図表5-7）。

　ただし、教員の勤務時間が1週間に38時間45分ですむと考えている人は誰もいないでしょう。学校をめぐる問題は複雑化・困難化しているとともに、近年の教育改革で負担が増え、教員は多忙を極めています。

　2013年にOECDが行った国際教員指導環境調査（TALIS）では、日本の中学校教員の1週間当たりの勤務時間は調査参加国のなかで最も長いことが判明し、2018年の調査でも同様の結果でした（図表5-8）。

　上記の条例で38時間45分のはずの勤務時間は、図表5-8を見ると平均56時間で、週に約17時間の時間外労働を行っていることになります。授業など指導に使う時間は他国の平均以下で、逆に課外活動（部活動など）や事務作業など授業以外に使う仕事時間が極端に長いことがわかります。「ブラック学校」とも批判されるこうした状況を、一刻も早く改善すべきです。

図表5-7　教員の一日の勤務時間に関する規定（例）

出典：古田薫作成

公務員は公共性の高い仕事なので労働基準法などの労働三法が適用されない場合があり、国家公務員法や地方公務員法などが優先されます。労働三法とは、労働組合法・労働基準法・労働関係調整法のことで、これらの法律で規定された労働三権が公務員には制限されているのは、第1節に述べた通りです。

📝プラスワン

多忙を極める教員

状況改善のため、文部科学省もようやく重い腰を上げ、対策を打ち出した。たとえば「公立学校の教師の勤務時間の上限に関するガイドライン」では、市町村立小中学校等の教職員について、1か月の超過勤務45時間以内、1年間の超過勤務360時間以内という目安を示している。

教員でなくても部活動の顧問になれる「部活動指導員」制度も2017年度から導入されました。しかし、人材が不足していることや、指導時間数を増やせば自治体の財政負担が重くなり、時間数を減らせば指導員の生計が成り立たないという問題もあるため、あまり活用されていません。

	仕事時間合計	指導（授業）に使った時間	一般的事務業務に使った時間	課外活動の指導に使った時間
日本	56.0（1位）	18.0（38位）	5.6（1位）	7.5（1位）
参加国平均	38.3	20.3	2.7	1.9

（注）単位：時間。（　　）内は参加48か国・地域のなかの順位。
出典：OECD「国際教員指導環境調査（TALIS）」2018年をもとに作成

3　教員の給与水準

2で確認したように、公立学校の教職員給与は条例で定められます。たとえば、県費負担教職員の場合、任命権者である都道府県の条例に基づき「教育職給与表」などが作成されて、給与が支給されます。

かつて高度経済成長期に、民間企業との給与格差が広がり教員に優秀な人材が集まらなくなったため、1974年に「学校教育の水準の維持向上のための義務教育諸学校の教育職員の人材確保に関する特別措置法」（人材確保法）が制定され、教員の給与が一般公務員より優遇されるようになりました。法律制定から5年間で25％も給与が引き上げられ、日本の教員給与は国際的にも高い水準を維持してきました。しかし、近年は財政悪化による公務員給与削減などによって、一般公務員に対する優位性も薄れ、国際的にもそれほど高くない水準となってしまいました。

また、1971年には「公立の義務教育諸学校等の教育職員の給与等に関する特別措置法」（給特法）が制定されました。この法律は、教員の職務や勤務態様の特殊性をふまえ、給料月額の4％に当たる教職調整額を支給する代わりに、時間外勤務手当および休日勤務手当は支給しないという内容になっています。

しかし、この4％という数値は法律制定時の教員の勤務実態を参考にして算出されたもので、制定から約半世紀が経ち、多忙化が進む現在の勤務実態とはかけ離れた数値になってしまいました。

2で確認したように、日本の中学校教員が部活動などの課外活動の指導に割く時間は極端に長く、わずかな教職調整額の支給により、なかば「タダ働き」同然に長時間の時間外勤務を行っている実態は改められなければなりません。

ディスカッションしてみよう！

部活動は、生徒の人格形成に役立つ教育活動であると思われますが、教員が自己の生活を犠牲にし、十分な報酬も得られないまま、教員の善意や自主性にまかされる形で行われている実態について、どう考えますか。

部活動指導の実態などについて自分で調べたうえで、自身の経験から教員が部活動を指導することの長所・短所など思いつくことを出し合いながら、グループで議論してみましょう。

たとえば・・・

知っておくと役立つ話

公立学校以外の教員と
その身分保障

　ここまでは主に公立学校の教員について話をしてきましたが、公立学校以外に、国立と私立の学校があります。これら「○立」というのは学校の設置者の違いによります。

　学校の設置者については第7講でくわしく説明しますが、国立学校の教員は、行政改革の一環として2003年に実施された国立大学と国立高等専門学校（高専）の法人化によって「みなし公務員」（公務員に準ずる労働者）となり、国家公務員法や教育公務員特例法は適用されなくなりました。

　このことで、公務員には制限されている労働三権が認められるようになり、ストライキも可能になりました。しかし、公務員に「準ずる」存在なので、これまで述べてきた服務・義務は守らなければなりません。また、私立学校教員には、もともと労働三権が認められています。

　つまり、これら国立学校の教員や私立学校の教員は、公務員ではありません。では、彼らは身分が保障されないのでしょうか。この点については、以下のように考えることが可能です。

　本講第1節 **1** 「服務はなぜ生じるのか」で確認したように、教育基本法第9条第2項で、教員（国立・私立も含む）は、「その使命と職責の重要性」から、「身分は尊重され、待遇の適正が期せられ」なければならないと規定されています。それゆえ、教員にふさわしい身分の保障が行われなければならないのです。

　社会通念に照らして、あまりに安い賃金や、過酷な労働、本人の意に反する降格や解雇などを強いられた場合、教員としての身分の尊重や待遇の適正化が図られているとはいえません。

　さらに、教員の「使命と職責の重要性」という点を抜きにしても、教員を含めたすべての労働者が、不当な扱いを受けるべきではありません。

　もし不当な扱いを受けたと思ったら、労働者の権利を守ってくれる労働基準監督署という国の出先機関が各地に置かれていますので、相談してみるとよいでしょう。正規雇用者（正社員など）だけでなく、パートタイムやアルバイトなどの非正規雇用者も相談にのってもらえます。

復習問題にチャレンジ

（岩手県　2019年）

> 教員の身分と服務について、次の（1）、（2）の問いに答えなさい。

（1）次のア〜エの文は、地方公務員法に定められた職員の服務について述べたものです。正しく述べられている文の組み合わせとして正しいものを、下のA〜Fから一つ選び、その記号を書きなさい。

ア　職員は、その職にある期間において、職務上知り得た秘密を漏らしてはならない。

イ　職員は、上司の職務上の命令に忠実に従わなければならない。

ウ　職員は、特別の定がある場合を除く外、その勤務時間及び職務上の注意力のすべてをその職務遂行のために用いなければならない。

エ　職員は、政党その他の政治的団体の役員となることはできないが、団体の構成員になるように勧誘運動をする等の一部の政治的行為は認められている。

A　アとイとエ　　　B　アとエ　　　　C　アとイ　　　D　イとウ

E　アとイとウ　　　F　イとウとエ

（2）次のA〜Dの文の内容が正しいものには○印、正しくないものには×印をそれぞれ書きなさい。

A　職員が職務上の義務に違反し、または職務を怠った場合、これに対して懲戒処分として戒告、減給、停職、又は免職の処分ができることが地方公務員法に定められている。

B　職員の勤務実績がよくない場合においても、職員の意に反して、これを降任し、又は免職することはできない。

C　職員は、本属長の許可を受ければ、報酬を得て他の事業若しくは事務に従事することができる。

D　教育公務員は、いかなる場合も教育に関する他の職を兼ねたり、教育に関する他の事業若しくは事務に従事したりすることはできない。

理解できたことをまとめておこう！

ノートテイキングページ

学習のヒント：政令指定都市以外の市町村立学校の県費負担教職員と市町村費負担教職員、政令指定都市の市立学校の教職員の、任命、服務監督、給与負担を誰が行うのかを表にまとめて整理しましょう。

教職員に関する法規②
：教員としての資質向上

理解のポイント

「教員としての資質」とは、教員としての性質や才能を意味します。教育の質保証をするうえで、一定の資質をもつ教員を確保し、さらにその資質を向上させることが課題となります。上記課題に取り組むために、教員免許、教員研修、人事管理といった仕組みがつくられ運用されています。それぞれの制度の特徴を理解していきましょう。

プラスワン

保育教諭

学校であり、児童福祉施設である「幼保連携型認定こども園」の保育教諭等も、幼稚園教諭免許状と保育士資格の両方を有する者でなければならない。ただし、2024年度末まではいずれか一方の免許・資格を有していれば保育教諭等となることができる経過措置がとられている。

1　教員免許制度

　教員免許状は、公教育の直接の担い手である教員の資格を定め、その資質を一定水準以上に確保しようとする制度です。幼稚園、小学校、中学校、義務教育学校、高等学校、中等教育学校および特別支援学校の教員は、原則として、教員免許状を有する者でなければなりません。

1　教員免許状

① 免許状の区分

　教育職員免許法により、幼稚園・小学校・中学校・高等学校の教員は、

図表6-1　校種ごとに必要な免許状

校種	必要な免許状
幼稚園	幼稚園の教員の免許状
小学校	小学校の教員の免許状
中学校	中学校の教員の免許状（教科ごと）
義務教育学校	小学校の教員の免許状及び中学校の教員の免許状（教科ごと）[注1]
高等学校	高等学校の教員の免許状（教科ごと）
中等教育学校	中学校の教員の免許状（教科ごと）及び高等学校の教員の免許状（教科ごと）[注1]
特別支援学校	特別支援学校の教員の免許状（領域ごと[注2]）及び特別支援学校各部（幼稚部・小学部・中学部・高等部）に相当する免許状[注1]
上記校種共通	養護教諭（助教諭）免許状、栄養教諭免許状

（注）1　例外規定あり。教える内容等は限定されるが、いずれかの免許状があれば勤務可。
　　　2　領域は5つある（視覚障害者、聴覚障害者、知的障害者、肢体不自由者又は病弱者）。

図表6-2　教員免許状の種類

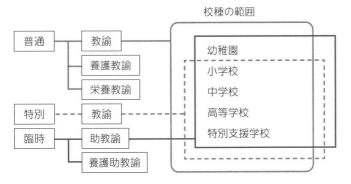

学校の種類（校種）に応じた免許状が必要です（相当免許状主義、図表6-1）。ただし中学校・高等学校の教員の免許状は、教科ごとに授与されます。一方で、校種によっては複数の免許状を有することが求められます。また、校種を問われない免許状もあります。

　教員免許状は、普通免許状、特別免許状、臨時免許状の3種類に分けられます（図表6-2）。各都道府県の教育委員会が要件ごとにいずれかを授与します。

　普通免許状を取得するためには、教職課程のある大学等に入学し、所定の単位を修得して卒業する必要があります。そして居住する都道府県の教育委員会への申請が必要ですが、大学等を卒業すると同時に免許状を取得する場合は、大学等で一括申請が行われています。校種等は限定されますが、**教員資格認定試験**＊等に合格して免許状の取得を目指す方法もあります。普通免許状は、基礎資格となる学位別に専修・一種・二種と分けられます。専修は修士、一種は学士、二種は短期大学士にそれぞれ対応します。これらの区別は、学位のみならず、免許取得のために必要な最低修得単位数（図表6-3）とも関連しています。特別・臨時免許状にはこのような区分はありません。

　特別免許状は優れた知識経験または技能、社会的信望などを有する社会人等を学校に迎え入れ、専門的知識等を生かしてもらうための免許状で、1988年に創設されました。授与にあたっては、任命または雇用しようとする者の推薦、都道府県教育委員会が実施する教育職員検定の合格が必要です。特別免許状は、授与された都道府県においてのみ有効です。2018年度の特別免許状の授与件数は全国総計208件であり、近年増加傾向にあります。

　臨時免許状とは、普通免許状を有する者を採用できない場合に限り、学校種ごとの助教諭および養護助教諭を採用するための免許状です。教育職員検定の合格が必要であり、授与された都道府県においてのみ有効です。

② 大学における教員養成

　普通免許状の取得方法として主流となっているのは、大学における教職課程を経るルートです。教職課程とは、各種免許状ごとに必要な内容や単位数を設定し構成されたカリキュラムのことです。その枠組みは教育職員

プラスワン

教員免許状の総合化・弾力化

教員免許状の総合化・弾力化も図られている。たとえば、専科担任制度（中学校教諭の免許状を有する者が、小学校の相当する教科及び総合的な学習の時間を担任できる）などがある。

語句説明

教員資格認定試験

→社会人等の教員免許未取得者や、すでに他の学校種の教員免許を有していて、さらに免許を取得しようとする者を対象にしている。2021年度より、受験者増加を図り、試験を従来の6日間から3日間で実施するように変更される。

図表6-3　普通免許状取得のために必要な最低修得単位数

免許状の種類	専修	一種	二種
幼稚園教諭	75	51	31
小学校教諭	83	59	37
中学校教諭 （教科ごと：国語、社会、数学、理科、音楽、美術、保健体育、保健、技術、家庭、職業、職業指導、英語、宗教）	83	59	35
高等学校教諭 （教科ごと：国語、地理歴史、公民、数学、理科、音楽、美術、工芸、書道、保健体育、保健、看護、家庭、情報、農業、工業、商業、水産、福祉、商船、職業指導、英語、宗教）	83	59	
特別支援学校教諭 （領域ごと：視覚障害者、聴覚障害者、知的障害者、肢体不自由者又は病弱者）	50	26	16
養護教諭	80	56 [注]1	42 [注]2
栄養教諭	46	22	14

(注)　1　保健師の免許を受け養護教諭養成機関に半年以上在学の場合12単位、看護師の免許を受け養護教諭養成機関に1年以上在学した場合22単位。
　　　2　保健師の免許を受けているなど、教職課程での単位が必要でない場合がある。

図表6-4　学校インターンシップと教育実習の違い

	学校インターンシップ	教育実習
内容	学校での諸活動の補助や支援	教員としての職務の一部実践
学校の役割	学生に活動を指示 （指導・評価はしない）	学生を指導、評価
実施期間	教育実習よりも長期間を想定 （1日当たりの時間数は少ないことを想定）	2〜4週間程度 （免許状の学校種別等による）

プラスワン

教職大学院

学部段階での資質能力を修得した者のなかから、さらに実践的指導力を備えた新人教員を養成すること、また現職教員を対象とした中核的中堅教員を養成することを念頭に、2007年に創設された。専修免許状を取得でき、10単位以上の学校における実習が義務化されている（一定の教職経験への配慮あり）。

免許法・教育職員免許法施行規則等によって、定められています。

　教職課程はさまざまな大学・学部等で設けられています。多様なルートから教員となる者を確保し、それら教員の専門性・多様性によって学校全体の、さらには学校教育全体の質が向上することが期待されています（開放制）。

　一方で、学習指導要領の変更への対応また教員政策として、教職課程の内容や体制を変え、教員となる者の資質に影響を与えるように図られてきました。とりわけ近年は、「教職生活全体を通じた資質能力向上」の一環として、大学と教育委員会の連携・協働が図られつつ、「実践的指導力」の育成と教育課題の対応を目指した改革が進んでいます。

　たとえば、従来の教育実習と区別される「学校インターンシップ」の導入が促進されています（図表6-4）。教育実習前の体験活動として、あるいは教育実習後・教員採用決定後に実施される活動としての実施が想定されています。実状としては、前者の位置づけでの実施が見られます。学校

図表6-5　免許状更新の流れ

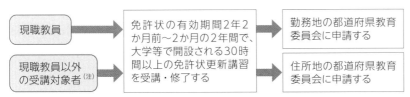

| 現職教員 | → | 免許状の有効期間2年2か月前〜2か月の2年間で、大学等で開設される30時間以上の免許状更新講習を受講・修了する | → | 勤務地の都道府県教育委員会に申請する |
| 現職教員以外の受講対象者(注) | → | | → | 住所地の都道府県教育委員会に申請する |

(注)　教員採用内定者、教育委員会等が作成した臨時任用（または非常勤）教員リストに登載されている者、教員の経験がある者、認定こども園・認可保育所で勤務する保育士、実習助手、寄宿舎指導教員、学校栄養職員、養護職員など。

インターンシップでは教員の職務理解をはじめ、子ども理解などが期待されます。

2　免許状の更新
① 更新制を導入した背景

　教員免許状には有効期間があり、現職の教員は更新の手続きが必須です。免許更新制度は2009年に導入されました。制度の導入は、その時々で求められる教員として必要な資質が保持されるよう、定期的に最新の知識・技能を身につけたことを明示する必要が生じたためです。そうしなければ、教員が自信と誇りをもって教壇に立ち、社会の尊厳と信頼を得ることが難しくなったということです。

　免許更新制度には次のような意義もあります。我が国には、学校現場に関わらない多くの免許状保有者がいます。民間企業経験者など、教員には多様な人材の登用も進んでいます。免許更新制度は、これらの者と免許状更新を経た者の能力の間に差異を設けることが可能となります。教員は、これまでも自己研鑽や教育委員会主催等の現職研修によって資質の保持と向上を図っていましたが、免許状更新講習は、国公私立問わず、すべての学校教員に対して提供されるものです。公教育全体の改善・充実が図られると期待もされています。

② 免許状更新講習

　更新の対象となる教員免許状は、普通免許状と特別免許状です。どちらも有効期間が10年です。免許状更新の流れは図表6-5のようになります。

2　教員の研修

　免許更新制度があることからもわかるように、養成段階を経て免許を得たとしても、教員としての資質を完全に身につけているとは考えられていません。むしろ、職責を果たすために、資質の保持・向上に努めることが不可欠の要件とされています。その方法としてかねてより図られてきたのが、研修です。

1 教員の研修

　研修という言葉は、「研究と修養」をあわせたものです。第5講で確認したように、教育基本法第9条により、国公私立を問わず、学校教員は研修に励むように義務づけられています。さらに公立学校の教員に対しては教育公務員特例法第21条において、絶えず研究と修養に努めることが規定されています。

　一方で、教育基本法第9条第2項には「研修の充実が図られなければない」とあり、研修のための条件整備が必要とされています。

　教育公務員特例法（以下、教特法）第21条第2項においても、任命権者*に対して、教員の研修に必要な施設、研修を奨励するための方途その他の計画を樹立して、研修の実施に努めることを義務づけています。また教特法第22条において、教員個人にも「研修を受ける機会が与えられなければならない」と明記されています。このように、研修は教員の単なる義務ではなく権利でもあります。

2 研修の実施体系

　研修は、教員にとって「職務としての研修」と「自主研修」に大別することができます。

　「職務としての研修」は、さらに「法定研修」と「職務命令による研修」に区別されます。「法定研修」とは、法令によって公立学校教員の任命権者が実施を義務づけられている研修です。以上をまとめたものが、図表6-6です。

　都道府県教育委員会など任命権者は、法定研修以外にも、県の教育センター等が中心となり、独自の研修を提供しています。研修の機会は、市町村教育委員会によって、あるいは校内でも設けられています。独立行政法人教職員支援機構*による国レベルの研修もあります。これらは、「職務命令による研修」の機会となります。

　公立学校の教員が勤務時間内に、勤務場所以外で「自主研修」を行う場合は、本属長の承認を受ける必要があります。

図表6-6　研修の分類

職務としての研修		法定研修 （教特法第23条、第24条）	初任者研修、中堅教諭等資質向上研修
		職務命令による研修	学校長や教育委員会の指示による研修 （学校の組織運営上必要な研修や教員としての専門性を高めるための研修が行われる）
自主研修	勤務時間内勤務場所以外	職務専念義務の免除による研修 （教特法第22条）	勤務時間内に自主的に行う研修 （授業に支障のない限り、本属長の承認を受ければ、職務専念義務が免除され、研修を受けることができる）
	勤務時間外		勤務時間外に自由に行う研修

自主研修は、日本の教員がかねてより行ってきた研修形態です。休日等を利用して、民間団体主催の研修に参加する事例もあります。

　2017年に教特法の一部が改正され、各地域で「校長及び教員としての資質の向上に関する指標」が策定・使用されるようになっています。指標は、都道府県教育委員会など任命権者によって、文部科学省の指針が参酌され、また大学等が参加する協議を経て、策定されます。任命権者は指標を踏まえ、教員研修計画を作成します。初任者研修・中堅教諭等資質向上研修・校内研修・管理職研修で使用されつつあります。図表6-7は、教員・校長等の研修の実施体系をまとめたものです。

図表6-7　教員・校長等の研修の実施体系

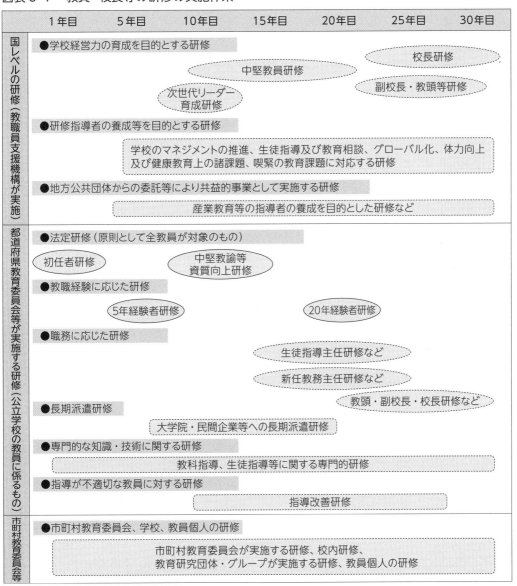

出典：文部科学省ホームページ「教員研修の実施体系」
https://www.mext.go.jp/a_menu/shotou/kenshu/__icsFiles/afieldfile/2019/10/29/1244827_001.pdf（2020年6月26日確認）をもとに作成

プラスワン

教員採用における新規学卒者の割合

2016年度の教員採用の全体に占める新規学卒者の割合は5割弱であるが、3割強が「臨時的任用及び非常勤講師」であるなど、新規採用者の属性は多様になっている。それらにどのように対応するかも初任者研修の課題である。

語句説明

ミドルリーダー

→中堅教員または学校組織においてトップ層とボトム層の中間に位置づき、学校運営・経営への参画や、ボトム層に対するリーダー的役割を果たすことが期待される教員を指す。近年では教職経験年数や立場によらず、学校組織へ影響を与える教員を広く指す概念として用いられることもある。

▎3 初任者研修

具体的な研修形態を見ていきましょう。

公立学校の教員が採用1年目に必ず参加する研修があります。法定研修である、初任者研修です。

初任者研修は、実践的指導力と使命感を養うとともに、幅広い知見を得させることを目的として、1988年に制度化されました。初任者教員は学級や教科・科目を担当しながら、1年間の実践的研修を受けます。

研修は主に校内研修と校外研修に分けられます。校内研修では、拠点校方式の場合、1人の拠点校指導教員が拠点校に籍を置いて、数人の初任者を訪問指導します。各校からも指導教員が選ばれ、教科指導、生徒指導、学級経営等、必要な研修分野を全教員で分担して指導にあたります（図表6-8）。それに対して、校外研修では、教育センター等において教科等に関する専門的な指導や、企業・福祉施設等での体験研修、宿泊研修などが実施されます。

初任者研修に組織的に取り組む改善方策として、メンター方式による校内研修が注目されています。メンター方式とは、ベテランの教員やミドルリーダー＊クラスの教員がメンターとして、初任者を含めた若手教員とメンターチームを組み、指導や助言を行ったり、授業研究等を行ったりしながらチーム内で学び合うなかで、若手教員を育成する方法です。チームは学年団で編成されたり、別組織として編成されたりします。初任者は、初任者のみを対象とした研修に加え、メンターチームでの研修を行います。拠点校指導教員が初任者に対する個別指導に加え、チームによる研修をコーディネートする場合もあります。

初任者研修の実施時間・日数については、その目安が文部科学省より示されていますが、各地域での初任者研修を含めた若手教員に対する研修全体の実施状況等を踏まえて、弾力的に設定することが推進されています。

図表6-8　拠点校方式での指導体制の一例

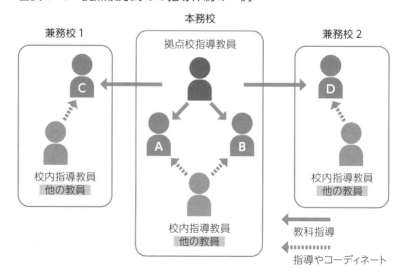

実際に、採用2年目から5年目未満の教員を対象とした研修は増加しており、これまで初任者研修で実施していた内容を2年目以後に実施するように変更した事例が見られます。

4　中堅教諭等資質向上研修

　在職期間10年程度に達した公立学校の教員を対象に、**中堅教諭等資質向上研修**が行われます。法定研修である中堅教諭等資質向上研修は、前身の10年経験者研修（2003年創設）から改められ、2017年より実施されています。10年経験者研修では、教員一人ひとりの専門性向上や得意分野を伸ばすことを目的としていました。個々の教員の能力、適性等について評価を行い、その結果に基づいて個別の研修計画が作成され、校内外の研修が27日程度実施されていました。

　中堅教諭等資質向上研修に改められた背景には、かねてより免許状更新講習と10年経験者研修に重複感・負担感があると指摘されてきたことがあります。さらには、学校内における教員の年齢構成・経験年数の不均衡から、ミドルリーダー不足の解消が課題となったことがあります。

　個別の研修計画の作成は引き継がれつつ、教育活動その他の学校運営の円滑かつ効果的な実施において中核的な役割を果たすことが期待され、対象教員に対して研修が行われます。制度変更前より、一部自治体では10年経験者研修を中堅教諭育成の研修と転換させていました。危機対応や組織的な授業改善を取り扱うなど、学校内での役割変化への対応を促し支援する取り組みも見られます。

5　指導改善研修

　指導改善研修は、「指導が不適切である」教員を対象にした研修です。指導が不適切である教員とは、「知識、技術、指導方法その他教員として求められる資質、能力に課題があるため、日常的に児童等への指導を行わせることが適当でない教諭等のうち、研修によって指導の改善が見込まれる者であって、直ちに後述する分限処分の対象とはならない者」と定義されています（文部科学省「指導が不適切な教員に対する人事管理システムのガイドライン」2008年）。

　指導が不適切である教員の認定や、研修など必要な措置の実施、改善がみられない場合の規定などについては、2001年の地方教育行政法改正により、すでに導入されていました。しかし2008年、免許状更新制度の導入に連動して、はじめて国のレベルで指導改善研修の実施が義務づけられました。あわせて各地の指導が不適切である教員の認定などに大きな差異があったことを背景に、ガイドラインが提示されました。

　任命権者が、指導が不適切である教員を認定し、その能力、適性等に応じて、当該指導の改善を図る研修を実施します。研修期間は原則1年で、最大で2年まで延長が可能です。改善が認められれば現場復帰、改善の過程にあるとすれば研修継続、改善の余地がなければ分限免職などの措置が講じられます。分限免職の処分に伴い、免許も失効となります。

> **プラスワン**
>
> **指導改善研修**
> 2018年度、全国で指導改善研修を受けた者は44人、うち現場復帰は20人、研修継続15人、依願退職6人、転任1人、その他2人である。

3 教員の人事管理

公立学校教員の人事管理は、学校教育の教育力向上を図る観点から行われ、優秀な人材の確保、適正配置、教員の意欲増進、職務において支障のある教員への措置等が考慮されます。本節では教員の資質確保・向上との関連から、人事異動、また懲戒と分限について取り上げます。

1 人事異動

① 人事異動とは?

人事異動とは、地位、職務、勤務地などが変わることです。広義では採用や退職を加えて説明されます。公立学校教員の人事異動としては、任用（採用、昇任、降任又は転任）、退職があてはまります。

市町村立学校の教員においては、給与が県費負担である場合、任命権者は都道府県教育委員会になります。任命権者が任用を行う際には、市町村教育委員会の内申が待たれ、またその内申に対して、校長は意見を具申することができます。手続き上、教員個人の生活条件の確保や希望も聴取されますが、人事異動を行うための運用上の工夫であるというのが、行政解釈です。

教員の採用と昇任は、一般公務員が競争試験という方法をとるのに対して、その特性より選考という方法をとっています。採用では、筆記、実技、面接に加え、大学等における諸活動や社会経験など、多面的な方法・尺度を用いて、総合的に評価することが図られます。校長・教頭・指導主事などへの昇任は、管理職選考試験を経ます。筆記試験や面接などの試験結果と勤務実績を主な合否判断材料としています。

② 転任等の意義と効果

個々の学校に着目すれば、教員構成は教育の質に影響を与えるため、重要な教育条件です。転任等を行う際には、年齢や性別など教員構成における学校間格差を是正することが意識されます。さらには複数の自治体間で実施することによって、都道府県内の地域間格差を是正できるといわれています。一方で、市（指定都市を除く）で独自の改革や、特色ある教育活動を進めるうえで、広域人事のあり方を問う意見や動向も出ています。校長側あるいは学校経営においては、任用は子ども・地域の事情や特色ある計画の実行に応じて、必要な教員を確保する方法でもあります。

転任の意義として、上記の観点以上に経験的に強調されてきたのは、組織活性化、とりわけ教員の職能開発です。教員を対象とした調査では、学校の教育活動への効果よりも、異動教員の職能成長に効果を見出す傾向がありました。これは校内研究や教育活動を中途にして異動となったりするケースがあるためだと考えられます。

では、異動教員の職能成長への効果としてはどのようなものが考えられるのでしょうか。意欲、やる気、新しい出会いなどがマンネリ化の活性に

つながるという教員の回答があります。向上した職能分野としては、学級経営や教科・学年の経営、児童生徒の理解に対する回答率が高いです。転任先での協業や校内研修等を通じて、認識を新たにし、知識・技術を得ていると考えられます。

2 懲戒と分限

① 懲戒処分

公立学校教員に対しては、第5講で見たように職務上の服務、身分上の服務があります。これらの服務規定に違反した場合、懲戒処分を受けることになります。懲戒処分は公務員法上の責任を追及することであり、公務員関係の規律・秩序を維持する目的で、任命権者が科します。

処分の手続きや効果に関しては条例で定めなければならないことになっています。各任命権者においては、懲戒処分の指針等をあらかじめ設け、その基準に沿って処分を行っています。対象となる事由や程度によって、懲戒が決定されています。以上をまとめると、図表6-9の通りです。

懲戒処分に至る前のものとして、訓告・厳重注意があります。これは、服務監督をしている市町村教育委員会等によって行われるものです。

📝 **プラスワン**

教員の懲戒処分、訓告

懲戒処分または訓告等で、2018年度最も多かったのは交通違反・事故(2,761件)、次に体罰(578件)、個人情報の不適切な取扱い(327件)、わいせつ行為等(282件)と続く。

図表6-9 懲戒処分の方法と事由

	処分方法	処分の事由
免職	職員たる地位を失わせる処分	・法令等に従わない
停職	一定期間職務に従事させない処分	・職務専念の義務(職務上の義務)違反、職務を怠る
減給	給与の一定割合を一定期間減じる処分	・全体の奉仕者たるにふさわしくない非行 上記事由の例:一般服務(無断欠勤等)、公金公物取扱い(横領、紛失等)、児童生徒に対するわいせつ行為等、公務外非行(傷害等)、監督責任
戒告	服務義務違反の責任を確認し、戒める処分	

② 分限処分

懲戒処分に対して、分限処分があります。公務の能率の維持とその適正な運営の確保を目的とした処分です。分限処分は懲戒処分と異なり、道義的な責任を問題としてはいませんが、一定の事由がある場合に、職員の意に反して不利益な身分上の変動をもたらします(図表6-10)。

図表6-10 分限処分の方法と事由

	処分方法	処分の事由
免職	職員たる地位を失わせる処分	・勤務実績がよくない ・心身の故障のため職務遂行に支障、又は耐えない ・その職に必要な適格性を欠く ・職制・定数の改廃、予算の減少による廃職、過員
降任	現に就いている職よりも下位の職に任命すること	
休職	公務員としての身分を留保したまま、一時的に職務に従事させないこと	・心身の故障のため長期休養を要する ・刑事事件に関し起訴された場合
降給	現行の給料の額よりも低い給料に決定すること	・条例で定められる

免職、降任、休職、それぞれの処分の事由は法律で定められています。休職の事由については条例で定めることも可能です。降給の事由は条例でのみ定められます。

　このなかでも、精神疾患を理由に休職した教員数は、20年ほど前から増加し、年間5,000人前後で高止まりしています。

　分限処分また懲戒処分ともに、その処分事由は書面で示さなければならず、処分を受けた職員は、人事委員会または公平委員会に不服申し立てすることができます。それら委員会の裁決に不満足であれば、処分の取り消しを求める行政訴訟を提起することができます。

┊ ディスカッションしてみよう！ ┊

教員免許、教員養成、教員研修、人事管理など、教員の資質の確保・向上を目指す制度を紹介してきました。皆さんはこれらのもののなかでどのような仕組みが、教員にとって、あるいは自分にとって、効果があると思いますか。また、限界を感じるところはどこでしょうか。理由をあげて考えてみましょう。

たとえば・・・🖉

メンターチームによる校内研修とは

　2006年から横浜市では、各学校にメンターチームの設置を進めてきました。経験を重ねており、助言・支援を与える者をメンター、それらを受ける者をメンティとする1対1のメンター制度は、企業でも取り入れられています。一方、横浜市のメンターチームは、メンターとメンティの関係を複数対複数の関係にします。経験ある先輩と経験の浅い後輩の「タテ」の関係のみならず、同期や同じキャリアステージにある1、2年先輩の「ヨコ」の関係がつくられます。このような仕組みは、メンターとメンティ間の世代間ギャップからくるミスマッチなどを克服し、教員間の対等な支援も実現しようとしています。

　導入の背景には、新規採用者数の増加があります。2010年度には教職員数約1万6,000人のうち、採用5年目までの教職員数は全体で26％を占め、教職員の年齢構成においては、教職経験を重ねた50代と教職経験の浅い20〜30代前半の層の二極化が見られました。間をつなぐ中堅層が少ないなか、増加する若手教員をいかに育成するかを課題として、メンターチームは人材育成のシステムとして導入されました。同様な課題は、今後も全国で共有されるものであり、横浜市の「ヨコ」と「タテ」の関係を有機的に結び付ける方法は注目されています。

　メンターチームの形態や研修の企画・運営方法は、各学校によって異なります。ある学校では、自発的につくりあげてきた学習会を基にメンターチームを編成しました。構成メンバーは初任者から6年目までの教員を主に、また全教職員も参加できるように発信し、月に1回程度、校内研修を行います。チームのリーダーである3年目の教員を中心に、経験の浅い教員で企画・運営を行い、10年目の教員がコーディネーターを務めます。校長と副校長、主幹教諭もアドバイザリースタッフとして参加します。講師は、経験ある教員や管理職です。研修では、学級経営、授業づくり、事務処理などのテーマに応じて個々の課題を話し合い、講師は経験を踏まえた事例の紹介や助言を行います。

　2020年現在、横浜市では初任者研修、2・3年目研修の一環である公開研究授業をメンターチームで支援する取り組みも見られます。また、メンターチームはミドルリーダーを育成する場としても理解されており、4〜13年目の教員がメンターチームで、リーダーやファシリテーターを務める経験はOJTと位置付けられ、関連する校外研修を積極的に活用することが図られています（図表6-11）。

図表6-11　校内におけるメンターチームの組織例

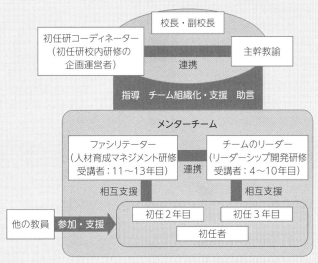

（注）初任研コーディネーターは初任者研修の指導教員と連携する。初任者研修の指導教員は初任研コーディネーター、主幹教諭と同じく、メンターチームのメンバーに加わったり、サポートしたりする場合がある。
出典：横浜市教育委員会「平成29年度 初任者研修指導資料」2017年をもとに作成

復習問題にチャレンジ

（東京都　2019年）

> ①教育公務員の研修に関する記述として、教育公務員特例法に照らして適切なものは、次の1～5のうちどれか。

1　校長は、教員の研修について、それに要する施設、研修を奨励するための方途その他研修に関する計画を樹立し、その実施に努めなければならない。

2　教員は、授業に支障がなければ、本属長の承認を受けずに、勤務場所を離れて研修を行うことができる。

3　教育公務員は、任命権者の定めるところにより、現職のままで、長期にわたる研修を受けることができる。

4　任命権者は、初任者研修を受ける者の所属する学校の管理職を除く、主幹教諭、指導教諭、主任教諭、教諭、講師のうちから、初任者研修の指導教員を命じるものとする。

5　任命権者は、中堅教諭等資質向上研修を実施するに当たり、小学校、中学校、高等学校、特別支援学校等のそれぞれの校種に応じた計画書を作成し、実施しなければならない。

（岩手県　2017年）

> ②次の（1）～（4）の文で、地方公務員法の条文の内容として正しいものには○印を、正しくないものには×印をそれぞれ書きなさい。

（1）すべて職員の分限及び懲戒については、公正でなければならない。

（2）勤務実績がよくない場合や心身の故障のため、職務の遂行に支障がある場合などに、職員の意に反して行う処分を分限処分という。

（3）懲戒処分は、戒告、減給、停職、免職の種類に分けられる。

（4）職員は、教育公務員特例法で定める事由による場合でなければ、懲戒処分を受けることがない。

（岩手県　2019年）

> ③次の（1）～（3）は、教員の研修に関する文です。内容が正しいものには○印、正しくないものには×印をそれぞれ書きなさい。

（1）任命権者は、初任者に対して教諭の職務の遂行に必要な事項について指導及び助言を行うために、初任者の所属する学校の校長を指導教員として命じなければならない。

（2）教員は授業に支障のない限り、本属長の承認を受けて、勤務場所を離れて研修を行うことができる。

（3）平成29年の教育公務員特例法の改正により、それまで実施していた10年経験者研修は、中堅教諭等資質向上研修に改められ、実施時期の弾力化が図られている。

理解できたことをまとめておこう！

ノートテイキングページ

学習のヒント：皆さんが教員として採用された場合、1年目に受けることになる初任者研修について、目的や内容、実施方法などを整理しましょう。

学校運営に関する法規①
：基本原理、管理・運営、学校評価

理解のポイント

学校の教員として働くためには、学校運営の基本原理、管理・運営のあり方を理解しておく必要があります。さらに、教育の質を改善しよりよい学校をつくっていくためには、学校評価の目的と種類を理解して実践していくことが求められます。学校運営の基本原理は、第1講で学んだ法律主義の考えに基づき、教育基本法をはじめとする複数の法律で定められています。本講では、学校運営の基本原理とその根拠法を理解しましょう。

1 学校運営の基本原理とは

1 公の性質

　教育基本法第6条では、「法律に定める学校は、公の性質を有するもの」であると述べられています。「法律に定める学校」とは、第3講で学んだ通り、一条校と幼保連携型認定こども園を指しています。

　学校が有する「公の性質」とは、すべての国民の教育を受ける権利を保障しなければならないという、社会全体に関わる課題を果たす性質です。この性質を「公共性」ともいいます。「公共性」は、まず誰でも関わることができて、決して排除されないことが要件としてあげられます。また、多数の利用者が同時に共通の利益を得られることも要件の一つです。つまり、学校の「公の性質」は、学校教育が、すべての国民が自律的に生きるための能力を獲得するためだけでなく、日本という国をつくっていく基盤を確立するためのものであることに基づきます。

　これらのことから、学校教育は、継続的かつ安定的に行われるとともに、その教育水準が一定レベルに保たれる必要があります。そのため、学校に対してはさまざまな規制が課せられ、税金が使われているのです。ここでは、このような規制の中から、学校の設置に関する規制を取り上げます。

2 学校の設置

　1で説明したように、学校は「公の性質」を有しているので、学校を設置したい人がいたとしても、誰でも学校を設置できるとは限りません。学校を設置することができる者は、法律で限定されているのです。また、教育水準を維持するためには、どんな学校でもよいというわけにはいきません。そのため、学校を設置するには厳しい基準を満たす必要があります。この設置主体と設置基準の2点について、くわしく見ていきましょう。

公共交通機関や公共施設なども、誰でも利用でき、多くの人に利益があるから、「公共」という言葉が使われているのですね。

① 設置主体

　学校を設置する者については、日本では国・地方公共団体・学校法人の三者に限定されています（教育基本法第6条、学校教育法第2条）。国が設置する学校は国立学校、地方公共団体が設置する学校は公立学校、学校法人が設置する学校は私立学校と呼びます。

　このほかに、特殊な設置形態として、近隣の複数の市町村が共同で学校を設置する「組合立学校」と「株式会社立学校」があります。組合立学校は、人口の少ない近隣の市町村が、行政の効率化を図るために事務を共同で行う「一部事務組合」が設置する学校です。学校基本調査によると、2019年度の組合立学校数は、全国で小学校が11校、中学校が26校あります。株式会社立学校は、法律による規制をなくした「教育特区」という地域で設置されています。たとえば、ソフトバンクグループのルネサンス・アカデミー株式会社が設置したルネサンス高等学校や、株式会社東京リーガルマインドが設置したLEC会計大学院などがあります。

② 設置基準

　学校の設置者は、文部科学省が定めた編制、設備、その他に関する設置基準に従って学校を設置しなければなりません。この設置基準は、学校を設置するのに必要な最低基準であり、学校種別に定められています。

　設置基準では、図表7-1に示したように、一学級の児童生徒数、学級の編制、教員数、校舎および運動場の面積、校舎に備えるべき施設、校具および教具について定めています。設置基準は、あくまで最低基準ですので、学校の設置者は、より充実した教育環境を整備するように努めなければなりません。

　なぜこのような基準が設けられているのでしょうか。それは、国民の教育を受ける権利・教育の機会均等を実現するためには、地域による教育環境の格差をなくし全国的に一定水準の教育を平等に保障する必要があるからです。学校の「公の性質」が、すべての国民の教育を受ける権利を保障

プラスワン

組合立学校

組合立学校の区域は、市町村域を越えるだけでなく、県域も越えることができる。高知県宿毛市愛媛県南宇和郡愛南町篠山小中学校組合立篠山小・中学校は、日本一長い学校名でも有名である。

教育特区

国の規制を緩和させることで、地域の経済や社会を活性化させることを目的として、2002年に構造改革特別区域法が制定された。教育特区は同法の下で設定された、学校設置主体や教育課程について規制緩和された区域を指す。

第7講　学校運営に関する法規①：基本原理、管理・運営、学校評価

図表7-1　学校設置基準で定められている事項（小学校、中学校の場合）

編制	1学級の児童生徒数	40人以下[注]1
	教員等の数	一学級当たり1人以上
	その他	学級は、同学年の児童生徒で編制すること[注]2
施設・設備	校舎および運動場	必要な面積 同一の敷地内又は隣接する位置に設けること
	校舎に備えるべき施設	教室（普通教室、特別教室等）、図書室、保健室、職員室、必要に応じて特別支援学級のための教室
	その他の施設	体育館[注]3
	校具・教具	必要な種類および数を備えること 常に改善し、補充すること

（注）　1　特別の事情があり、かつ、教育上支障がない場合は、40人以下でなくてもよい。
　　　　2　特別の事情があるときは、数学年の児童生徒を一学級に編制することができる。
　　　　3　地域の実態その他により特別の事情があり、かつ、教育上支障がない場合はなくてもよい。
出典：古田薫作成

しなければならないという、社会全体に関わる課題を果たす性質であったことを思い出しましょう。

2 学校の管理・運営

1 基本原則：設置者管理主義と設置者負担主義

学校教育法第5条では「学校の設置者は、その設置する学校を管理し、法令に特別の定のある場合を除いては、その学校の経費を負担する」と定められています。この条文の前半の「学校の設置者が、教育活動の事業主体として、その設置する学校を適切に管理しその運営に責任を負う」ことを、設置者管理主義といいます。この条文の後半の「学校の設置者がその学校の運営に必要な経費を負担する」ことを、設置者負担主義といいます。

① 設置者管理主義

学校の管理とは、学校の教育目的を達成するために、必要な諸条件を整備し、自主的主体的に教育活動を運用し、学校を継続的に維持する作用を指します。日本では、学校を設置した者が学校を管理するという設置者管理主義がとられています。

学校の管理には、「人的管理」「物的管理」「運営管理」の3つがあります。図表7-2を見てみましょう。

「人的管理」とは、教職員の人事管理のことを指します。人事管理とは、採用、昇任、降任、転任、免職などの身分の異動（任免）と懲戒に関すること、勤務状況の管理、勤務評定の実施などの服務の監督のことです。このうち、県費負担教職員の任免や懲戒に関しては、第5講で学習したように、都道府県教育委員会が行います。県費負担教職員以外の市町村費負担教職員の任免・懲戒は設置者の教育委員会が行います。服務の監督はど

図表7-2 学校の管理

人的管理	・教職員の任免その他の身分の異動に関すること [注] ・服務の監督（勤務状況の管理、勤務評定の実施）　など
物的管理	・施設・設備および教材・教具の維持や修繕　など
運営管理	・組織編制 ・教育課程に関すること（教育課程の基準設定、教育課程の承認または届出受理など） ・学習指導・生徒指導（指導要録の様式設定など） ・教材の取り扱いに関すること（教科書の採択、補助教材の承認または届出受理など） ・児童生徒の入退学・出欠の管理（学齢簿の作成、就学校の指定など） ・保健管理、安全管理 ・学校給食の管理　など

（注）県費負担教職員については都道府県教育委員会が行う。
出典：古田薫作成

ちらの場合も設置者の教育委員会が行います。

「物的管理」とは、学校の財産管理のことです。学校の施設や設備、校具や教具は、児童生徒の教育活動に使われるものであり、安全に効果的に使用できるよう、責任をもって維持や修繕を行わなくてはなりません。これらの財産の管理を行うのも設置者です。適切な管理が行われず、児童生徒が事故にあった場合の責任は設置者にあり、賠償の責任も設置者が負います。

「運営管理」とは、人的管理・物的管理以外の、教育活動に直接関わる業務全体を指します。図表 7-2 を見ると、多岐にわたっていることがわかります。

実際の業務を行うのは学校ですが、それらが適切に行われるよう監督するのが設置者であるということです。

② 設置者負担主義

学校運営にはさまざまな経費がかかります。たとえば、学校用地の取得や校舎の建築・増改築に要する経費、学校設備の設置および維持・修繕に要する経費、日常的に必要な需用費および備品費や光熱費、学校の交際に要する経費、人件費（給料、退職金）などです。日本国憲法は義務教育の無償制を定め、教育基本法では義務教育の授業料の不徴収が定められています。義務教育は、個人が生きていくうえで、また国や社会を維持するうえで必要不可欠な知識や技能を身につけることを目的としているため、すべての国民の教育を受ける権利を保障するために、このような規定が設けられているのです。では、学校教育にかかる経費は誰が支払っているのでしょう。設置者負担主義の原則によれば、学校の運営にかかる経費は設置者が負担することとなっているため、市町村立学校については、市町村が経費を負担します。

しかし、この原則には例外があります。その代表的なものが「県費負担教職員制度」です。教育の機会均等の理念の実現という観点からは、市町村の財政能力によって児童生徒が受ける教育の水準に格差が生じてはなりません。そこで、国や都道府県が財政的支援を行うことが望ましい場合は、設置者負担主義によらない財政負担が行われるのです。市町村立学校職員給与負担法では、政令指定都市を除く市町村立の学校の教職員の給与や手当は、より財政規模が大きく安定的な都道府県が負担することとされています。

しかしながら、給与費の負担は都道府県にとっても決して小さいものではありません。そのため、都道府県が負担する義務教育諸学校の教職員の給与及び報酬に係る経費については、国がその 3 分の 1 を負担する「義務教育費国庫負担制度」が設けられています。

このほかにも、公立の学校の施設の整備に要する経費や、就学援助にかかる費用、スクールカウンセラー活用にかかる費用など、教育を受ける権利の保障や教育の充実に要する経費を国が補助しているものがあります。

学校用務員や給食調理員などの単純労働職員、市町村費負担教職員の給与・手当は、原則通り、市町村が負担します。

県費負担教職員制度、義務教育費国庫負担制度については第 5 講を参照しましょう。

2 学校管理規則

教育委員会が学校を管理運営するにあたっては、さまざまなルールが必要となります。そのため、教育委員会は、管理する学校その他の教育機関の施設、設備、組織編制、教育課程、教材の取り扱いその他、学校その他の基本的事項について、教育委員会規則*を定めることとなっています(地方教育行政の組織及び運営に関する法律第33条)。この教育委員会規則は、通称「学校管理規則」といいます。学校管理規則では図表7-3で示したような事項について定めています。

皆さんが児童生徒であったときには考えなかったかもしれませんが、このように、学校の管理運営についてはかなり詳細に決められています。

重要語句

教育委員会規則

→地方公共団体の長や法律で定められた執行機関が、議会の議決を経ずにその権限に属する事務に関して制定する規則の一種。

図表7-3　学校管理規則の内容例

就学に関すること	通学区域など
授業日に関すること	学年、学期、休業日、授業日の変更など
教育課程に関すること	教育課程の編成と届出、教科書・補助教材、宿泊を伴う学校行事など
学籍に関すること	入学の許可、課程の修了・卒業、原級留置、出席停止、転学など
施設の管理に関すること	施設・設備の管理、施設・設備の貸与、防火など
教職員に関すること	学校に置かれる教職員、勤務時間の割り振り、出張、研修、休暇、職務専念義務の免除など
学校運営に関すること	校長の権限、職員会議、予算の執行、学校評価、学校評議員、コミュニティスクールなど

出典：古田薫作成

3 学校評価とは、どのようなものか

1 アカウンタビリティと学校のマネジメントサイクル

① アカウンタビリティ

皆さんは「アカウンタビリティ」という言葉を聞いたことがあるでしょうか。日本語では「説明責任」ともいいます。国民のニーズに合った質の高い公共サービスが、税金を有効に使って、効果的に提供されていることを国民に対して説明する責任のことです。学校の教育活動に当てはめると、学校の教育目標、教育計画、経営方針とそれらの達成状況、学校の現状などを保護者や地域住民に対して示す責任が学校のアカウンタビリティということができます。学校教育の抱えるさまざまな問題や教育活動の取り組みについて、保護者や地域住民と情報を共有することといってもよいでしょう。

学校教育法で、学校に、保護者や地域住民の学校に関する理解を深め、

連携協力をしていくために、学校運営に関する情報を積極的に提供することが義務づけられている（学校教育法第43条、他の学校種においても準用）のも、学校がアカウンタビリティを果たす必要があるからです。

② 学校運営のPDCAと学校評価

　学校における教育活動は、図表7-4のような循環的学校運営サイクルの繰り返しによって行われます。PDCAサイクルと呼ばれるこのマネジメント手法は、計画―実行―点検・評価―修正・改善の４段階をつなげたもので、これを繰り返してサイクルを向上（スパイラルアップ）させることによって、教育の質を継続的に改善していくことを目指しています。

　まず、現状分析や前年度の改善計画に基づいて目標を設定し、その実施計画を立てることを「計画（Plan：P）」といいます。学校教育目標や教育課程、各教科等の学習活動の目標や内容、評価規準や評価方法等、評価の計画も含めた指導計画や指導案の組織的な編成・作成を指します。そして、指導計画に沿って教育活動を実施するのが「実行（Do：D）」です。実行の過程における反省や知見などは、重要な情報として日常的に組織的に集約し、蓄積していきます。その後、実行過程で蓄積した情報をもとに、目標や計画の達成状況や達成に向けた取り組みの適切さなどについて、「点検・評価（Check：C）」をし、課題の明確化とその要因についての分析を行います。点検・評価には、学校教育目標の達成状況や児童生徒の学習状況の評価、それを踏まえた授業や指導計画等の評価が含まれます。後述する学校評価は、この段階の活動として行われます。点検・評価の結果は、次の教育活動の改善に反映されます。この段階を「修正・改善（Action：A）」といいます。評価を踏まえた目標の見直しや授業改善、個に応じた指導の充実、指導計画の改善などがこれに当たります。そしてこれらを踏まえて、次の計画が行われるといったように、次々とサイクルがつながっていきます。

図表7-4　PDCAサイクル

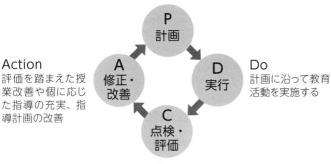

Plan
目標を設定し、具体的な指導計画
や指導案を編成・作成する

Action
評価を踏まえた授業改善や個に応じた指導の充実、指導計画の改善

Do
計画に沿って教育活動を実施する

Check
目標の達成状況、児童生徒の学習状況、授業や指導計画等を評価する

出典：古田薫作成

学校運営や授業運営などにPDCAサイクルを導入することによって、何を目指してどのような取り組みをするのかが明確になります。その際大切なのは、数値指標など具体的な評価方法を設定しておくことです。

PDCAサイクルには、設定した目標と実施計画によって、長期的なもの、中期的なもの、短期的なものというようにさまざまなスパンのものがあります。学期ごと、行事や授業ごとのPDCAサイクルもあり、こうした大小のサイクルが関連し合って、教育活動の向上が図られていきます。

　新学習指導要領で重視されているカリキュラム・マネジメントは、教育課程の管理・運営を学校のPDCAサイクルに沿ってとらえ直し、その効果的実施と継続的な改善までも含んだダイナミックなプロセスであるといえます。

2 　学校評価

　学校は、教育活動その他の学校運営の状況について評価を行い、その結果に基づいて学校運営を改善し、教育水準の向上に努めることが定められています（学校教育法第42条）。この評価活動のことを学校評価といい、各学校が自らの教育活動その他の学校運営について、目指すべき目標を設定し、その達成状況や達成に向けた取り組みの適切さなどについて評価することにより、学校として組織的・継続的な改善を図ることを目的としています。

　さらに、前述のアカウンタビリティのところでも説明した通り、学校は教育活動その他の学校運営の状況に関する情報を積極的に提供しなければなりません（学校教育法第43条）。学校評価と情報の提供が対になって、保護者や地域住民の学校に対する理解が深まり、連携協力や協働が円滑に行われるのです。

　学校評価には、自己評価、学校関係者評価、第三者評価の3種類があります。評価の方法や評価項目の設定、報告書の作成の仕方などは、「学校評価ガイドライン（平成28年改訂）」に示されていますが、学校評価が必ずこれに沿って実施されなければならないということではありません。学校評価は、あくまでも学校や地域の実態に即して学校が主体的に行うものなのです。

　以下にそれぞれの評価の説明をしますが、目的や方法が異なっているので、違いをしっかり理解するようにしましょう。

① 自己評価

　学校教育法施行規則第66条では、「小学校は、当該小学校の教育活動その他の学校運営の状況について、自ら評価を行い、その結果を公表するものとする」と規定しています。この評価を自己評価といい、各学校に評価と公表の実施義務があります。自己評価は、学校評価の最も基本となるものであり、校長のリーダーシップのもとで、当該学校の全教職員が参加して行います。児童生徒や保護者からのアンケート調査結果等を参考資料として活用します。

　自己評価は具体的にはどのような項目について行うのでしょうか。学校教育法施行規則第66条第2項には「前項の評価を行うに当たつては、小学校は、その実情に応じ、適切な項目を設定して行うものとする」とあり、各学校が、地域や学校の実情を考慮して評価項目を設定します。総花的な

プラスワン

学校評価の法制化
学校評価は、2007年の学校教育法改正により義務化された。

学校評価のウェブサイトでの公開に関する評価の書式は自治体ごとに異なります。皆さんの出身校や実習校の学校評価を確認してみましょう。

図表 7-5　学校評価の実施と結果の公表、教育委員会への報告

	実施	結果の公表	教育委員会への結果の報告
自己評価	義務	義務	義務
学校関係者評価	努力義務	努力義務	義務
第三者評価	法令に規定はない		

出典：古田薫作成

評価にするのではなく、学校経営ビジョンや重点目標を踏まえて評価項目も重点化することが必要です。

② **学校関係者評価**

　保護者、地域住民等の学校関係者などにより構成された評価委員会等が、自己評価の結果について評価することを基本として行う評価を「学校関係者評価」といいます。自己評価は実施と結果の公表が義務とされているのに対し、学校関係者評価はどちらも努力義務となっています（学校教育法施行規則第67条、図表 7-5）。

　学校関係者評価には、自己評価の妥当性を評価することによって自己評価の客観性・透明性を高めることが期待されています。また、学校評価ガイドラインでは、学校関係者評価を学校・家庭・地域を結ぶ「コミュニケーション・ツール」と位置づけ、評価のプロセスを通じて学校・家庭・地域が共通理解をもち、学校運営の改善のために連携協力することが重要であると述べています。

　さらに学校評価を通じて学校に関わる人を増やしていき、よりよい学校経営を追求する大きな渦にするという「トルネード・マネジメント*」に展開する考え方もあります。学校評価は、「開かれた学校」を展開するうえで、欠かせないツールなのです（図表 7-6）。

図表 7-6　学校評価を通じた関係者・関係機関との連携

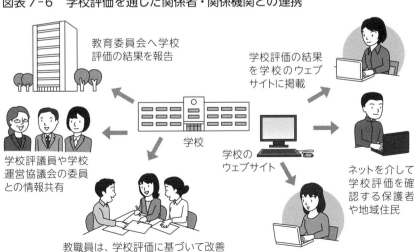

教育委員会へ学校評価の結果を報告

学校評価の結果を学校のウェブサイトに掲載

学校評議員や学校運営協議会の委員との情報共有

学校

学校のウェブサイト

ネットを介して学校評価を確認する保護者や地域住民

教職員は、学校評価に基づいて改善点のチェックと次年度の計画立案

トルネード・マネジメントでは、はじめは 3 人ほどの小さな取り組みが、徐々に大きくなって 1 人 2 人と巻き込み始め、別の取り組みをしていたほかのグループとも合体して拡大し、いつしか学校全体を巻き込む大きな渦になります。さらにほかにも渦が発生して、学校全体に教育改革の渦が広がっていきます。

自己評価と学校関係者評価の結果については、公立学校の場合、設置者の教育委員会へ報告する義務があります。学校から教育委員会へ評価の結果が報告されることで、教育委員会が、学校評価の結果に応じて、学校に対する支援や条件整備等の改善措置を講じ、教育水準の向上を図ることができるのです。

③ 第三者評価

　第三者評価とは、学校とその設置者が実施者となり、学校運営に関する外部の専門家を中心とした評価者により、自己評価や学校関係者評価の実施状況も踏まえつつ、教育活動その他の学校運営の状況について専門的視点から行う評価をいいます。第三者評価は、自己評価・学校関係者評価の検証や補足とともに、学校評価全体を充実する観点から評価を行い、学校のすぐれた取り組みや、今後の学校運営の改善につなげるための課題や改善の方向性等を提示するものです。自己評価・学校関係者評価とは異なり、法規上の規定はありません。学校運営の専門家が、専門的視点・中立的立場により評価することで学校の客観的な状況が把握できるのに加え、評価結果を学校・設置者等にフィードバックすることで改善を促し、学校運営の質を向上させることができます。

　自己評価・学校関係者評価の実施率が公立学校ではほぼ100％であるのに対し、評価委員の確保や、評価にかかる費用の問題もあり、第三者評価の実施率は2014年の調査で国公私立合計で６％とほとんど行われていないのが現状です。

　学校評価ガイドラインでは、学校関係者評価と第三者評価の両方の性格をあわせもつ評価を行うなど、地域や学校の実情等に応じて、柔軟な実施体制にすることを提案しています。

プラスワン

第三者評価の実施

現時点で、高等学校以下の学校において、第三者評価は、実施者の責任のもとで、第三者評価が必要であると判断した場合に行うものであり、法規によって実施義務や実施の努力義務を課すものではない。日本では、大学が定期的に実施している。

ディスカッションしてみよう！

教育特区では、地方公共団体が公立学校を設置しながらも、学校の運営は民間企業が担う「公設民営」の学校が登場しました。学校を「公設民営」で設置・運営することのメリット・デメリットについて、調べたり、考えたりしてみましょう。

たとえば・・・

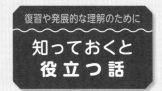

学校設置基準の緩和：明治と現代の学校環境の相違点

　教室の天井の高さは、1882年に文部省示諭において定められて以降、建築基準法施行令第21条によって3m以上と定められていました。天井の高さを3m以上にした理由は、教室内の空気環境を確保するためです。なぜなら明治時代の暖房機器は、石炭や木炭を燃料としたストーブが中心だったので、燃焼時に一酸化炭素中毒になる危険性があり、一酸化炭素中毒を防止するには、天井の高さを3m以上にする必要があったからです。しかし現代は、エアコンの普及で天井の高さにかかわらず、室内の空気環境がよくなりました。むしろ天井を低く設定することで建物を有効活用できることから、2005年の建築基準法施行令の一部を改正する政令で、天井の高さに関する規定が削除されました。最近建設された学校の校舎には、これまでよりも天井が低いものが登場しております。皆さんも、古い校舎と新しい校舎を比べる際には、ぜひ教室の天井の高さを比較してみてください。

　近年の学校環境の変化として、エアコンの設置があげられます。近年の夏の平均気温上昇による猛暑対策として、公立学校への設置が進められています。「公立学校施設における空調（冷房）設備の設置状況について」（文部科学省）によると、2019（令和元）年9月の時点で、全国の公立学校施設における普通教室でのエアコン設置率は78.4%です。

　そのほかにも建築基準法では、教室の採光についても規定しています。同法では学校の教室には採光が必須であることが明記されており、教室の床面積に対して必要とされる窓の面積の比率が5分の1以上と定められています（建築基準法第28条）。これは、児童生徒が教科書を読んだりノートに記入したりする際に、目に負担をかけずに学習できる環境を確保するためです。

復習問題にチャレンジ

類題（大阪府　2014年）

①次の各文は、学校教育法の条文や「学校評価ガイドライン」（平成28年3月22日　文部科学省）の中の学校評価の目的に関する記述の一部である。空欄A～Dに、あとのア～クのいずれかの語句を入れてこれらの文を完成させる場合、正しい組合せはどれか。1～5から一つ選べ。

・小学校は、文部科学大臣の定めるところにより当該小学校の教育活動その他の学校運営の状況について評価を行い、その結果に基づき学校運営の改善を図るため必要な措置を講ずることにより、その［ A ］に努めなければならない。

・各学校が、自らの教育活動その他の学校運営について、目指すべき目標を設定し、その［ B ］状況や［ B ］に向けた取組の適切さ等について評価することにより、学校として［ C ］的・継続的な改善を図ること。

・各学校が、自己評価及び保護者など学校関係者等による評価の実施とその結果の［ D ］により、適切に説明責任を果たすとともに、保護者、地域住民等から理解と参画を得て、学校・家庭・地域の連携協力による学校づくりを進めること。

ア　分析・検証　イ　達成　ウ　教育水準の向上　エ　組織　オ　教育環境の充実
カ　公表・説明　キ　進捗　ク　民主

```
  A  B  C  D
1 オ  イ  エ  カ
2 ウ  イ  エ  カ
3 ウ  イ  ク  ア
4 ウ  キ  エ  カ
5 オ  キ  ク  ア
```

類題（大分県　2017年）

②次の学校教育法施行規則の（ア）～（エ）に入る語句の正しい組み合わせを、下の1～5のうちから一つ選べ。

第66条　小学校は、当該小学校の教育活動その他の学校運営の状況について、（ア）評価を行い、その結果を公表するものとする。

2　前項の評価を行うに当たっては、小学校は、その実情に応じ、（イ）行うものとする。

第67条　小学校は、前条第1項の規定による評価の結果を踏まえた当該小学校の児童の保護者その他の当該小学校の（ウ）（当該小学校の職員を除く。）による評価を行い、その結果を公表するよう努めるものとする。

第68条　小学校は、第66条第1項の規定による評価の結果及び前条の規定により評価を行つた場合はその結果を、当該小学校の（エ）に報告するものとする。

```
1 ア  自ら        イ  学校評価ガイドラインに従って  ウ  保護者    エ  保護者
2 ア  自ら        イ  学校評価ガイドラインに従って  ウ  関係者    エ  設置者
3 ア  設置者による  イ  適切な項目を設定して        ウ  保護者    エ  保護者
4 ア  自ら        イ  適切な項目を設定して        ウ  関係者    エ  設置者
5 ア  設置者による  イ  適切な項目を設定して        ウ  関係者    エ  設置者
```

ノートテイキングページ

学習のヒント：自分の出身校や実習校の学校評価をウェブで探してみましょう。学校評価の結果から、うまくいっている点、改善が必要な点を拾い出し、改善が必要な点については、どのような改善策が考えられるか書き出してみましょう。

学校運営に関する法規②：学校組織と教職員、校務分掌

理解のポイント

学校の教員は、他の教員や専門のスタッフと協力して児童生徒の教育を行うことが大切です。本講では、学校という組織にはどのような役割をもった教職員がいるのか、また、学校の教育目標を達成するために、どのように仕事を分担・遂行しているのかについて学んでいきます。

1 学校に置かれる教職員とその職務

1 学校に置かれる教職員の種類

学校には、校長、副校長、教頭、主幹教諭、指導教諭、教諭、養護教諭、栄養教諭、事務職員など、さまざまな教職員*がいます。各職の職務内容は、学校教育法第37条に定められています（図表8-1）。

図表8-1　小学校に置かれる主な教職員の職務内容

職名	職務内容
校長	校長は、校務をつかさどり、所属職員を監督する。
副校長	副校長は、校長を助け、命を受けて校務をつかさどる。
教頭	教頭は、校長（副校長を置く小学校にあつては、校長及び副校長）を助け、校務を整理し、及び必要に応じ児童の教育をつかさどる。
主幹教諭	主幹教諭は、校長（副校長を置く小学校にあつては、校長及び副校長）及び教頭を助け、命を受けて校務の一部を整理し、並びに児童の教育をつかさどる。
指導教諭	指導教諭は、児童の教育をつかさどり、並びに教諭その他の職員に対して、教育指導の改善及び充実のために必要な指導及び助言を行う。
教諭	教諭は、児童の教育をつかさどる。
養護教諭	養護教諭は、児童の養護をつかさどる。
栄養教諭	栄養教諭は、児童の栄養の指導及び管理をつかさどる。
事務職員	事務職員は、事務をつかさどる。

（注）上記の規定は、中学校、高等学校、義務教育学校、中等教育学校、特別支援学校に準用される。

重要語句

教職員

→学校には、児童生徒などの教育活動に直接的に関わる「教育職員（教員）」と、間接的に関わる「職員」がいる。両者を総称して、「教職員」と呼ぶ。

プラスワン

学校教育法以外の法令に定められている職

学校図書館法第5条では、司書教諭を「置かなければならない」と定められている。また、学校保健安全法第23条では、学校医、学校歯科医及び学校薬剤師（大学を除く）を「置くものとする」と定められている。

図表 8-2　学校種ごとの主な教職員の配置

職名	幼稚園	小学校	中学校	義務教育学校	高等学校	中等教育学校	特別支援学校
校(園)長	◎	◎	◎	◎	◎	◎	◎
副校(園)長	△	△	△	△	△	△	△
教頭	○	○	○	○	○	○	○
主幹教諭	△	△	△	△	△	△	△
指導教諭	△	△	△	△	△	△	△
教諭	◎	◎	◎	◎	◎	◎	◎
養護教諭	△	△	△	△	△	△	△
栄養教諭	△	△	△	△	△	△	△
事務職員	△	○	○	○	◎	◎	○

◎…必置、○…原則必置、△…任意
(注) 特別の事情のあるときは、教諭に代えて助教諭又は講師を、養護教諭に代えて養護助教諭を置くことができる。

　これら教職員は、①必ず置かなければならない職（必置）、②原則置かなければならないが別職を置くときや特別の事情のあるときは置かないことができる職（原則必置）、③置くことのできる職（任意）の３つに分けることができます。学校にどの教職員を置くか、必置か否かなどは、学校種ごとに決められています（図表 8-2）。

　図表 8-2 に記載している教職員のほかにも、高等学校や中等教育学校には、実習助手と技術職員を置くことができます。また、特別支援学校には、特別の事情のあるときを除き、寄宿舎を設けなければなりません。そのため、寄宿舎を設ける特別支援学校には、寄宿舎指導員を置かなければならないと定められています。

2　校長の地位と役割

　次に、各職の地位と役割の説明をします。

　校長の職務は、「校務をつかさどり、所属職員を監督する」ことです。「校務をつかさどる」とは、校長が校務を処理する権限と責任をもつこと（校務掌理権）を示しています。「所属職員を監督する」とは、教職員の行動を把握し、適切でないときは是正するなどの一切の判断を任されていること（所属職員監督権）を意味します。それぞれくわしく見てみましょう（図表 8-3）。

① 校務掌理権

　校長が責任をもつ「校務」とは、教育目標を達成するのに必要な学校運営上のすべての事務を指します。校務には、大きく分けて次の５つの事務があります。

> （1）学校教育の内容に関する事務
> （2）教職員の人事管理に関する事務
> （3）児童生徒の管理に関する事務
> （4）学校の施設設備の保全管理に関する事務
> （5）その他の学校運営に関する事務

　近年では、学校の自主性・自律性が重視され、校長の裁量権が拡大しています。それに伴って、校務の幅も広がる傾向にあります。学校が特色ある教育活動を展開できるよう、学校（校長）の判断により処理できる仕事が多くなっているのです。

　これらの校務は各校の教職員が協力し合って、学校全体で組織的に遂行されるものですが、校長の校務掌理権とは、その調整・管理・執行する権限と責任が校長にあることを示しています。

② 所属職員監督権

　「所属職員」とは、任命権者や常勤・非常勤にかかわらず、当該学校におけるすべての教職員を指します。

　「監督する」とは、先にも述べた通り、教職員の行動を把握し、適切でないときは是正や停止するなどの一切の指導・判断ができることを示します。具体的には、教職員の行為に関する監視（状況の把握）、許可、承認、命令、取り消し、停止等が含まれます。

　校長は、教員の服務・義務に即して、①職務上の監督、②身分上の監督

図表8-3　校長の役割

校務をつかさどり、所属職員を監督する

〈校務掌理権〉　　〈所属職員監督権〉

（1）学校教育の内容に関する事務	①職務上の監督
職員会議の主宰／授業終始の時刻の決定／非常変災等による臨時休業　等	→勤務時間内の業務遂行が対象 ○法令等及び上司の職務上の命令に従う義務（地公法第32条） ○職務専念の義務（地公法第35条）
（2）教職員の人事管理に関する事務	②身分上の監督
所属職員の進退に関する意見申し出／勤務場所を離れて行う研修の承認　等	→勤務時間内外を問わない ○信用失墜行為の禁止（地公法第33条） ○秘密を守る義務（地公法第34条） ○政治的行為の制限（教特法第18条） ○争議行為等の禁止（地公法第37条） ○兼職・兼業の従事制限（教特法第17条）
（3）児童生徒の管理に関する事務	
懲戒／長期欠席者等の教育委員会への通知／指導要録の作成／感染症による出席停止／卒業証書の授与　等	
（4）学校の施設設備（教材等を含む）の保全管理に関する事務	
防災管理者の決定と防災計画の作成および避難訓練の実施　等	
（5）その他の学校運営に関する事務	 適切でないときは 是正・停止などの指導・判断

（注）例は法令に定められている職務の一部。

を行います（→第5講参照）。職務上の監督とは、教職員の勤務時間内の職務遂行に関して監督するものです。たとえば教員の職務上の義務である、法令等に従う義務や職務専念の義務が守られているかを監督します。身分上の監督とは、教職員の勤務時間の内外を問わず、教育公務員としての行動を監督するものです。また、たとえば教員の身分上の義務である、信用失墜行為の禁止、秘密を守る義務、政治的行為の制限などが守られているかを監督します。

3　副校長と教頭の地位と役割

　校長を助ける役職として置かれているのが、副校長と教頭です。いわゆる「管理職」にあたります。副校長の職務は、「校長を助け、命を受けて校務をつかさどる」ことです。教頭の職務は、「校長を助け、校務を整理*し、及び必要に応じ児童の教育をつかさどる」（学校教育法第37条）ことです。

　どちらの規定にも「校長を助け」とあるように、副校長と教頭はともに、校長の補佐機能を有します。では、両者の役割にはどのような違いがあるのでしょうか。法規条文の後半部分を比較してみましょう。

　副校長は「命を受けて校務をつかさどる」ことができます。これは、校長が委ねた一部の校務について自身の権限で直接処理できることを意味します。一方、教頭は「校務を整理し」と規定されているように、その権限はあくまで校務調整機能にとどまります。つまり、教頭に比べて副校長の方が、学校経営上の権限を明確に有しているといえます。副校長は、2007年の学校教育法改正により定められた「新しい職」です。校長の裁量権が拡大し、学校経営業務が増大するなかで、副校長は校長とともに校務執行の担い手となるよう新たに設けられたのです。

　他方、教頭が果たす校務調整機能も、学校が組織として教育目標を達成していくうえで、きわめて重要な機能です。たとえば、教頭は、教職員や地域・保護者等の意見・要望を取りまとめて校長に意見を述べ、校長の意思決定に役立たせたり、教職員に対して学校経営方針や計画の伝達および指導・助言を行ったりします。また、後述するように、校務は教職員が分担して遂行しますが、そのため、ときに業務を進めるうえでそれぞれの考え方の違いから矛盾・対立が生じることもあります。そうした場合に、学校の教育目標に照らして、より望ましい方向に調整を図るのも教頭の役割といえるでしょう。

　さらに、教頭は「必要に応じ児童の教育をつかさどる」とも規定されています。これは、教頭が自ら授業を担当できることを示しています。一方、副校長は授業を担当することはできません。

4　主幹教諭と指導教諭の地位と役割

①「新たな職」の創設の背景

　主幹教諭と指導教諭は、前述の副校長とともに、2007年の学校教育法改正により定められた「新しい職」です。

📝 プラスワン

職務上の監督の対象に教員の教育活動も含まれるか？

この点は論争的である。なぜなら、教育の本質上、教員には教育の自由を保障することが大切だという意見も多いからである。教員の教育活動については、校長は専門的権威に基づく指導助言にとどめるなど、慎重な配慮が必要であるともいわれている。

✏️ 重要語句

校務の整理

→校務を「整理」するとあるが、実際には、校長が最終的に校務を円滑につかさどることができるように、教頭自身がさまざまな事柄の「調整」に取り組むことと理解されている。ゆえに、この点を指して「校務調整機能」と呼ばれる。

図表8-4　学校の組織構造の変容

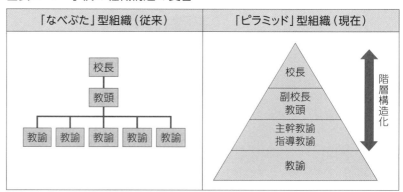

従来、学校は「なべぶた」型組織*だといわれてきました。これは、管理職を除いて、他の教職員の間には上下関係がないことを意味しています。「なべぶた」型組織は、教職員の協働性を支える土台となっていた一方、横並びであるがゆえに、個々の業務について責任の所在があいまいになりやすいという特徴があります。そのため、学校が組織として一体となり、機動的に学校運営を進めることが難しいとも指摘されてきました。

そこで、校長のリーダーシップのもとで機動的に学校運営が行われるよう、指導体制や運営組織など組織構造の側面での充実が求められました。その具体策として、教諭とは権限と責任が異なる職層（職の階層）を設けたのです。そこに含まれるのが上記の「新しい職」です。

こうした階層構造化により、上から下への意思伝達機能が強化されたとして、学校の組織構造が「なべぶた」型から一般企業のような「ピラミッド」型へ転換したともいわれています（図表8-4）。

② 主幹教諭と指導教諭の地位と役割

主幹教諭は、校長の命を受けて担当する校務について一定の責任をもって取りまとめ、整理し、他の教諭に対して指示できる権限をもちます。つまり、担当校務について、他の教諭の上司にあたる立場から職務命令を発することができる職といえます。なお、授業も担当します。

指導教諭は、自ら授業を担当しつつ、他の教諭に対して、授業をはじめとする教育実践についての指導や助言をする役割を担うことになります。指導教諭は、実践的指導力にすぐれており、他の教諭に対する指導・助言を行う能力を有する者が登用されることが想定されています。「指導及び助言」を行う者と規定されている通り、指導教諭は主幹教諭とは異なり、他の教員に対して職務命令を出すことはできません。

これらの職は、他の教諭に比べて給与面でも多少優遇されています。このことからも、主幹教諭や指導教諭は確かに、校長・副校長・教頭と教諭の間に位置する中間階層であるといえます。

5　教諭の地位と役割

教諭の職務は、法律には「児童の教育をつかさどる」ことと規定されています。教科の授業を最も重要な教育活動とする学校において、教諭はま

2017年の学習指導要領改訂により、各学校でカリキュラム・マネジメントを確立する必要性が示されました（→第11講参照）。指導教諭はカリキュラム・マネジメントを中心的に担う職として、積極的に配置することが求められています。

さに中心的な職といえます。

　ただし、教諭の仕事はそれだけではありません。確かに児童生徒の立場からは、教諭（教師）というと、教科等の授業をする姿や学級担任としての姿のみが目に浮かぶでしょう。しかし、教諭は、たとえば生徒指導などの教育実践や、校務を分掌して学校組織の運営に広く携わるなど、実に多様な仕事に従事しているのです。

2　校務分掌と職員会議

　それでは次に、①教職員は校務をどのように分担・遂行しているのか、②学校の意思形成はいかに行われているか、の2点に焦点を当ててくわしく学んでいきましょう。

1　校務分掌

① 校務分掌の規定と組織

　学校教育法施行規則第43条には、各学校において「調和のとれた学校運営が行われるためにふさわしい校務分掌の仕組みを整えるものとする」ことが定められています。

　「校務分掌」とは、校務を処理するため、**教職員に校務を分担**させることをいいます。前述のとおり、校務執行の最終的な責任者は校長ですが、それら校務の遂行は学校全体として組織的に果たされるのです。したがって、学校では「全教職員の校務を分担する組織を有機的に編制し、その組織が有効に作用するよう整備」（「学校教育法の一部を改正する法律等の施行について」文部事務次官通達、1976年1月23日）することが求められています。これを校務分掌組織と呼びます。

　校務分掌組織は学校によってさまざまですが、一般的には次のような組織が設けられています（岡東壽隆他編『学校経営 重要用語300の基礎知識』明治図書、2000年）。

　（a）学校の意思形成に関わる組織
　（b）教務・教育活動に関わる組織
　（c）教務外の事務に関わる組織
　（d）研究、研修に関わる組織

　こうした各組織のなかで、担当校務について方針等の提案・議論がなされ、一定の方向や意思が形成されています。「調和のとれた学校運営」を行うためにも、各組織がバラバラな方向を向いた意思形成とならないよう、教職員は学校の教育目標を共有・理解して校務にあたることが大切になります。

　図表8-5は、ある小学校の校務分掌組織を示したものです。前述した

図表8-5　ある小学校の校務分掌組織図

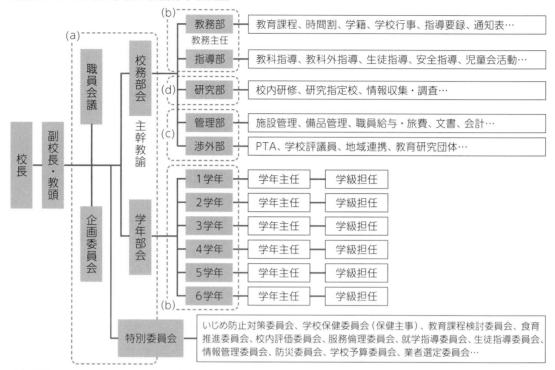

（a）学校の意思形成に関わる組織、（b）教務・教育活動に関わる組織、（c）教務外の事務に関わる組織、（d）研究、研修に関わる組織

出典：学校における働き方改革特別部会「【資料5-4】学校の組織図（例）」2018年4月25日をもとに作成

プラスワン

企画委員会

多数の教職員を擁する学校では、校長・教頭など管理職と各分掌組織の代表などによって構成される企画委員会を置くことが多い。代表の教職員が、それぞれ担当する校務をもち寄って、学校全体を動かす総合的な立場から調整し、校長の確認を得る場として機能しているといわれる。

（a）～（d）の組織が設けられていることがわかります。教職員は、通常、一人でいくつかの組織に属しながら、複数の校務を担っています。少子化に伴って各校の教員数は減っていますが、分掌組織の数や学校組織が果たす役割は減っていません。そのため、一人の教員がますます数多くの分掌事務を担わなくてはならない状況になっています。こうしたことが、教員の多忙化に拍車をかけている面もあるといえるでしょう。

② 主任

学校には、教務主任、学年主任、保健主事、事務主任、生徒指導主事、進路指導主事など「主任」と呼ばれる教職員がいます。主任とは、関係校務について連絡調整や指導助言をする教育指導職です。教諭等が校務分掌の一つとして担います。主任や主事を、各分掌組織のリーダーと位置づけている学校が多いでしょう。

主任は元来、学校運営の複雑化に応じ、また、地域や学校の実態に応じて、各学校が校長・教頭の補佐役として自主的に設置・運営していたものですが、1975年の学校教育法施行規則一部改正によって、全国的に制度化されました。

ただし主任は、制度化されたとはいえ、副校長・主幹教諭・指導教諭など法令に定められた「新しい職」とは異なり、指導教諭または教諭等をもって「充てられる」職です。「充てる」とは、たとえば、教諭という「職」(post)

図表 8-6　学校種ごとの主任等の種類と「充てられる職」

充てられる職務	対象となる職名	小	中	高	備考
教務主任	指導教諭、教諭	○	○	○	
学年主任	指導教諭、教諭	○	○	○	
保健主事	指導教諭、教諭、養護教諭	○	○	○	
学科主任農場長	指導教諭、教諭			○	2学科以上の場合農業学科の場合
生徒指導主事	指導教諭、教諭		○	○	
進路指導主事	指導教諭、教諭		○	○	
その他の主任		△	△	△	研究主任など
事務長・事務主任	事務職員	△	△	○	高等学校の場合、事務長

○…必置、△…任意

にある教員に対して、教務主任という「職務」（duty）を割り当てることを意味しています。

　つまり、主任はあくまで教諭の一人として校務を分担して企画立案、連絡調整、指導助言などを行うにとどまり、前述の主幹教諭のように上司として他の教職員に職務命令を行使する権限はもちません。このことは、主任という制度が、学校運営における「管理面」ではなく、「教育指導面」の充実を期待して整備されたものであることを意味しています（鈴木勲編著『逐条 学校教育法 第8次改訂版』学陽書房、2016年）。

　主任等の種類や、どの職をもって充てるか、必置か任意かなどは、学校種ごとに定められています（図表8-6）。

2　職員会議

　学校では、職員会議が定期的に開催され、学校運営や教育活動についての話し合いがなされています。しかし、職員会議は法令上、長らくその機能を規定されないまま慣行として行われてきました。そのため、職員会議の機能をめぐって、下記のようなさまざまな解釈がなされてきました。

> ・学校としての最終的な意思決定をする「議決機関」説
> ・校長の諮問に基づいて審議する「諮問機関」説
> ・校長の意思決定を補助するための「補助機関」説

　現在では、これらの解釈に対して法令上で一定の決着がついています。2000年に学校教育法施行規則が改正され、職員会議は「校長の職務の円滑な執行に資するため」に置くことができ、「校長が主宰する」（第48条）ものであると定められました。つまり職員会議は、校長の職務の円滑な執行に資するために置くことができる「補助機関」として明確に性格づけられることになったのです。

とはいえ、児童生徒の教育に直接携わっている教員が学校の意思決定に全く関与できないとなれば、教員らの士気が損なわれかねません。職員会議は校長のリーダーシップのもと、教職員が教育問題を共有し、その解決策を探る場として運用することが大切でしょう。

なお、職員会議の設置は義務ではなく、任意制です。しかし実際にはほとんどの学校に設置されています。

3 チームとしての学校

1 「チームとしての学校」とは

① 背景

近年、教職員に加えて、スクールカウンセラーやスクールソーシャルワーカーなど、学校に多様な専門スタッフを配置し、それら多様な人材が「チーム」として学校の教育活動にあたることが求められています。

これまで日本の学校は、主に教員のみで組織・運営されてきました。しかし近年、いじめや不登校への対応、特別支援教育の充実、貧困問題など、学校の抱える課題は複雑化・多様化しており、学校教育においても心理や福祉等の専門性が求められるようになっています。

他方、教員には、子どもたちに新しい時代に求められる資質・能力を育むことも求められています。教員は、授業等の専門性をいっそう高めていかなければなりませんが、事務業務や課外活動などの業務負担も大きく、研修などの職能開発活動に時間がとれないといった実態があります（OECD国際教員指導環境調査［TALIS調査］2013・2018年調査結果）。

そこで中央教育審議会は2015年、教員が学習指導や生徒指導等にいっそう専念できるよう、多職種の専門スタッフと連携し、業務を分担する体制を整備すること、すなわち「チームとしての学校」の体制整備を提言しました（中央教育審議会「チームとしての学校の在り方と今後の改善方策について（答申）」2015年12月21日）。

② 具体的方策

先述の答申では「チームとしての学校」像を、「校長のリーダーシップの下、カリキュラム、日々の教育活動、学校の資源が一体的にマネジメントされ、教職員や学校内の多様な人材が、それぞれの専門性を生かして能力を発揮し、子供たちに必要な資質・能力を確実に身に付けさせることができる学校」と述べています。そしてその実現に向けて、具体的には次の3つの視点から学校の組織マネジメントの転換を図ることが提言されました。

①専門性に基づくチーム体制の構築
　教職員の指導体制の充実（教職員定数の拡充、指導教諭の配置促進など）、教員以外の専門スタッフの参画、地域との連携体制の整備

プラスワン

OECD国際教員指導環境調査（TALIS調査）

学校の学習環境と教員の勤務環境に焦点を当てた国際調査。日本が初めて参加した2013年調査（中学校対象）では、教員の1週間当たりの仕事時間が参加国最長との結果が示された。また、指導（授業）に使った時間は参加国平均と同程度である一方、課外活動や一般事務業務に使った時間は参加国平均と比べて特に長い傾向にあった。2018年調査（小・中学校対象）では、同様傾向が続くとともに、小・中学校ともに職能開発活動に使った時間が参加国中で最短との結果も示された。

②学校のマネジメント機能の強化

優秀な管理職の確保（計画的な養成と研修の充実など）、管理職の補佐体制の充実（主幹教諭の配置促進、事務機能の強化など）

③教職員一人一人が力を発揮できる環境の整備

人材育成の推進、業務環境の改善、教育委員会等による学校への支援の充実

特に①で、**スクールカウンセラー*とスクールソーシャルワーカー*に**ついては、将来的に学校教育法等において正規の職員として規定するとともに、義務標準法で教職員定数として算定し、国庫負担の対象とすることが検討されています。その他の専門スタッフの配置促進は、地方自治体が行う事業に国が費用の一部を負担する国庫補助事業を拡充して行われる予定です。自治体の裁量と選択にゆだねられることになるため、自治体の意欲や財政事情によっては、取り組みに格差が出ることも懸念されます。

2 役割分担のイメージ

「チームとしての学校」では、教員と専門スタッフで業務を分担することになります。先述の答申では、従来、教員が携わってきた業務を、下記（a）～（d）に整理・分類し、特に（b）～（d）の業務について、それを担う専門スタッフや人材等を計画的に配置していくことが提言されています。

(a) 教員が行うことが期待されている本来的な業務

(b) 教員に加え、専門スタッフ、地域人材等が連携・分担することで、より効果を上げることができる業務

(c) 教員以外の職員が連携・分担することが効果的な業務

(d) 多様な経験を有する地域人材等が担う業務

図表8-7は、役割分担の具体的なイメージを示したものです。現在は、教員が多様な業務を担っている一方で、アクティブ・ラーニングの視点を踏まえた授業改善や、複雑化・困難化する生徒指導等の課題などには十分に対応できているとはいえません。そこで「チームとしての学校」では、専門スタッフやサポートスタッフに（b）～（d）の業務を担ってもらうことで、教員が新たな教育課題に対応するとともに、授業や学級経営、生徒指導などにいっそう専念できるようになることなどが期待されているのです。もちろん、教員が新たな教育課題に対応していくためには、授業準備や研修等により多くの時間を割く必要があることから、あわせて教職員定数の充実が不可欠であるとの認識も示されています。

ここで注意したいのは、多様な専門スタッフが参画しさえすれば、すぐに学校の組織力や教育力が向上するというわけではないということです。ときに、互いの専門性の違いから対立や葛藤が起こることもあるでしょう。だからこそ、教職員と専門スタッフが同じ教育目標に向かって協働していく体制をどのようにつくり上げていくかが今後の課題になるといえます。

重要語句

スクールカウンセラー

→心の問題の専門家として小・中・高等学校などで、児童・生徒のカウンセリングや、保護者および教師へのコンサルテーションを担当する専門職（日本教師教育学会編『教師教育研究ハンドブック』学文社、2017年、382頁）。

スクールソーシャルワーカー

→「福祉の専門家として、問題を抱える児童生徒等が置かれた環境への働きかけや関係機関等とのネットワークの構築、連携・調整、学校内におけるチーム体制の構築・支援などの役割を果たす」専門家（中央教育審議会「チームとしての学校の在り方と今後の改善方策について（答申）」2015年12月21日）。

図表 8-7　「チーム学校」の実現による学校の教職員等の役割分担の転換

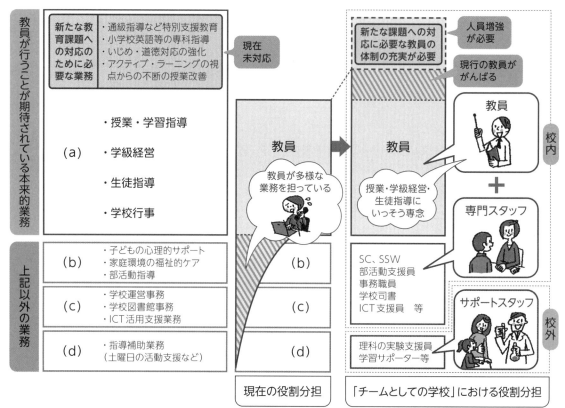

(注)（a）〜（d）は従来、教員が携わってきた業務を整理・分類したもの。本書103頁（a）〜（d）参照。
出典：中央教育審議会「チームとしての学校の在り方と今後の改善方策について（答申）」2015年12月21日をもとに作成

ディスカッションしてみよう！

「チームとしての学校」において、教員は多様な専門スタッフと一緒に働きます。しかし専門性が異なれば、子どもへのまなざしやアプローチの違いから意見の対立もでてくるかもしれません（例：子どもの能力伸張かケアかなど）。子どもの育ちを踏まえながら、こうした難しさを乗り越えるために、教員としてどんな工夫や心構えが必要かを話し合ってみましょう。

たとえば・・・

学校組織は「なべぶた」型？「ピラミッド」型？　それとも「ウェブ」型？

　学校という組織は見る角度によって、さまざまな側面をもっています。

　本講で学んだ「なべぶた」型から「ピラミッド」型への転換は、「権限や責任が誰にあるか」という角度から学校を眺め、その形を変えようとするものでした。つまり、従来は管理職を除く大多数の教職員が同じ権限・責任をもっていた組織に、教諭への職務命令や指導・助言ができる中間管理層（「新しい職」）を設けることで、校長の意思決定がすべての教職員に効率的・機動的に伝わるようにしたのです。

　しかし、上から下への「タテ」の意思伝達系統をつくっても、教員同士が協力して子どもの教育にあたるような「ヨコ」のつながりがつくられるとは限りません。では、「教職員の協働関係をつくること」に関心を向けた場合、学校という組織はどのようにとらえるとよいでしょうか。

　教育経営学を専門とする浜田博文は、学校組織を「ウェブ（クモの巣）」型としてとらえる（図表8-8）ことを提案しています（『学校を変える新しい力』小学館、2012年）。クモの巣になぞらえて学校組織を「ウェブ」型とたとえるのは、教職員一人ひとりが相互に多様なつながり方をしていることを示すためです。そのつながり方は、必ずしも「横一線」ではないですし、また「力任せに一つの方向へ引っ張ろうとする力が働いたりすると、元のつながりや関係までも途切れてしまう」というリスクも抱えているのです。こう考えると、単に校長が自身の教育信念やビジョンをもち、それを教職員に強く伝えるだけでは学校はよくなりません。教職員一人ひとりが抱く「ビジョン」と通じ合った、学校の「共有ビジョン」を形成することが求められます。そのためには、まず教職員間に教育活動や学校の課題についての日常的なコミュニケーションを生みだすことが大切になるでしょう。

　このように、学校の形に目配りすることで、「組織としての学校」で働く教員の動き方について考えることができます。

図表8-8　ウェブ型組織

● :教職員
● :教職員のなかでリーダー的な位置にいる者
← → :教職員同士のつながり方

復習問題にチャレンジ

（東京都　2017 年）

①公立の小学校、中学校、高等学校及び特別支援学校の教職員の職務に関する記述として、学校教育法及び学校教育法施行規則に照らして適切なものは、次の 1 ～ 5 のうちのどれか。

1　校長は、校務をつかさどり、所属職員を監督することを職務としており、当該学校の設置者の定めるところの職員会議は、校長が主宰する。

2　副校長は、校長を補佐することが職務の一つであり、自らの権限でつかさどることができる校務はない。

3　主幹教諭は、校長、副校長を補佐することを主な職務としており、命を受けて校務全般を整理するとともに、児童・生徒の教育をつかさどる。

4　指導教諭は、教諭に対して教育指導の改善及び充実のために必要な指導及び助言を行うことを職務としており、指導方法の工夫、改善について教諭を監督できる立場にある。

5　栄養教諭は、児童・生徒の栄養の指導及び管理をつかさどり、当該学校に置かれる保健主事には、栄養教諭を充てることができる。

類題（秋田県　2019 年）

②次は学校教育法施行規則の条文の一部である。文中の（ア）～（ウ）にあてはまる語句の正しい組み合わせを下の 1 ～ 4 から一つ選べ。

第47条　小学校においては、前 3 条に規定する教務主任、学年主任、（ア）及び事務主任のほか、必要に応じ、校務を分担する主任等を置くことができる。

第65条の 2　スクールカウンセラーは、小学校における児童の（イ）に関する支援に従事する。

第65条の 3　スクールソーシャルワーカーは、小学校における児童の（ウ）に関する支援に従事する。

1　ア　生徒指導主事　　イ　福祉　　ウ　心理
2　ア　保健主事　　　　イ　福祉　　ウ　心理
3　ア　保健主事　　　　イ　心理　　ウ　福祉
4　ア　生徒指導主事　　イ　心理　　ウ　福祉

ノートテイキングページ

学習のヒント：学校の課題を１つ取り上げて、解決のためにどのような方策が必要となるかを
あげ、教員や教員以外の多様な専門性を有するスタッフがどのように関わるこ
とが可能かを考えてみましょう。

第**9**講

学校運営に関する法規③ ：学校におけるさまざまな管理

理解のポイント

これまで私たちが多くの時間を過ごしてきた学校では、さまざまな教育活動が行われています。学校で行われている教育活動は、学校を運営していくための法律などによって、支えられています。本講では、学校運営に関わる法律を参照しながら、学校がどのように運営されているのかについて確認していきます。また、近年の学校をめぐる課題などから、今後の学校運営のあり方を考えてみましょう。

1 学校のスケジュール管理

1 学年・学期・授業日・休業日

　学校は、1年間のなかで学期ごとのスケジュールが決まっていますが、それはどのように組まれているのでしょうか。

　我が国では、保護者が子どもに教育を受けさせる義務があります（日本国憲法第26条、教育基本法第5条、学校教育法第16条）。また、子どもの就学年齢や義務教育（小学校、中学校）の年限が定められています（学校教育法第17条）。就学年齢や義務教育の対象については、第3講でくわしく説明されていますので、もう一度参照してみましょう。

　では、学校の1年はいつ始まるのでしょうか。小学校を例にして見てみましょう。「小学校の学年は、4月1日に始まり、翌年3月31日に終わる」（学校教育法施行規則第59条）とされており、4月から翌年3月までの1年間を1つの学年のなかでの生活として過ごします。1学年を6回過ごした後、中学校での新たな生活を迎えることになります。

　このようにして、子どもがいつ学校に通うのか、学校の1年間の始まりはわかりましたが、学校の1年間や学期の区切り、休日はどのように決められているのでしょうか。

　公立学校では、「公立の学校（大学を除く。以下この条において同じ。）の学期及び夏季、冬季、学年末、農繁期等における**休業日**（中略）は、市町村又は都道府県の設置する学校にあつては当該市町村又は都道府県の教育委員会が、公立大学法人の設置する学校にあつては当該公立大学法人の理事長が定める」（学校教育法施行令第29条）とされています。つまり、公立学校の学期、夏季休暇や冬季休暇などの休日は、学校の設置者である教育委員会によって決められています。

　休業日は公立小学校の場合、①国民の祝日、②日曜日および土曜日、③

プラスワン

就学義務

我が国では、保護者に就学させる義務があり、義務を履行できない場合には罰則規定がある（→ 第3講参照）。

プラスワン

公立学校の休業日

公立学校の休業日は、地域の状況等に応じて独自に設定されている。たとえば、北海道では、天候状況が厳しい冬の授業実施を避けるため、12月20日から2月10日までの間で25日間、冬季休業期間が設けられている。

学校教育法施行令第29条の規定により教育委員会が定める日、が休業日に該当します（学校教育法施行規則第61条）。これにより、学校が月曜日から始まり、金曜日までの5日間となっていることを確認することができます。

このようにして、私たちが何気なく過ごしてきた学校の1年間が決められていることがわかります。

2　授業時程・授業時数

それでは、学校における教育活動に関わるスケジュールについて見ていきましょう。本項では、具体例として小学校を中心に確認していきます。

小学校では、授業、休憩時間、給食、掃除などのさまざまな内容から1日の時間割がつくられています。このような毎日の時間割は、すべての学校で同じように構成されているわけではありません。それぞれの学校や、その学校に通う子どもの状況、地域の実態に応じて柔軟に設定できるようになっています。また、授業が何時から始まり、いつ終わるのかについては、校長が定めることとなっています（学校教育法施行規則第60条）。

それでは、各教科の授業時数がどのようになっているのか、具体的に見てみましょう。図表9-1は、小学校における各教科の授業時数を表しています。

図表9-1のように、小学校の標準的な授業時数、各学年・各教科の時間数が示されています。小学校での授業は45分で行われることとされていますが（学校教育法施行規則第51条別表第一）、各教科の内容に応じて、45分を超えた授業時間を設定してもよいとされています。

45分授業が標準とされていますが、近年では、45分を10分、15分な

柔軟な授業時数を設定できるようになっていることは、教員の勤務状況にも大きく関連します。近年、教員の過重労働が問題となっていますが、学校の教育活動において必要な内容か否かを検討し、教育活動の充実と教員のワークライフバランスを整えていくことは大切なことです。

図表9-1　小学校における授業時数

区分		第1学年	第2学年	第3学年	第4学年	第5学年	第6学年
各教科の授業時数	国語	306	315	245	245	175	175
	算数	136	175	175	175	175	175
	生活	102	105				
	社会			70	90	100	105
	理科			90	105	105	105
	音楽	68	70	60	60	50	50
	図画工作	68	70	60	60	50	50
	家庭					60	55
	体育	102	105	105	105	90	90
	外国語					70	70
道徳の授業時数		34	35	35	35	35	35
外国語活動の授業時数				35	35		
総合的な学習の時間の授業時数				70	70	70	70
特別活動の授業時数		34	35	35	35	35	35
総授業時数		850	910	980	1015	1015	1015

出典：学校教育法施行規則第51条別表第一

「指導に関する記録」はプライバシー保護のため、5年間保存とされています（『2020年度版 必携教職六法』761頁）。しかし、「学籍に関する記録」は20年間保存となっています。なぜでしょうか？ 学校教育を終えて就職するまでを見通しているのでしょうか。考えてみましょう。

どさらに短く区切った時間（モジュール）に分け、この時間を単位として学習時間を区切るモジュール学習が、授業時数を確保し、基礎学力を向上させるのに有効な方法として注目を集めています。たとえば、45分を15分ごとに3つの内容に分けて行う場合、3モジュールで45分の授業を行ったものとみなされます。これにより、教科や学習内容の特質に応じて、45分の枠にとらわれない弾力的な学習時間の運用が可能となります。

　教科外活動として、学級活動や児童会活動、クラブ活動などの特別活動、各教科の内容やつながりをもとにして行われる総合的な学習の授業時数も示されています。ただし、特別活動の授業時数は学級活動の時数であり、そのほかの特別活動の時数は決められていません（学校教育法施行規則第51条別表第一）。また、総合的な学習として実施される学校行事などが特別活動の目標や内容と一致している場合は、その行事を特別活動の時間として代替することができるようになっています（小学校学習指導要領総則）。

　このようにして年間の授業計画を作成し、各学期さらには1週間単位の授業時間割を構成することになります。各学校での授業計画の作成にあたっては、図表9-1に示した標準的な授業時数をもとに、年間35週（第1学年は34週）以上の計画の範囲内で、各学校の実情に応じて柔軟に計画することができるように設定されています（小学校学習指導要領総則）。

2　備え付け表簿とその保管

　学校は、児童生徒の教育活動を実施するとともに、発達の支援を行う公的な場所です。そのため、児童生徒の教育活動を支えるものとして、日常的な学習活動や発達の過程を記録・保管していくことも学校の重要な役割となっています。

1　学籍簿と指導要録

　学校において、「校長は、その学校に在学する児童等の指導要録を作成しなければならない」（学校教育法施行規則第24条）と規定されています。「指導要録」は、学校で備えなければならない文書の一つとされており、学校での記録についてまとめて保管し、児童生徒が進学・転学した際には次の学校に送ることも必要とされています（学校教育法施行規則第24条、第28条）。

　「指導要録」の様式は大きく分けて、「学籍に関する記録」と「指導に関する記録」の2つから構成されています。図表9-2は、「学籍に関する記録」を示しています。

　「学籍に関する記録」は、児童生徒の氏名、性別、生年月日、住所、保護者の氏名、入学から卒業に至るまでの学校での在籍の記録が記されています。

　「指導に関する記録」については、図表9-3を見ながら確認していきま

しょう。各教科の学習状況について観点別に記録していくほか、学級活動、児童会活動、クラブ活動、学校行事、総合的な学習の時間、出席・欠席日数、総合所見を記していきます。

「指導要録」を記録した後の取り扱いとして、一定期間保存することが義務づけられています。「学籍に関する記録」は児童生徒の卒業後20年間、「指導に関する記録」は、卒業後5年間は保存することとされています（学校教育法施行規則第28条）。

また、「指導に関する記録」に関連した記録として、通知表があります。学校で毎学期末に教員から渡される通知表は、とてもなじみがあるもので

「学籍に関する記録」は、転学した場合には、転学前後の学校を記録し、進学する際には進学先が記されています。次の学校への引き継ぎの役割もあるといえるでしょう。

第**9**講　学校運営に関する法規③…学校におけるさまざまな管理

図表 9-2　小学校児童指導要録（学籍に関する記録）

出典：文部科学省「小学校児童指導要録（参考様式）」
　　　https://www.mext.go.jp/component/b_menu/nc/__icsFiles/afieldfile/2019/04/09/1415206_1_1.pdf（2020年8月7日確認）

図表 9-3　小学校児童指導要録（指導に関する記録）

様式2（指導に関する記録）

児童氏名	学校名	区分＼学年	1	2	3	4	5	6
		学級						
		整理番号						

各 教 科 の 学 習 の 記 録								
教科	観点　　　　　学年		1	2	3	4	5	6
国語	知識・技能							
	思考・判断・表現							
	主体的に学習に取り組む態度							
	評定							
社会	知識・技能							
	思考・判断・表現							
	主体的に学習に取り組む態度							
	評定							
算数	知識・技能							
	思考・判断・表現							
	主体的に学習に取り組む態度							
	評定							
理科	知識・技能							
	思考・判断・表現							
	主体的に学習に取り組む態度							
	評定							
生活	知識・技能							
	思考・判断・表現							
	主体的に学習に取り組む態度							
	評定							
音楽	知識・技能							
	思考・判断・表現							
	主体的に学習に取り組む態度							
	評定							
図画工作	知識・技能							
	思考・判断・表現							
	主体的に学習に取り組む態度							
	評定							
家庭	知識・技能							
	思考・判断・表現							
	主体的に学習に取り組む態度							
	評定							
体育	知識・技能							
	思考・判断・表現							
	主体的に学習に取り組む態度							
	評定							
外国語	知識・技能							
	思考・判断・表現							
	主体的に学習に取り組む態度							
	評定							

特別の教科　道徳

学年	学習状況及び道徳性に係る成長の様子
1	
2	
3	
4	
5	
6	

外 国 語 活 動 の 記 録

学年	知識・技能	思考・判断・表現	主体的に学習に取り組む態度
3			
4			

総 合 的 な 学 習 の 時 間 の 記 録

学年	学習活動	観点	評価
3			
4			
5			
6			

特 別 活 動 の 記 録

内容	観点　　　　　学年		1	2	3	4	5	6
学級活動								
児童会活動								
クラブ活動								
学校行事								

出典：文部科学省「小学校児童指導要録（参考様式）」
　　　https://www.mext.go.jp/component/b_menu/nc/__icsFiles/afieldfile/2019/04/09/1415206_1_1.pdf (2020年8月7日確認)

はないでしょうか。実は、通知表は、学校が必ず作成しなければならない義務的な書類ではありません。通知表の作成は、各学校の任意とされています。

2　その他の学校備え付け表簿

　その他の学校備え付け表簿は、学校関係法令、学則、日課表、教科用図書配当表、学校医執務記録簿、学校歯科医執務記録簿、学校薬剤師執務記録簿、学校日誌、入試や定期試験に関する表簿、資産原簿、出納簿、学校経費に関する帳簿、図書機械器具、標本、教具の目録、往復文書処理簿があります（学校教育法施行規則第28条）。その他の表簿は、5年間保存することとされています。

3　学校における保健管理・安全管理（危機管理）

　学校は、児童生徒、職員の健康のために、健康診断などの必要な措置をとることとされています（学校教育法第12条）。学校は教育活動のみならず、学校に関わる児童生徒、職員の保健安全管理の役割を担うことも重要とされています。

1　学校における保健管理

　学校における保健管理は、教育活動が安全な環境のもとでスムーズに実施することができるようにすることを目的としており、国と地方自治体が必要な措置をとり、各学校の取り組みを支援しています。

　学校は、児童生徒、職員の心身の健康の保持増進のために、必要な計画を作成し、実施しなければならないとされています（学校保健安全法第5条）。具体的に学校が行う保健管理として、①健康診断、②環境衛生検査、③保健に関する指導と計画の策定、をあげることができます。

　健康診断には、就学時に行われる健康診断、在学後の児童生徒の健康診断、職員の健康診断があります（学校保健安全法第11条、第13条、第15条）。児童生徒に対して実施される健康診断は、毎年実施されます（学校保健安全法第12条）。

　環境衛生検査は、学校環境衛生基準に基づき「学校における換気、採光、照明、保温、清潔保持その他環境衛生に係る事項」について、行われます（学校保健安全法第6条）。

　保健に関する指導は、養護教諭を中心に行われる日常的な健康相談・指導（学校保健安全法第9条）のほか、学校における感染症などの予防や発生時の対応が含まれます。学校のなかで感染症が発生した場合、校長は対象の児童生徒を出席停止とすることができます（学校保健安全法第19条）。出席停止は、当該児童生徒の回復と他の児童生徒への予防のために取り扱うことができるようになっています。また、学校全体の予防措置

学校の保健管理の対象は、職員も含まれています。児童生徒だけではなく、学校に関わっている職員についても、学校が責任をもつとされていることに注目しましょう。

📝 **プラスワン**

学校環境衛生基準
学校環境衛生基準は、図表9-4に示した教室環境以外にもさまざまな基準と検査方法がある。『学校環境衛生管理マニュアル』を参照し、どのような基準や検査方法があるのか確認してみるとよい。

「感染症予防による出席停止」と「性行不良による出席停止」は、それぞれの内容が大きく異なっています。くわしくは、第14講で確認してみましょう。

図表9-4　教室等の環境に係る学校環境衛生基準

検査項目		基準
換気及び保温等	換気	換気の基準として、二酸化炭素は、1,500ppm以下であることが望ましい。
	温度	17℃以上、28℃以下であることが望ましい。
	相対湿度	30%以上、80%以下であることが望ましい。
	浮遊粉じん	0.10mg/m³であること。
	気流	0.5m/秒以下であることが望ましい。
	一酸化炭素	10ppm以下であること。
	二酸化窒素	0.06ppm以下であることが望ましい。
	揮発性有機化合物 　ホルムアルデヒド 　トルエン 　キシレン 　パラジクロロベンゼン 　エチルベンゼン 　スチレン	 100μg/m³以下であること。 260μg/m³以下であること。 870μg/m³以下であること。 240μg/m³以下であること。 3,800μg/m³以下であること。 220μg/m³以下であること。
	ダニ又はダニアレルゲン	100匹/m²以下またはこれと同等のアレルゲン量以下であること。
採光及び照明	照度	教室及びそれに準ずる場所の照度の下限値は300lx（ルクス）とする。また、教室及び黒板の照度は500lx以上であることが望ましい。
		教室及び黒板のそれぞれの最大照度と最小照度の比は、20：1を超えないこと。また、10：1を超えないことが望ましい。
		コンピュータを使用する教室等の机上の照度は、500〜1,000lx程度が望ましい。
		テレビやコンピュータ等の画面の垂直面照度は100〜500lx程度が望ましい。
		その他の場所における照度は、工業標準化法（昭和24年法律第185号）に基づく日本工業規格（以下「日本工業規格」という。）Z9110に規定する学校施設の人工照明の照度基準に適合すること。
	まぶしさ	児童生徒等から見て、黒板の外側15°以内の範囲に輝きの強い光源（昼光の場合は窓）がないこと。
		見え方を妨害するような光沢が、黒板面及び机上面にないこと。
		見え方を妨害するような電灯や明るい窓等が、テレビ及びコンピュータ等の画面に映じていないこと。
騒音	騒音レベル	教室内の等価騒音レベルは、窓を閉じているときは、LAeq50dB（デシベル）以下、窓を開けているときは、LAeq55dB以下であることが望ましい。

出典：文部科学省『学校環境衛生管理マニュアル』2018年、178-179頁をもとに作成

として、臨時に学校を休業することも対応の一環として規定されています（学校保健安全法第20条）（→第14講参照）。

2　学校における安全管理・危機管理

　近年、日本のさまざまな地域で発生する自然災害や学校事故の報道などから、学校における危機管理の重要性がいっそう高まっています。

　学校は、児童生徒の安全を確保するために、学校施設及び設備の日常的な点検や学校生活に関わる指導を行い、そのための計画を作成することが義務づけられています（学校保健安全法第27条）。具体的には、各学校における学校安全計画を策定すること、学校環境の安全の確保、危険等発生時対処要領（危機管理マニュアル）の作成等が求められています（学校保健安全法第27条、28条、29条）。

学校における危機には、どのようなものがあるでしょうか。たとえば、登下校時の不審者、さまざまなアレルギーをもつ子どもへの対応、授業中や部活動での事故など、学校の内外には日常的な危機がたくさん潜んでいます。近年は、熱中症で体育の授業中や部活動中に体調を崩してしまうことなども多くなっています。

このような危機に対して、危機が起こった後に対応するのではなく、危機が起こる前に未然に防ぐことができる学校環境をつくっていくことが重要です。学校は、児童生徒の安全を確保することが最も優先されることではありますが、危機を防止することや発生した場合への対応について学校ごとに準備・確認を行い、日常的な安全管理に配慮することが強く求められているのです。

4　給食管理と食に関する指導

私たちの学校生活の思い出として、給食は多くの人の記憶に残っている活動の一つです。好きだった給食のメニューや嫌いなメニューは、友人同士の会話においても話題としてあがるのではないでしょうか。このような給食の活動は、なぜ学校で実施されているのでしょうか。学校で給食を食べることにはどのような意味があるのか、学校における給食管理と食に関する指導から考えていきましょう。

1　学校における給食管理

学校給食は、児童生徒の発達に関わる重要な役割を果たすものであると位置づけられています。このような役割を果たすために、学校給食や食に関する指導の普及・推進を行っていくことが学校には求められています（学校給食法第1条）。実際、学校に対しては求められているだけですので、学校給食を必ず実施しなければならないというわけでないため、給食を実施していない学校も存在します。

学校給食については、学校給食法第2条において目標が具体的に示されています。学校給食の目標は、①適切な栄養の摂取による健康の保持増進を図ること、②日常生活における望ましい食習慣を養うこと、③学校生活を豊かにし、明るい社交性及び協同の精神を養うこと、④生命及び自然を尊重する精神並びに環境の保全に寄与する態度を養うこと、⑤食に関わる人々の活動への理解を深め、勤労を重んずる態度を養うこと、⑥国や各地域の優れた伝統的な食文化についての理解を深めること、⑦食料の生産、流通及び消費について、正しい理解に導くこと、と規定されています。学校給食では、毎日の給食を通した児童生徒の健康の増進とその発達を基盤として、日常生活での正しい食習慣を育てることや食に関わるさまざまな理解を促していくこと、食を通した社交性や協同性の育成を行うことが目標とされています。

プラスワン

災害共済給付制度

学校で災害や事故が起こった際に、治療などのための費用（災害共済給付）が支払われる制度。

プラスワン

学校給食の提供方法

学校給食の提供方法として、3つの方式がある。
①単独調理場方式：各学校で給食室を設置したうえで調理を行い、提供する方式。
②共同調理場方式：給食センターを利用した共同調理場での調理・提供が行われる形式。
③その他の方式：単独調理場方式や共同調理場方式以外の方法で、外部委託などが該当する。
3つのうち、どの方式を採用するかは学校の設置者である自治体の裁量によるところが多く、自治体によって異なる。

図表 9-5　学校給食実施状況調査

（国公私立）
平成30年5月1日現在

区分		全国総数	完全給食		補食給食		ミルク給食		計	
			実施数	割合(%)	実施数	割合(%)	実施数	割合(%)	実施数	割合(%)
小学校	学校数	19,635	19,350	98.5	51	0.3	52	0.3	19,453	99.1
	児童数	6,427,867	6,352,201	98.8	7,212	0.1	8,722	0.1	6,368,135	99.1
中学校	学校数	10,151	8,791	86.6	39	0.4	292	2.9	9,122	89.9
	生徒数	3,253,100	2,569,439	79.0	7,448	0.2	116,567	3.6	2,693,454	82.8
義務教育学校	学校数	82	82	100.0	0	0.0	0	0.0	82	100.0
	児童生徒数	34,679	33,076	95.4	0	0.0	0	0.0	33,076	95.4
中等教育学校（前期課程）	学校数	52	28	53.8	0	0.0	5	9.6	33	63.5
	生徒数	16,277	8,266	50.8	0	0.0	1,720	10.6	9,986	61.4
特別支援学校	学校数	1,132	1,005	88.8	1	0.1	12	1.1	1,018	89.9
	幼児・児童・生徒数	143,379	125,188	87.3	40	0.0	832	0.6	126,060	87.9
夜間定時制高等学校	学校数	565	297	52.6	86	15.2	1	0.2	384	68.0
	生徒数	76,461	18,816	24.6	3,384	4.4	16	0.0	22,216	29.1
計	学校数	31,617	29,553	93.5	177	0.6	362	1.1	30,092	95.2
	幼児・児童・生徒数	9,951,763	9,106,986	91.5	18,084	0.2	127,857	1.3	9,252,927	93.0

出典：文部科学省『学校給食実施状況調査』2018年をもとに作成

現在、学校給食の実施状況は図表 9-5 の通りとなっています。

学校給食の実施状況は、小学校での完全給食はほぼ100％に近く、中学校においては 8 割前後、特別支援学校は 9 割弱、夜間定時制高校では 7 割程度となっています。夜間定時制高校の実施状況は100％には達していませんが、小学校、中学校ではほとんどの学校で給食が実施されていることがわかります。特に、小学校において学校で給食を提供することが日常となっているということがわかります。

2　食に関する指導

学校給食と関連して重要とされているのが、学校における食に関する指導です。食に関する指導は、栄養教諭を中心として、学校給食を通した食育を推進していくことが目指されています（学校給食法第10条）。食に関する指導については、2005年に制定された「食育基本法」において、学校給食のみならず、家庭や地域社会も含めた社会全体での食育に対する取り組みの基本方針とそのあり方が示されました。

「食育基本法」制定にあたっては、食育に関わる基本的な施策を定め、健康で文化的な国民の生活に寄与することが目的として規定されています（食育基本法第 1 条）。

学校給食を通した食の指導は、学校における教育活動の一環として行われていましたが、「食育基本法」の制定以降は学校給食の中での指導も行いつつ、国や自治体もその責務を担うという役割や実施内容が明示され、社会全体をあげて食育に取り組んでいくことの重要性が規定されています。

文部科学省が作成した「食に関する指導の手引 第2次改訂版」（2019年3月）では、食育に関するさまざまな計画が示されています。今後、学校でどのように食育を行っていったらよいのか、手引で示されているポイントを調べてみましょう。

実際の学校での食に関する指導は栄養教諭を中心として進められますが、栄養教諭は各学校に必ず置かなければならない教員ではなく、「置くことができる」教員と法規上は位置づけられています。そのため、すべての学校で栄養教諭が配置できるわけではないため、栄養教諭のみが食育を担っていくことには限界があります。学校全体の取り組みとして、各学校の教育活動と関連させながら実施していくことが重要となります。

5 学校施設の管理

学校は、教育活動を行う場所であることはもちろんですが、地域社会の施設の一つでもあります。学校は誰に、どのように管理されているのでしょうか。近年では、学校が施設として地域社会に開放されることが多くなっています。

1 学校施設の管理

学校の管理について、「学校の設置者は、その設置する学校を管理し、法令に特別の定のある場合を除いては、その学校の経費を負担する」(学校教育法第5条)と規定されています。学校の設置者とは、公立の学校では地方公共団体であり、私立学校の場合は学校法人が該当します。

学校の施設は、教育活動において安全・効果的に使用できるようにするため、日常的な修理・修繕が行われなければなりません。公立の学校の場合、設置主体である地方公共団体の教育委員会が実際の管理を行うこととなります(地方教育行政の組織及び運営に関する法律第33条)。

さらに、学校の施設の修理・修繕を含めた学校運営に関する経費は、学校の設置者が原則として、必要な経費を負担しなければならないとされています(地方財政法第9条)。これを設置者負担主義といいます。

しかし、学校運営に関わるすべての経費を設置者が負担することには限界もあります。たとえば、公立学校の校舎や運動場、プールなどの学校施設の修理・修繕に関わる経費については、「公立学校施設整備費負担金」が支出されます。これは、国が経費の一部を負担することによって、学校の管理運営の一部を支えるという仕組みです。皆さんがこれまで学んだ学校のさまざまな施設は、このようにして整備されています。

2 学校施設の開放

学校施設は、学校の教育活動に支障がない範囲で教育活動以外の利用をすることができます(社会教育法第44条)。近年では、「開かれた学校」の一環として、児童生徒や保護者といった学校関係者だけではなく、その学校が設置されている地域社会の人々に広く開かれた施設であることが推進されています。

学校施設の開放としては、学校が所有している運動場や体育館、プー

設置者負担主義は、第7講でくわしく学んだ内容ですが、覚えていますか？不安になった人は、すぐに第7講を振り返ってみましょう。

学校施設は、平日の教育活動以外にはどのような利用がされているでしょうか。皆さんが住んでいる自治体の学校施設の利用状況について調べてみましょう。

ルなどの積極的な利用があげられます。これらの施設の開放にあたっては、教育活動が行われている時間を除き、教育活動に支障が出ない範囲での利用となっています。たとえば、土日などの学校の休業日での利用や平日の授業終了後の夕刻以降の利用、地域の行事などの際の学校施設の利用です。具体的な施設の利用については、それぞれの教育委員会で定められている規則に基づき、学校施設の利用や利用に関するルールなどが定められています。

　学校施設を開放することは、教育活動以外の利用を推進していくことでもありますが、学校について地域社会の人々に広く知ってもらうことも目的の一つとなっています。これまでは、学校に関係する児童生徒や保護者などの学校関係者に限定されていた学校への関わりを多くの人がもつとともに、学校と地域社会がともに子どもを育てていくうえでの連携の一環としての意味もあります。

　現在、社会全体が一体となり、連携して子どもの発達を支援していくことが求められています。学校と地域社会が連携していくための第一歩として、お互いの存在を知ることは重要なことであり、学校施設の開放も施設利用に留まらない活用のあり方が目指されています。

ディスカッションしてみよう!

①あなたの卒業した小学校では、どのような安全計画が立てられているか調べてみましょう。安全計画について、どのようなところに特色があるのかなど、調べた内容についてお互いに発表し合い、質問をしてみましょう。

②「指導要録」を作成するためには、どのようなことに留意しなければならないでしょうか。留意点をあげながら、「指導要録」を作成することの意義について話し合いをしてみましょう。

③あなたの出身地の学校給食の状況について、どのような方式で行われているのか、他の都道府県にはない特徴的な点はあるのかなどを調べてみましょう。

たとえば・・・

給食費徴収問題

　学校給食をめぐっては「給食費徴収問題」が大きな話題となっています。日本では義務教育は無償と定められていますが、学校給食をはじめとした学用品費や修学旅行費などは家庭からの私費負担とされています。このようななか、給食費の未納が大きな問題となっています。

　文部科学省による2016年度の「学校給食費の徴収状況」では、完全給食を実施している全国の公立小学校・中学校（約2万8,000校）から572校を抽出した調査結果が報告されています。小学校では394校のうち給食費未納の児童がいた学校は41.6％、中学校では178校のうち54.5％が給食費未納であったことが明らかにされています。調査のために抽出した一部の学校のデータと思われるかもしれませんが、一部の学校においても小学校では約半数弱、中学校では半数以上で給食費未納があったのです。このような実態をどのように受け止めることができるでしょうか。

　給食費の未納問題は、深刻化しつつある家庭の貧困問題とも関わり、大きな社会問題となっています。一部の自治体では、子育て支援施策の一環として学校給食の無償提供が実施されていますが、すべての自治体で実施されているものではありません。

　給食費の徴収・未納問題について、無償教育の対象・範囲やそのあり方を含めて検討していくことが強く求められています。

復習問題にチャレンジ

（東京都　2019年）

①公立学校の学期や休日業務に関する記述として、法令に照らして適切なものは、次の1〜5のうちのどれか。

1　授業終始の時刻は、季節、通学距離、交通事情等を考慮して、学校の設置者が適切に定めなければならない。

2　学年は、4月1日に始まり、翌年3月31日に終わる。ただし、高等学校において修業年限が3年を超える定時制の課程を置く場合、その最終の学年は8月31日に終わることができる。

3　学校の設置者は、感染症の予防上必要があるときは、臨時に、学校の全部を休業することができる。ただし、学校の一部を休業することはできない。

4　学校における休業日は、「国民の祝日」、「日曜日及び土曜日」、「地方公共団体の長が定める日」と定められている。

5　校長は、非常変災その他急迫の事情があり、臨時に授業を行わない措置をとった場合には、この旨を当該学校を設置する地方公共団体の教育委員会に報告しなければならない。

（岡山県　2017年）

②次の文章は、学校教育法施行規則（昭和22年文部省令第11号）の一部である。下線部A〜Eについて正しいものを○、誤っているものを×としたとき、その組合せとして正しいものはどれか。

○学校教育法施行規則

第24条　校長は、その学校に在学する児童等の_A指導要録（学校教育法施行令第31条に規定する児童等の学習及び健康の状況を記録した書類の原本をいう。以下同じ。）を作成しなければならない。

②　校長は、児童等が進学した場合においては、その作成に係る当該児童等の指導要録の抄本又は写しを作成し、これを進学先の校長に送付しなければならない。

第28条　学校において備えなければならない表簿は、概ね次のとおりとする。

一　_B学校に関係のある法令

二　学則、日課表、教科用図書配当表、学校医執務記録簿、学校歯科医執務記録簿、学校薬剤師執務記録簿及び_C健康観察簿

三　職員の名簿、履歴書、出勤簿並びに担任学級、担任の教科又は科目及び_D年間指導計画

四　指導要録、その写し及び抄本並びに出席簿及び健康診断に関する表簿

五　入学者の選抜及び成績考査に関する表簿

六　資産原簿、出納簿及び経費の予算決算についての帳簿並びに図書機械器具、標本、模型等の教具の目録

七　往復文書処理簿

②　前項の表簿（第24条第2項の抄本又は写しを除く。）は、別に定めるもののほか、5年間保存しなければならない。ただし、指導要録及びその写しのうち入学、卒業等の学籍に関する記録については、その保存期間は、_E20年間とする。

	A	B	C	D	E
1.	×	○	○	×	○
2.	○	×	×	○	×
3.	×	○	○	×	×
4.	○	○	×	×	○
5.	○	×	○	×	×

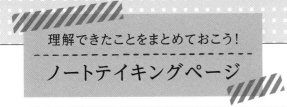

理解できたことをまとめておこう！

ノートテイキングページ

学習のヒント：学校の危機管理マニュアルの例を調べ、どのようなことが決められているのか

を整理しましょう。また、そのなかから特に重要だと思ったものをいくつか選び、

なぜ重要だと思うのか、理由を書いてみましょう。

学校運営に関する法規④ ：学校と保護者・地域

理解のポイント

近年、学校と保護者・地域の連携が重視され、法制化する動きも進んできました。本講では、そうした法規・制度について、導入の目的、概要、意義・課題を理解しましょう。皆さんが保護者・地域住民・教員であれば、どう考え行動するか、それは学校・家庭・地域にどんな変化をもたらすか、具体的に想像しながら考えてみましょう。

1 学校と保護者・地域の連携とは

1980年前後から、学校は児童生徒の荒れやいじめなどの課題に直面した一方で、家庭や地域も教育力の低下が指摘されました。その状況下で、どこか1か所が責任を負うのではなく、相互に連携・協力することが必要とされ、多様な法制度が展開してきました。さらに2006年、教育基本法が改正され（→第2講参照）、「学校、家庭及び地域住民その他の関係者は（中略）相互の連携及び協力に努める」ことが新たに規定されたことにより（第13条）、その勢いは加速しています。

皆さんが子どもの頃、保護者や地域住民はどのように学校に関わっていたでしょうか。授業参観をはじめ、登下校時の見守り活動や授業でのゲストティーチャーなどが思い浮かぶかもしれません。また、そのときには見えにくかったと思いますが、保護者や地域住民は、学校教育の内容について意見を述べたり、話し合ったりすることもあります。

本講ではこうした法制の例として、PTA・学校評議員制度・学校運営協議会・地域学校協働本部を取り上げ、それぞれについて、導入の目的、

プラスワン

教育委員会制度

一般には、学校を管理・統率する機関としてのイメージが強い。しかし、本来は、保護者や地域住民による民主的な学校運営への参画を実現する制度であり、本講とも深く関わるものであるため、あわせて押さえておくとよい（→第4講参照）。

図表10-1 それぞれの法制を理解するための問いの例

着眼点	問い
導入の目的	どういう目的で（何のために）、その法制が必要とされたのか
制度の概要	上記の目的を実現すべく、どのような制度設計になっているか ・誰の権限が強いか 　（誰が委員・役員になるのか。誰が委員・役員を選び、任命するか） ・保護者・地域住民がどのように関わることを推進するものか 　（学校支援か、学校運営への意見反映か、など）
意義・課題	その法制の導入によって、どのような効果、または問題が発生したか

制度の概要、意義・課題にふれます。皆さん自身も図表10-1のような問いを頭に浮かべながら、理解を深めてみてください。

2 PTA (Parent-Teacher Association)

1 PTAのメンバーは誰？

保護者と学校の連携の組織として広く思い浮かべられるのはPTAでしょう。PTAとは何の略でしょうか。PはParent（保護者）、TはTeacher（教員）の頭文字です。つまり本来は、保護者（Parent）と教員(Teacher) の双方が参加し、組織する団体です。ところが実際には「保護者」が中心となり運営されがちで、教員のなかには、自分たちが一員であることを十分にわかっていない人もいることが問題視されています。

2 PTAはいつ、なぜつくられたのか

戦前の軍国主義的な教育のもとでは、保護者は学校教育のあり方に意見を述べることは許されず、教師の言うことを聞くしかなかったようです。戦後すぐ、アメリカの影響下で教育の民主化を進めるにあたり、こうした教員・保護者の力関係の変革が重要とされ、保護者と教員とが対等な立場で協力し発言できる場がつくられました。それがPTAです。

3 PTAはどのような性質の組織か：任意参加・自主的事業

上で述べた考えのもと、PTAは、強制参加ではなく、入りたい保護者・教員が参加する任意参加の組織として発足しました。社会教育法第10条の「社会教育*関係団体」の一つとされていますが、活動内容は法令等で特に指定されてはいません。あくまで構成員の自主性に任されています。保護者や教員が「やりがいを感じながら、自主的な事業に取り組んで」、「子どもの健全な育成」につながる活動を行います（浜田博文監修『PTA応援マニュアル』ジアース教育新社、2016年、36頁）。

4 PTAはどのように運営されているのか

PTAは、基本的に学校ごとに組織されます。それらが市区町村単位で、または都道府県単位で集まり、PTA協議会というものがつくられます。さらに、それらを総括する全国組織として、日本PTA全国協議会（2013年に公益社団法人化）が設けられています。これらの協議会は、PTAのあり方や活動内容について連絡・協議しています。

各学校のPTA（単位PTA：単Pとも呼ばれる）は、組織のまとめ役を「本部役員」とし、会長・副会長・書記・会計・庶務・監査を選出します。任期は1～2年です。本部役員以外は各委員会を組織し、PTA活動を分担して運営します。各学校で細かい違いはありますが、たとえば、各学級から選ばれる「学級代表委員」が集まって「学年委員会」が組織された

重要語句

社会教育

→社会教育法第2条では、「学校の教育課程として行われる教育活動を除き、主として青少年及び成人に対して行われる組織的な教育活動」と定義される（→第2講参照）。

プラスワン

公益社団法人

公益を目的とする事業を自発的に行う民間の団体が、その公益性が認定され、法人となったものを指す。公益社団法人に認定されれば、社会的信用に応えることが求められる。

り、PTAの活動を外に発信する「広報委員会」などが組織されたりします。第8講で学習したように、教員のなかからもPTAを校務分掌とする者が選ばれます。

5 具体的活動内容とその課題

PTAの代表的な活動内容としては次のものがあります。学校行事の運営の手伝い、学校での児童生徒の様子を地域に伝える広報、登下校時の安全パトロール、地域行事への参加、備品や資金の寄付などです。これだけ見ても、実にさまざまな形で学校を支えていることがわかります。

ここで今一度、PTAが創設された目的を思い出しましょう。本来の目的は学校を運営するにあたり、保護者と教員が「対等に協力」することでした。しかし現状では、上記のように、保護者が学校を「一方的に手伝う」役割を求められがちです。共働き家庭が増えて保護者も忙しいなか、保護者間での仕事の「押し付け合い」さえ起きているようです。今こそ、教員と保護者の自発的協働というPTAの意義を振り返るべきではないでしょうか。

3 学校評議員制度

1 導入の背景・目的

学校評議員制度は、2000年に我が国ではじめて、明確に法規で規定された学校参画*の制度です（学校教育法施行規則第49条）。これは、第4節で説明する学校運営協議会と同じで、学校への単なる支援ではなく、保護者や地域住民が学校運営について意見を述べる仕組みです。

PTAがあったにもかかわらず、わざわざ法律がつくられたということは、当時の問題が深刻だったことを示しています。というのも、1960〜70年代の高度経済成長期に、受験競争の激化などで、子どもたちの荒れや不登校などの問題が深刻化しました。そのようななか、いじめへの不適切な対応もあり、学校や教員の信頼が失われていったといわれます。

こうした状況を受け、家庭・地域と連携し学校を改善すべく、1980年代後半に「開かれた学校づくり*」が政策として打ち出されます。その後、1998年9月、中央教育審議会答申「今後の地方教育行政の在り方について」で「学校評議員制度」が提案されました。その制度を導入することで、学校が保護者や地域住民の意向を把握・反映して、地域住民の信頼に応えるよう期待されたのです。

2 学校評議員制度の概要

次に、この制度の概要を確認しておきましょう（図表10-2）。

学校評議員制度は、学校に必ずしも設置しなくてもよい、いわゆる任意設置とされました。この制度を各校に置くかどうかは、学校の設置者（公

図表10-2　学校評議員制度のイメージ

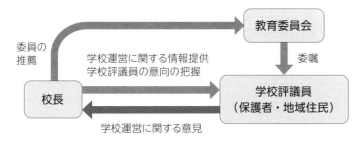

出典：高橋洋平・栗山和大『改訂版 現代的学校マネジメントの法的論点』第一法規出版、2018年、37頁をもとに作成

立学校ならば教育委員会→第4講参照）が決めます。任意でありながらも、多くの学校で導入されてきました（2014年現在、公立学校の81.8％に設置）。

　評議員は、教育に関する理解及び識見を有する人の中から選ばれます。校長が推薦して、当該学校の設置者が委嘱します。具体的には、PTA役員や町内会関係者などの保護者や地域住民が想定されています。

　評議員の役割・権限については、「校長の求めに応じて意見を述べる」ものとされています。ただし後述する学校運営協議会とは異なり、学校運営について話し合ったり承認したりする権限は特に保障されていません。校長が学校運営に関する判断・決定をする際に、学校評議員の意見を参考にすることになります。

3　学校評議員制度への期待と課題

　学校評議員制度には次の3点が期待されます。①保護者や地域住民等の考えや思いを知り、学校運営に反映すること、②保護者や地域住民等の協力を得ること、③学校運営の状況を公開するなどして（「学校だより」など）、学校としての説明責任*を果たすことです。実際、この制度の設置により、保護者や地域住民にもわかりやすい活動（地域学習など）を積極的に導入した学校もあるようです。

　他方、そもそも制度設計に課題があるともいわれます。1つ目に、校長の意向と異なる意見が反映されにくい点です。評議員は校長の推薦で選ばれるため、その意向に賛成しがちです。また校長の判断次第では、評議員の意見が適切に聞き取られない場合も考えられます。2つ目に、保護者や地域住民に対して、意見を述べることのみが求められ、学校の改善への協力を十分に促せない点です。こうした課題があるため、学校評議員制度については、次に述べる学校運営協議会制度へと「段階的に発展」するよう推奨されます。

🗩 **プラスワン**

学校評議員の意見

学校評議員の「意見」は、いじめ問題への対応強化の要求、部活動の奨励、学習方法（グループ学習など）の提案など多岐にわたる。

✍ **重要語句**

説明責任

→「教育者の行為が正しく道理にかなったものであると、親や住民に対して説明すること」を指す。学校は、具体的な教育活動や教育成果などの情報を公開し、その教育活動を行った理由などを積極的に説明するよう求められる（→第7講参照）。

4 学校運営協議会（コミュニティ・スクール）

1 学校運営協議会制度の導入

では学校運営協議会制度とはどのようなものでしょうか。これも広くは、先述の「開かれた学校づくり」を促進する制度の一つです。2004年、地方教育行政の組織及び運営に関する法律（以下、「地教行法」とする）の改正により誕生しました。この制度は、保護者や地域住民等が次の③「学校運営協議会の権限」で述べるような一定の権限と責任をもち、公立学校の運営に関する話し合いを行う合議体の組織です。学校運営協議会が設置された学校をコミュニティ・スクールと呼びます。導入翌年（2005年）は17校のみの設置でしたが、さらなる活用を目指して2017年に地教行法が再度改正され（地教行法第47条の5）、2018年現在、5,432校に設置されています。

2 学校運営協議会制度の概要

次に、現行の学校運営協議会の仕組みを押さえましょう（図表10-3）。

① 学校運営協議会の設置（地教行法第47条の5第1項）

学校運営協議会を設置するのは、教育委員会です。2004年の導入当初は任意設置でしたが、2017年の改正により「置くように努めなければならない」と努力義務に変更されました。この制度を積極的に導入し、学校と地域との連携・協働体制を組織的・継続的に確立することが目指されます。

基本的には、1つの学校につき1つの学校運営協議会を設置しますが、適切な理由があれば複数校で1つ設置できます。たとえば、小学校と中

図表10-3　学校運営協議会の仕組み

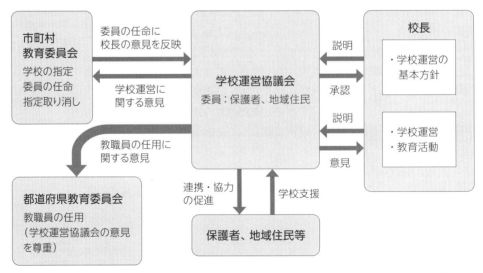

出典：文部科学省「新しい時代の教育や地方創生の実現に向けた学校と地域の連携・協働の在り方と今後の推進方策について（答申のポイント）」2015年12月21日をもとに作成

学校で1つの協議会を設置することで、小中一貫教育など学校間の円滑な接続を図ることも可能です。

② 委員の人選・任命（地教行法第47条の5第2、3項）

学校運営協議会の委員を任命するのは、都道府県・市町村の教育委員会です。委員になれるのは、その学校が所在する地域の住民、その学校や園に在籍の生徒・児童・幼児の保護者です。さらに「学校の運営に資する活動を行う者」も含まれますが、これは次節 **2** で説明する「地域学校協働活動推進員」を想定しています。誰を選ぶかについては、校長が教育委員会に対して意見を申し出ることができます。校長がリーダーシップを発揮し、学校が主体性をもって、地域と連携していくことを進めるためです。

③ 学校運営協議会の権限

1）基本方針の承認と協議の結果の提供
（地教行法第47条の5第4、5項）

学校運営協議会は、学校運営に関する基本的な方針を承認する権限をもっています。この方針とは校長が作成するもので、たとえば教育課程の編成なども含みます。つまり学校は、児童生徒に何をどう教えるかを自分たちだけで勝手に決定できないことになります。さらに、学校が必要な支援についても協議します。そして、これらの協議した結果を地域の人々に広く提供することが求められています。後述する地域学校協働活動も、こうした情報提供を受けて展開されることになります。

2）学校運営に関する校長・教育委員会に対する意見
（地教行法第47条の5第6項）

学校運営協議会は学校運営に関して、その方針を承認するかどうかだけではなく、意見を述べることができます。その際、校長に対してだけではなく、校長を越えて教育委員会に対しても申し出ることができます。設置者にまで当該校に関する意見が許されるという点では、きわめて強力な権限が認められているともいえます。こうした権限があれば、1）のような方針承認が学校側に軽視されたときにも、改めて意見を述べることができます。あるいは、学校側もそれを想定して、学校運営協議会の方針承認を軽視しないよう留意するとも考えられます（篠原清昭編著、前掲書、253-254頁）。

3）教職員の任用に関する教育委員会に対する意見
（地教行法第47条の5第7、8項）

学校運営協議会は、教職員の「採用その他の任用」について意見することができます。ここでの「採用その他の任用」とは採用、転任、昇任に関する事項を指します（分限・懲戒処分（→第5講参照）など重要な判断は除く）。極端な場合、「先生を変えてほしい」という意見も出せるわけです。こうした意見を採用するかどうかは教育委員会が決めますが、その「意見を尊重」すべきとされ、容易に軽視されません。とはいえ、素人である保護者・地域住民が、専門家である教員を適切に評価できるとは限らないため、教育委員会規則によって、委員が意見できる「採用その他の任用」の範囲が限定されています。

プラスワン

学校運営協議会設置の努力義務

第2講で見た法規の文末表現からすれば、さらに強い義務づけも可能であった。にもかかわらず、努力義務にとどめた背景には、「学校や地域の実情を踏まえた柔軟な在り方が必要」であり、「基本的には学校または教育委員会の自発的な意思による設置が望ましい」との考えがあったと思われる。

プラスワン

教職員の任用に関する教育委員会に対する意見

改正前の地教行法のもとでは、教職員人事への意見具申権がより強く保障されていた。だが、その権限があることで、学校は学校運営協議会の設置をためらいがちだったともいわれる。なぜなら、教員が、保護者や地域住民の顔色をうかがい、のびのびと教育活動がしにくくなると危惧されたからである。

プラスワン

地域学校協働本部

現在では、全国の半数の学校に地域学校協働本部が整備されている（2018年度現在、6,190本部）。

地域学校協働本部の前身

地域学校協働本部は、2008年に創設された「学校支援地域本部」を継承・発展したものである。

地域の人々が学校を支援する活動としては、登下校の見守り、学校周辺環境整備、ふるさと発見学習、キャリア教育支援、読み聞かせなどがあげられます。

5　地域学校協働本部

1　導入の目的

　地域学校協働本部とは、地域の人々がボランティア活動を通じて学校を支援するための拠点・ネットワークを指します。2017年に文部科学省が打ち出した施策であり、学校運営協議会と一体的に推進するものとされています。具体的には、次項で述べる地域学校協働活動推進員や、PTA役員、公民館長、青年団、婦人会、まちづくり協議会など、多様な人々によって構成されます。

　この事業自体には法的根拠はないのですが、そこで行われる学校支援の活動は「地域学校協働活動」と呼ばれ、社会教育法に規定されています（→本節第2項参照）。また、各地の教育委員会は、この活動を効果的に実施するために必要な措置を講ずることが義務づけられています（社会教育法第5条第2項）。

2　事業の概要

① 組織的・継続的な学校への支援体制づくり

　学校を支援する活動がバラバラに行われたり、単発に終わったりしてはあまり効果がありません。そうならないように、この事業では、学校と共有したビジョンにも基づき、①全体をコーディネートし、②多様な活動を展開し、③継続させていくという3つの要素が必要とされます（図表10-4）。こうした効果的な運営を担うのが、地域学校協働活動推進員と呼ばれる人たちです（社会教育法第9条の7）。

　この推進員は、地域住民と学校との情報共有を進めたり、地域住民等へ助言を行ったりします。先述したように、彼らは学校運営協議会の委員になることもできます。そして、各校で「地域連携の中核を担う教職員」と

図表10-4　今後の地域における学校との協働体制のあり方
　　　　　　：目指すべきイメージ

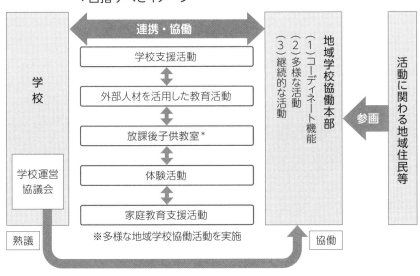

出典：文部科学省「地域学校協働活動パンフレット」2019年をもとに作成

図表10-5　学校と地域の効果的な連携・協働と推進体制

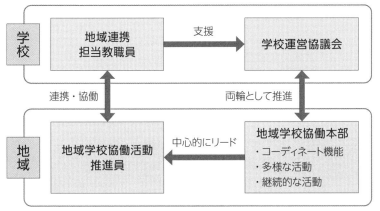

出典：文部科学省「新しい時代の教育や地方創生の実現に向けた学校と地域の連携・協働の在り方
　　　と今後の推進方策について（答申のポイント）」2015年をもとに作成

一緒に、学校と地域の連携を進めていきます（図表10-5）。

② 活動内容：学校教育と社会教育の連携・連動へ

　先に述べた「地域学校協働活動」は、地域全体で未来を担う子どもの成長を支えるという理念から出発していますが、それだけではありません。これらの活動は、たとえば授業補助などの「学校支援」だけでなく、家庭教育支援、地域人材育成、学びによるまちづくりなど、「地域づくり」につながることも目指されているのです。

　この事業には、学校支援だけでなく、地域の大人の「社会教育」の場になることも期待されます。たとえば地域の伝統文化を伝えたり、課題解決型学習を手伝ったりする際、大人こそが学び直し、また、経験や力量を生

🖉 重要語句

放課後子供教室

→文部科学省によって実施される。小学校の空き教室等を活用し、地域の多様な人が子どもたちとともに学習やスポーツ・文化活動等を行う機会をつくるものである。これは、子どもの安全・安心な居場所づくり、地域の教育力向上などを目指すものとされる。

地域学校協働本部のなかに学校運営協議会があるわけではありません。学校運営協議会は、あくまでも学校運営とその支援について、「話し合う」場です。それに対して、地域学校協働本部は、学校の教育活動をさまざまな形で支援する「活動自体」を組織化し、連携させることを目的とする事業です。これらが両輪として相乗効果を発揮することが期待されています。

プラスワン

地域学校協働活動の具体例

地域住民と子どもが一緒に、野菜を育て食べる取り組みや、地域の食材を生かして商品開発を行う取り組みなどが報告されている。

かします。こうした大人の生涯学習や自己実現は、まさに社会教育の理念です。地域学校協働本部は、高齢社会となった現代日本において、幅広い大人を巻き込んだ「地域とともにある学校」をつくることによって、未来の地域を担う児童生徒を育てると同時に、大人の学びと自己実現を持続的に繰り広げて、皆がいきいきと暮らせる「地域創生」を目指しているのです。

6　各法制の比較整理

　ここまで、学校と保護者・地域の連携を進める法制について、4つの例をあげてきました。それぞれの導入年度や法的根拠をまとめると、図表10-6の通りです。

　それぞれの関係についてはどう考えることができるでしょうか。組織の形やあり方を縦軸に取り、各法制が重視する目的を横軸に取れば、図表10-7のように整理することができます。

　縦軸について述べると、現在の政策は、PTAの活動を地域学校協働本部に組み込み、学校評議員制度を学校運営協議会へ発展させようとしています。すなわち縦軸の上から下へ徐々に移行しているといえます。その意味では、各法制・組織がバラバラに活動するのではなく、それぞれがお互

図表10-6　各法制の基本情報

	開始年	設置の法的根拠の有無	関連する法律
PTA	1952年	なし	社会教育法
学校評議員	2000年	あり（任意設置）	学校教育法
学校運営協議会	2004年 2017年改正	あり（努力義務）	地方教育行政の組織及び運営に関する法律
地域学校協働本部	2017年	なし	社会教育法

図表10-7　各法制の組織構成・主な目的とそれらの相互関係

個々の法制・組織内での閉鎖・凝集

PTA 1952年～ 〈保護者と教員の連携〉	学校評議員制度 2000年～ 〈校長に対する意見の具申〉
地域学校協働本部 2017年～ 〈地域資源を生かした学校支援〉	学校運営協議会 2004年～ 〈教職員と対等な協議への参加〉

教育活動への支援　←→　学校運営への意見

徐々に移行

多様な組織・人々への開放・連携

PTAの活動が地域学校協働本部事業に組み込まれるからといって、PTAの組織自体がなくなるわけではありません。あくまでも一つの組織として存立しながら、他の組織と協力して地域学校協働活動を進めるということです。一方、学校評議員制度は、その制度自体を廃止して、学校運営協議会に変えることが推奨されています。混同しないように気をつけましょう。

いの活動を知り、さらに、同じ目標に向かって、役割を分担したり協力したりすることが目指されているのです。子どもを取り巻く課題が複雑になるなかで、地域の資源や力を学校に集める必要が出てきていると考えられます。

　横軸について述べると、2000年代はじめは、保護者や地域住民が学校運営に意見を述べる側面（たとえば、いじめ対応の強化や少人数学級の導入の要求など）が主とされていました。しかし最近では、学校に対し「批判・要求」することよりも、校長がリーダーシップを発揮して学校運営できるよう「支援」することが期待されており、横軸の右方向への動きは少し止まりがちです。逆に、左側の教育活動を支援する側面（たとえば、ゲストティーチャーなどでの授業支援や登下校時の見守り活動）が重視される傾向にあるといえます。

　こうした支援の重視は確かに大切です。しかし、注意点もあります。たとえば、家計が苦しく仕事で忙しい保護者は、学校への支援活動に積極的に参加できず、肩身の狭い思いをし、その負い目から学校・教員に対して要望や意見を言いにくくなることも想定されます。そうした傾向が強まると、本来、学校や教員が反省・改善すべき諸問題を見えにくくするおそれもあります。このように考えると、横軸の右方向への流れもやはり大切にされるべきです。

　学校・教員あるいは保護者・地域住民と一口に言っても、個々の置かれる状況は多様です。それらをていねいに押さえたうえで、各個人がそれぞれの法制に対し、どう向き合い行動すべきかを考える必要があるでしょう。

学校に対して理不尽な苦情や意見を言う保護者は「モンスターペアレント」と呼ばれ、一時期世間で問題になりました。しかし、一見、理不尽に思える苦情の裏には、保護者の孤立や深い悩みが隠されているともいわれます。「モンスターペアレント」とひとくくりにして敵対するのではなく、その本音を探るための対話が重要です。彼らをどう巻き込み、どのようなつながりをつくり出すかが「地域づくり」の要と考えられます。

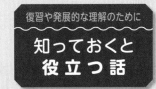

PTAの行く末や、いかに

（1）PTAは今や時代遅れ？

　昨今、PTAは議論の的になっています。本講の中でも述べたように、本来、任意制にもかかわらず、参加の強制・委員の「押し付け合い」になっている現状があります。「PTAは雑務ばかりだから、いらないのではないか」「お金を取られるだけで、家計の苦しい家庭には負担だからなくそう」という声があがり、実際になくしている学校も出てきています。確かに今では、学校と地域の連携を保障する制度が充実しているため、PTAを廃止しても問題はないとも考えられます。

（2）なくして初めて気づく、PTAの必要性

　しかし、実際のところ、PTAをなくした学校で、「父母の会」や「母の会」など、代わりの組織が発足したところも多いようです。登下校時の安全見守りなどには、保護者もやはり携わりたいとの思いや、学校との連絡係の保護者がいないと困ることから、つくられたとのことです。これらを踏まえれば、PTAをなくすのではなく、無駄な仕事の「押し付け合い」というPTAの課題を改革し、本来の機能を実現することができれば理想的です。

（3）PTAを改革しよう！

　実は、実際にPTAの改革を行い、本来の機能を取り戻した学校があります。神戸市の本多聞中学校です。ここのPTAは、今では全役員が、自ら進んで立候補した中から決められているそうです。ここでの改革は次のように行われました。第1に、無駄に思われる活動をすべて縮減しました。広報誌の発行や保護者が必要性を感じない研修をやめて、保護者が「喜ぶ」行事を増やしたそうです。第2に、運営委員会について、PTAの本部役員と校長・教頭だけではなくPTA会員全員が出席できるようにしたといいます。自由に学校にものを言える状況をつくったのです。とはいえ、それを苦情や要求で終わらせるのではなく、学校側の事情や考えも聞くことで、保護者と教職員との間の信頼関係が創出されたといいます（『朝日新聞』2017年5月21日）。

（4）学校運営への「自発的な」関与の意義とは

　PTAは本来、保護者が「自発的に」学校に関与することに意味がありました。現在は、学校に関与する法制度が整備されていますが、法制度による方向づけがあるなかで、保護者や地域住民の自由で率直な考えや思いがどれほど尊重されるのか、慎重に見る必要があります（黒崎勲『学校選択と学校参加』東京大学出版会、1994年、159頁）。与えられた制度に甘んじず、本多聞中学校で起きた自発的なPTAの改革、そこで行われた教職員と保護者間の対立・摩擦も含んだ本音のぶつけ合いの意義を考えることも必要だと考えられます。

ちゃんとわかったかな？

復習問題にチャレンジ

類題（大分県　2017 年）

> 次は地方教育行政の組織及び運営に関する法律（平成29年改正）第47条の5の抜粋である。
> （ア）〜（エ）に入る語句の正しい組合せを、あとの1〜5のうちから一つ選べ。

（1）教育委員会は、教育委員会規則で定めるところにより、その所管に属する学校ごとに、当該学校の運営及び当該運営への必要な支援に関して協議する機関として、学校運営協議会を（ア）。

（2）学校運営協議会の委員は、次に掲げる者について、（イ）が任命する。

一　対象学校（当該学校運営協議会が、その運営及び当該運営への必要な支援に関して協議する学校をいう。以下この条において同じ。）の所在する地域の住民

二　対象学校に在籍する生徒、児童又は幼児の保護者

三　社会教育法（昭和24年法律第207号）第9条の7第1項に規定するその他の対象学校の運営に資する活動を行う者

四　その他当該教育委員会が必要と認める者

（3）対象学校の校長は、当該対象学校の運営に関して、教育課程の編成その他教育委員会規則で定める事項について基本的な方針を作成し、当該対象学校の学校運営協議会の（ウ）を得なければならない。

（4）学校運営協議会は、対象学校の運営に関する事項（次項に規定する事項を除く。）について、（エ）に対して、意見を述べることができる。

1　ア　置くように努めなければならない　イ　校長　ウ　承認　エ　教育委員会又は校長

2　ア　置くことができる　イ　教育委員会　ウ　許可　エ　教育委員会

3　ア　置くように努めなければならない　イ　校長　ウ　許可　エ　教育委員会

4　ア　置くように努めなければならない　イ　教育委員会　ウ　承認　エ　教育委員会又は校長

5　ア　置くことができる　イ　校長　ウ　承認　エ　教育委員会

///// 理解できたことをまとめておこう！

ノートテイキングページ

学習のヒント：学校における保護者の役割は、消費者（学校による教育サービスを受け取る）、支持者／学習者（教員を支持し、学校に対する支援を行う）、資源（家庭文化の発信や教育課程についての意見表明を行う）、参加者（学校の意思決定に参加する）に分けられるといわれています。この講で出てきたさまざまな制度がどれに当たるのかを考え、その利点と短所を整理しましょう。

教育課程・教育活動に関する法規①：学習指導要領

理解のポイント

皆さんも一度は耳にしたことがある学習指導要領は、我が国の教育課程の基準となっています。では、その内容が時代の変化に応じて約10年ごとに改訂されていることは知っていましたか。本講では、関連法規を学びながら、まず学習指導要領の概要を理解します。そのうえで、歴史的変遷に目を向けて、学習指導要領の内容がどのように移り変わってきたかを学んでいきましょう。

教育課程の英語は curriculum なので、そのまま「カリキュラム」と呼ばれることも多いです。

1 学習指導要領の教育学的・法的位置づけ

1 教育課程の編成

学習指導要領を学習する前提として、まず教育課程について理解しましょう。教育課程とは、学校教育の目的・目標を達成するために、子どもたちが「何を、いつ、どのように学ぶか」を示した教育計画のことを指します。そして、それを組み立てることを、教育課程の編成といいます。

教育課程の編成は学校が行うものとされています。編成にあたっては、子どもの発達段階や学校・地域の実態を考慮し、教員の創意工夫も加えながら、適切に教育計画を組織化していくことが大切です。

2 教育課程の基準：学習指導要領

では、学校は何の制約もなく、教育課程を編成できるのでしょうか。もしそうなってしまえば、たとえばある学校では理科の時間が極端に少ないなど、偏った教育が行われるおそれも生じます。

そうした事態を防ぐため、教育課程には全国的な基準が設けられ、関連法規に掲げられた教育目標の達成や、教育の機会均等および水準の確保という視点が重視されてきました。教育課程に関する事項は文部科学大臣が定めると規定されており（学校教育法第33条等）、文部科学大臣の公示する学習指導要領が教育課程の基準とされています（学校教育法施行規則第52条等）。

つまり、学習指導要領とは、全国どの学校に通っていても一定の水準の教育を受けられるようにするため、文部科学大臣が定める教育課程の基準と定義できます。教科書や時間割は、学習指導要領をもとにつくられています。

プラスワン

教育課程の編成権

教育課程の編成権は学校にあるとされるが、その主体をめぐっては論争的で、校長という見方と教員（集団）という見方がある。

教育課程特例校制度

学校や地域の実態に照らしてより効果的な教育を実施するため、特別な教育課程の編成を認める制度。

外国では学習指導要領がない国もあります。

■3 教育課程の構成：「各教科」等

学校によって教育水準に差が生じないよう、学校教育法施行規則では、構成要素と標準授業時間（→第9講参照）を定めています（第50条等）。

教育課程を構成するのは「各教科」と「その他の領域」で、正規の授業時間内に行われます（図表11-1）。なお、部活動など授業時間外の教育活動は「課外活動」と呼ばれ、教育課程には含みません。

図表11-1 「各教科」と「その他の領域」

小学校		
・国語　　　・音楽	**特別の教科　道徳**	
・社会（3〜6年）　・図画工作	・外国語活動（3、4年）	
・算数　　　・家庭（5、6年）	・総合的な学習の時間	
・理科（3〜6年）　・体育	（3〜6年）	
・生活（1、2年）　・**外国語（5、6年）**	・特別活動	
各教科	その他の領域	

中学校		
・国語　　　・美術	**特別の教科　道徳**	
・社会　　　・保健体育	・総合的な学習の時間	
・数学　　　・技術・家庭	・特別活動	
・理科　　　・外国語		
・音楽		
各教科	その他の領域	

高等学校		
◆各学科共通◆		◆主に専門学科で開設◆
・国語　　　・芸術	・**総合的な探究の時間**	・農業　・看護　・音楽
・地理歴史　・外国語	・特別活動	・工業　・情報　・美術
・公民　　　・家庭		・商業　・福祉　・英語
・数学　　　・情報		・水産　・理数
・理科　　　・**理数**		・家庭　・体育
・保健体育		
各教科	その他の領域	各教科

出典：文部科学省「新しい学習指導要領――生きる力　学びの、その先へ」
https://www.mext.go.jp/content/1413516_001_1_100002629.pdf（2020年6月25日確認）を一部改変

図表11-1の太字は、近年新設・変更が加えられたものです。

■4 教育課程の編成原理：経験主義と系統主義

教育課程の編成にあたって、「何のために、何を教えるか」については多様な考え方があります。ここでは、代表的な2つの編成原理について学びましょう。次に説明するように、学習指導要領も時代による違いはあるものの、実はこれらの編成原理と深く関連しているのです。

経験主義*は、生活経験を重視する考え方です。子どもの生活経験の広がりや認識の発達を軸に、教育課程を編成します。引き算の授業を例にすると、「今50円もっています。35円のお菓子を買うとおつりはいくらですか」といったように、子どもの日常生活に根ざして授業を展開していく点に特色があります。

系統主義*は、知識体系を重視する考え方です。科学・技術の知識や原理を軸に、子どもの発達段階を考慮して教育課程を編成します。たとえば、先ほどの引き算の例は日常生活に即していて一見わかりやすいように思えますが、いざ計算をすると「50−35」という繰り下がりの計算が必要に

重要語句

経験主義

→子どもの生活経験を重視する編成原理。「子ども中心主義」を特徴とする。

系統主義

→知識体系を重視する編成原理。科学主義と呼ばれることもある。

なるため、つまずく子も出るかもしれません。そこで、系統主義の立場では、引き算を教える際には「57−32」のような、1桁の引き算ができれば解ける計算から始めます。

準備期間があるから、混乱が生じないのですね。

2 学習指導要領の変遷

学習指導要領は約10年ごとに改訂され、これまで8回改訂が行われてきました。その変遷を見る前に、改訂の時期から学校での全面実施へ至るまでには、数年の差がある点に留意しておきましょう（図表11-2）。

図表11-2　学習指導要領の改訂に係るスケジュール例

出典：政府広報オンライン「2020年度、子供の学びが進化します！新しい学習指導要領、スタート！」
https://www.gov-online.go.jp/useful/article/201903/2.html（2020年4月21日確認）を一部改変

では、学習指導要領の変遷を見ていきましょう。先取りしていえば、学習指導要領は各時代における社会の要請や学問研究の発展を色濃く反映したものになっています。そして、実は先ほど学んだ2つの編成原理から変遷をとらえると、おもしろい現象を発見できます。

図表11-3を見ると、経験主義と系統主義を2本の柱として、学習指導要領がまるでふりこのように変遷してきたことがわかります。以下では、時代ごとの社会的背景を押さえたうえで、学習指導要領の内容がどのように移り変わってきたかを整理していきましょう。

⓪ 学習指導要領の誕生（1947年）：民主主義を目指して

第二次世界大戦後、日本では戦前の軍国主義への反省から、民主主義へ転換することが目指されました。教育基本法や学校教育法などが整備され、教育の機会均等や個人の尊重が重視されるようになったのです。

こうした時代背景のなか、1947年に初の学習指導要領が出されます。中央集権のもと教育課程を画一的に拘束していた戦前の「教授要目」に代わるものとして、アメリカの教育使節団の提言を受けながら、学習指導要領の「一般編」と「教科編」が作成されました。ポイントは、教員が教育課程を編成する際の手引きという位置づけで、「試案」と明示されていた点です。つまり、日本初の学習指導要領は、教員の主体性を重視するもの

図表11-3　学習指導要領の変遷

[経験主義]　　　　　　　　　　　　　　　　　　　　　　[系統主義]

年	改訂ポイント	キャッチフレーズと内容	社会の状況・教育問題
2017 (H29)	⑧社会に開かれた教育課程	◆ 社会に開かれた教育課程 カリキュラム・マネジメント 主体的・対話的で深い学び （アクティブ・ラーニング） 外国語科の新設（小5、6） 特別の教科　道徳の新設	
2008 (H20)	⑦脱ゆとり	◆ 「確かな学力」の確立 教育内容の増加 外国語活動の新設	▼いじめ ▽知識基盤社会 ▼学力低下論争 ▽情報化社会
1998 (H10)	⑥生きる力とゆとり教育	◆ 生きる力の育成 特色のある学校づくり 総合的な学習の時間の創設 教育内容の厳選（3割削減） 教育の情報化 絶対評価	▼学校週5日制 ▼学級崩壊 ▽バブル崩壊
1989 (H1)	⑤新しい学力観と個性重視	◆ 新しい学力観に立つ教育と個性重視 生活科の新設（小1、2：理科・社会廃止） （融合カリキュラム） 基礎・基本の重視と個性教育の推進 文化と伝統の尊重、国際理解推進	
1977 (S52)	④「ゆとり」路線	◆ ゆとりと充実した学校生活 知・徳・体の調和、豊かな人間性 学習負担の適正化 基礎的・基本的事項の重視	▼いじめ 　不登校 ▼落ちこぼれ 　非行、校内暴力
1968 (S43)	③教育内容の現代化	◆ 調和と統一のある教育 3領域（教科・道徳・特別活動）	▽高度経済成長
1958 (S33)	②系統性重視	◆ 系統主義への転換 指導要領が法的拘束力をもつ 道徳の時間を特設 基礎学力の充実と科学技術教育	
1951 (S26)	①経験主義の強化	◆ 4領域（広領域カリキュラム） 学習の技能を発達させるのに必要な教科（国語・算数） 問題解決の経験を発展させる教科（社会科・理科） 創造的要素を発達させる教科（音楽・図画工作・家庭科） 健康の保持増進を助ける教科（体育）	
1947 (S22)	⓪学習指導要領の誕生	◆ 戦後の混迷から民主教育へ 修身・地理・歴史の廃止、社会科・家庭科の新設	

⓪～⑧：学習指導要領の改訂回数と重要ポイント
◆：キャッチフレーズと具体的改訂内容
▽：社会の状況
▼：教育問題

> 経験主義と系統主義を軸に学習指導要領が変遷する様子から、「ふりこ現象」と呼ばれることもあります。

出典：原清治編著『学校教育課程論』学文社、2005年、5頁；広岡義之編著『はじめて学ぶ教育課程論』ミネルヴァ書房、2016年、38頁を一部改変

ジョン・デューイ
（Dewey, J.）
1859-1952年
アメリカの教育哲学者。
子ども中心主義の思
想で知られる。

社会科は民主主義
教育の花形で、教
育課程すべてを統
合する中心的役割
を担いました。

「試案」である点や
「一般編」と「教
科編」から構成さ
れる点は引き継が
れました。

重要語句

はいまわる経験主
義
━━━━━━━━
→日常生活から直接
集めた教材をそのまま
教えると、子どもの認
識が生活レベルに留ま
り、成長が制限される
として経験主義が批
判された。

だったのです。

　この頃の学習指導要領は、当時アメリカで流行していたデューイ*の進歩主義教育の思想の影響を受け、子どもの経験を中心におく経験主義に根ざす教育課程の構想をとりました。戦前との具体的な違いは、修身、地理、歴史が廃止され、新たに「社会科」、「家庭科」、「自由研究」が新設されたことです。なお、当時はまだ教科外活動といった領域は明示されておらず、カリキュラムの訳語も「教育課程」ではなく、「教科課程」でした。

① 学習指導要領 第1次改訂（1951年）：経験主義の強化

　初の学習指導要領を実施するなかで課題が指摘され、1951年に改訂版の学習指導要領が発表されました。教育現場の声を取り入れ、趣旨をわかりやすく説明することが目指されましたが、基本的な考えは変わっていません。

　第1次改訂のポイントは、経験主義が強化された点です。教科の再編が促され、小学校では教科を次の4領域に大別する広領域カリキュラムの考え方が採用されました。領域ごとで合科的に授業を展開することが目指されたのです。

> ①学習の技能を発達させるのに必要な教科（国語・算数）
> ②社会や自然についての問題解決の経験を発展させる教科（社会科・理科）
> ③創造的要素を発達させる教科（音楽・図画工作・家庭科）
> ④健康の保持増進を助ける教科（体育）

　そのほかには、最初の学習指導要領で新設された「自由研究」が廃止され、小学校で「教科以外の活動」、中学校で「特別教育活動」という枠ができました。これに伴い、これまで「教科課程」と称していたものが「教育課程」という名称に改められました。

② 学習指導要領 第2次改訂（1958年）：法的拘束力・系統主義へ

　これまで学習指導要領の作成・改訂は、アメリカの占領下という特殊な状況で行われてきました。しかし、1952年の独立を機に、日本は教育のあり方を自ら検討することになり、1958年初めて学習指導要領が全面改訂されます。

　第2次改訂のポイントは、学習指導要領から「試案」の文字がなくなり、「告示」（→第1講参照）と明示された点です。これにより、従来は手引きとされていた学習指導要領が法的拘束力をもつようになりました。また、同改訂から「一般編」がなくなり、小・中・高等学校それぞれで冊子として出されることになりました。

　編成原理の特色としては、系統主義への転換が図られた点が重要です。子どもの興味・生活・経験を中心に据えてきた戦後の新教育は、基礎学力の低下を招いたという声から「はいまわる経験主義*」と批判され、基礎学力の充実や科学技術教育の向上を図る方針へと舵が切られることになったのです。

内容面では、小・中学校で「道徳の時間」が特設された点を押さえましょう。特設された理由は、道徳教育が基本的に学校の教育活動全体を通じて行うとされつつも、各教科や特別教育活動で行われている道徳教育を補充・深化・統合するねらいがあったからです。その結果、小・中学校の教育課程は4領域（各教科、道徳、特別教育活動、学校行事等）、高等学校では道徳を除く3領域で編成されることになりました。

③ 学習指導要領 第3次改訂（1968年）：教育内容の現代化

第2次改訂後、我が国は高度経済成長期に入り、科学技術も目覚ましい発展を遂げます。暮らしが豊かになり国際的な地位も向上した日本では、教育内容をより充実させ、時代の要請に応える教育課程が求められることになりました。

第3次改訂では、当時アメリカ等で流行していた「教育内容の現代化」運動の影響を受けて教育内容が高度化し、系統主義に拍車がかかります。科学技術の発展が目指されたため、その傾向は理数系の教科で強く、子どもの個性・特性・能力に応じた指導や教育内容の系統性が重視されました。教育課程が4領域から3領域（各教科、道徳、特別活動）に再編された点にも留意しておきましょう。しかし、従来よりも早い学年で高度な内容を教えるようになった結果、授業についていけなくなる「落ちこぼれ」が急増しました。

④ 学習指導要領 第4次改訂（1977年）：「ゆとり」路線へ

第3次改訂後は高等学校への進学率も上がり、1970年代前半には90%を超えるまでになりました。そのため、小学校～高等学校における教育の一貫性を確保して、多様な能力・適性・進路に応じた教育を行うことが求められるようになります。

1970年代半ばには、「落ちこぼれ」だけでなく、非行や校内暴力、いじめ、不登校などが噴出し、大きな社会問題となりました。その原因の一つとされたのが、学習指導要領です。学習内容が多く難し過ぎる教育課程は、子どもたちの心身にとって大きな負担となり、さまざまな問題を引き起こしていると考えられたのです。こうしたなかで、知識詰め込み型の系統主義が批判され、教育方針を再び経験主義へ転換することになりました。戦後2度目となる、大きな転換です。

第4次改訂では「ゆとりと充実」をキャッチフレーズに、教科の授業時数と教育内容が削減され、学習負担の適正化が図られました。その基本方針は、次の通りです。

> ①人間性豊かな児童生徒を育てる
> ②ゆとりあるしかも充実した学校生活が送れるようにする
> ③国民として必要とされる基礎的・基本的な内容を重視するとともに児童生徒の個性や能力に応じた教育が行われるようにする

学習指導要領の基準が大綱的になり、教える側の自発的な教育課程の開発が再び求められるようになった点に留意しましょう。

プラスワン

全国一斉学力調査
学習指導要領に基づく学力の定着度を測るため、1961〜1964年に全国中学校一斉学力調査が実施された。

第11講 教育課程・教育活動に関する法規①：学習指導要領

この頃の授業は、進度が速すぎて「新幹線授業」や「詰め込み教育」と呼ばれました。

ゆとり教育は2000年代のイメージがありますが、実は1970年代に始まっていたんですね。

⑤ 学習指導要領 第5次改訂（1989年）：新しい学力観・生活科の新設

1980年代半ばの教育改革では、①個性重視、②生涯学習社会への移行、③国際社会への貢献と情報化社会への対応といった方針が打ち出されました。そこで、知識・技能の習得を中心にしてきた従来型の学力観と一線を画する「新しい学力観*」が登場します。

第5次改訂のねらいは次の4つです。ゆとり教育の方針を継承しながら、学ぶ意欲をもって主体的に社会の変化に対応できる自己教育力が掲げられました。

> ①心豊かにたくましく生きる人間の育成
> ②自ら学ぶ意欲と自己教育力の育成
> ③国民として必要とされる基礎・基本の重視と、個性を生かす教育の推進
> ④国際理解の推進と、日本の文化や伝統を尊重する態度の育成

内容面のポイントは、①「生活科」の新設、②個に応じた指導の推進です。生活科の新設にあたっては、小学校低学年における理科と社会科が融合・廃止されました。個に応じた指導としては、たとえば中学校で選択科目の幅が広がるなど、自分の興味・関心に応じて科目を選択することや学習内容の個別化が推進されるようになりました。

ゆとりのあるなかで豊かな自己実現を図れるよう、1992年から段階的に学校週5日制が始まった点も押さえておきましょう。

⑥ 学習指導要領 第6次改訂（1998年）：生きる力・総合的な学習の時間

冷戦体制が終結した1990年代は、技術革新と情報化が急速に発展し、グローバル時代に突入しました。こうした情勢を受け、①「ゆとり」の推進、②「個性を生かす教育」、③「生きる力*」という新学力観の3つの基本方針が掲げられました。

第6次改訂の最大のポイントは、「生きる力」の育成に向けて小・中・高等学校で「総合的な学習の時間」が創設されたことです。各学校が創意

2003年の学習指導要領一部改正により、学力低下を防ぐため補充学習や発展学習が導入されました。

図表11-4　総授業時数の推移（中学校）

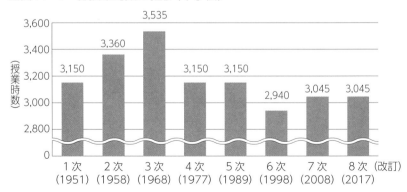

出典：八木美保子「何が変わったのか？　どうして変えるのか？」尾崎博美・伊藤元編『ワークで学ぶ教育課程論』ナカニシヤ出版、2018年、90頁をもとに作成

工夫を生かした特色ある教育活動を展開し、教科横断的で体験的な総合学習を実施するなかで、社会の変化に主体的に対応できる資質・能力を育成することが目指されました。

第4次改訂から継続されてきた「ゆとり」路線は、この時期にピークを迎えます。2002年度には完全学校週5日制が導入され、そのなかで各教科の基礎・基本を定着させるため、教育内容が厳選（3割削減）されました（図表11-4）。こうした動きは「ゆとり教育」と呼ばれ、後述の学力低下論争の原因として批判を浴びることになります。

⑦ 学習指導要領 第7次改訂（2008年）：確かな学力・脱ゆとり

2000年前後に生じた学力低下論争を契機に、「ゆとり教育」の抜本的見直しが図られました。第7次改訂のポイントは、系統主義への回帰です。「生きる力」の育成をキーワードとする点に変わりはありませんが、同改訂では「脱ゆとり」というスローガンのもと、基礎学力の向上を目指す方針がとられました。

科学技術の急速な発展や社会状況の激しい変化を背景とした「知識基盤社会」における「生きる力」を育むため、基礎・基本を身につけ、社会の変化に主体的に対応できる資質・能力を総合した「確かな学力」が掲げられました。ここで重視されたのが、①知識・技能、②思考力・判断力・表現力、③学習意欲です。「確かな学力」の確立に向けて、第3次改訂以来、約40年ぶりに授業時数と教育内容が増加した点を押さえましょう。

また、小学校で「外国語活動」が新設されたほか、言語活動・理数教育・道徳教育・体験活動の充実も図られました。

⑧ 学習指導要領 一部改正（2015年）：道徳の「特別の教科」化

いじめ問題等を背景に、第8次改訂を待たずして学習指導要領が2015年に一部改正され、2018年から道徳は「特別の教科　道徳」（小・中学校のみ）に改められました。これにより、評価（記述式）や検定教科書が導入されることになりました。

3 新学習指導要領の重要点（第8次改訂：2017年）

では、最新の学習指導要領は、経験主義と系統主義のどちらの方針をとっているのでしょうか。新学習指導要領はどちらかに偏るのではなく、それぞれのよいところをとるという発想から考案された点に特色があります。

これからの社会では、少子高齢化の深刻化に加え、人工知能やビッグデータ活用などの技術革新による産業構造の変化が予想されています。こうした新しい時代に対応するため、一人ひとりの可能性をいっそう伸ばし、必要な資質・能力を育むことが目指されています。

プラスワン

PISA調査

OECD（経済協力開発機構）が2000年から3年ごとに実施する国際的な学習到達度調査。日本は2003年、2006年と連続で成績が下がり、「PISAショック」と呼ばれた。

道徳の評価は記述式で、児童生徒の成長を認め、励ますためのものです。評価を入試で使ったりはしません。

新学習指導要領の全面実施等のスケジュールは、図表11-2を参照しましょう。

図表11-5　社会に開かれた教育課程のイメージ

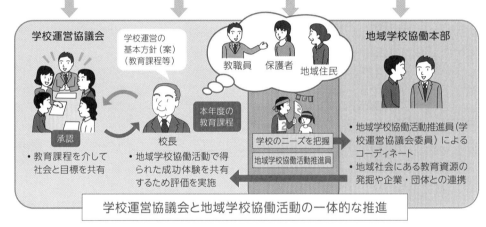

出典：文部科学省ホームページ「社会に開かれた教育課程の実現に向けて」
https://manabi-mirai.mext.go.jp/torikumi/chiiki-gakko/syakaini-hirakareta.html（2020年4月21日確認）

1　社会に開かれた教育課程

　新学習指導要領の基本的理念とされるのが「社会に開かれた教育課程」です。これは「よりよい学校教育を通じてよりよい社会を創る」という目標を学校と社会が共有し、連携・協働しながら、新しい時代に求められている資質・能力の育成を目指すものです（図表11-5）。具体的に、次の点が重要とされています。

①社会や世界の状況を幅広く視野に入れ、よりよい学校教育を通じてよりよい社会を創るという目標を持ち、教育課程を介してその目標を社会と共有していくこと
②これからの社会を創り出していく子どもたちが、社会や世界に向き合い関わり合い、自らの人生を切り拓いていくために求められる資質・能力とは何かを、教育課程において明確化し育んでいくこと
③教育課程の実施に当たって、地域の人的・物的資源を活用したり、

放課後や土曜日等を活用した社会教育との連携を図ったりし、学校教育を学校内に閉じずに、その目指すところを社会と共有・連携しながら実現させること

「社会に開かれた教育課程」の実現に向けて、いったいどのようなことを行えばよいでしょうか。最後に、新学習指導要領の3つのポイントについて、理解を深めましょう。

2　育成を目指す資質・能力：3つの柱

第1のポイントは、資質・能力についてです。新学習指導要領では、知・徳・体にわたる「生き方」を子どもたちに育むため、「何のために学ぶのか」という学習の意義を共有しながら、授業の創意工夫や教科書等の教材の改善を引き出すことが目指されています。そのために、すべての教科等の目標・内容を次の3つの柱に基づき再整理する方針が示されました。

①知識及び技能……………実際の社会や生活で生きて働く
②思考力・判断力・表現力等…未知の状況にも対応できる
③学びに向かう力・人間性等…学んだことを人生や社会に生かそうとする

社会に出てからも学校で学んだことを生かせるよう、3つの柱をバランスよく育むことが大切ですね。

3　カリキュラム・マネジメント：教育課程のPDCAサイクル

第2のポイントは、カリキュラム・マネジメントです。カリキュラム・マネジメントとは、校長等のリーダーシップのもと、学校と地域が協力して教育課程の教育改善サイクル（PDCAサイクル）を稼働させる営みを指します。これによって教育活動の質を向上させ、学習効果を最大化することがねらいです。具体的には、次の3つの側面から整理されます。

①各教科等の教育内容を相互の関係で捉え、学校教育目標を踏まえた教科等横断的な視点から目標達成に必要な教育内容を組織的に配列していくこと
②教育内容の質の向上に向けて、子どもや地域の現状等に関する調査や各種データ等に基づき、教育課程の編成（Plan）、実施（Do）、評価（Check）、改善（Action）を図る一連のPDCAサイクルを確立すること
③教育内容と、教育活動に必要な人的・物的資源等を、地域等の外部の資源も含めて活用しながら効果的に組み合わせること

教育課程を軸に、学校教育の改善・充実の好循環を生み出すことが目指されています。

4　主体的・対話的で深い学び：アクティブ・ラーニング

第3のポイントは、「主体的・対話的で深い学び」（アクティブ・ラーニング）です。これは、授業の方法や技術だけでなく、子どもの「学び」その

ものが「アクティブ」で、意味あるものとなっているかという視点から、授業をよりよくしていくことを指します。それぞれ次のように説明され、「どのように学ぶか」を重視した授業改善が目指されています。

【主体的な学び】	学ぶことに興味・関心を持ち、キャリア形成の方向性と関連付けながら、見通しを持って粘り強く取り組み、学習活動を振り返り次につなげる
【対話的な学び】	子ども同士の協働、教職員や地域の人との対話、先哲の考え方を手掛かりに考えること等を通じ、自己の考えを広げ深める
【深い学び】	各教科等で習得した概念や考え方を活用した「見方・考え方」を働かせ、問いを見いだし解決、自己の考えを形成し表す、思いを基に構想、創造する

　これまでの授業は、教員の話を聞き板書するという「一方向型」の授業が一般的でした。しかし、アクティブ・ラーニング型の授業では、子どもが能動的に学習に参加し、双方向的に授業を展開していく点に特徴があります。また、「主体的・対話的で深い学び」の実現には、各教科等の特質に応じて考え方を整理・実践するだけでなく、その充実に向けて数コマ程度の授業のまとまりのなかで習得・活用・探究のバランスを工夫することや、教科横断的な学習も求められます。

　では、新しい時代に求められる資質・能力を育むには、従来の指導方法はもはや通用しないのでしょうか。実は新学習指導要領においては、これまで蓄積されてきた教育実践に基づいて授業改善を活性化することで、これからの時代に求められる資質・能力を育んでいくことが重要という見方がされています。伝統的な教育実践のよさをしっかり引き継ぎつつ、時代の変化に合った授業の形を探究していくことが大切です。

アクティブ・ラーニングの方法としては、発見学習や問題解決学習、体験学習のほか、グループワークも有効です。

ディスカッションしてみよう！

　学習指導要領は時代の変化に合わせて変遷してきました。では、次に改訂される際は、どんなことが重視されるでしょうか。本講で学んだ内容を参考に、これからの時代に求められる学力や教育課程について話し合ってみましょう。

　たとえば・・・🖊

「ゆとり教育」って本当に 学力を低下させたの？

「ゆとり世代は勉強ができない」「だからゆとりは……」。皆さん、「ゆとり教育」に対して、こんなマイナスイメージをもっていませんか？　「ゆとり世代」の大学生を相手に講義をしていると、「どうせ私たちはゆとりだから……」と深く考えることを早々に諦める学生もいます。

しかし、そもそも「ゆとり教育」は学習指導要領によって推進されたもので、彼ら／彼女たちには一切責任がありません。にもかかわらず、大人たちの心ない一言が、「ゆとり世代」の若者をときに傷つけ、その可能性を伸ばす機会を制限してしまっているのではないでしょうか。

ここで皆さんと一緒に考えたいのが、「ゆとり教育は本当に学力低下の原因なのか」という根本的な問いです。現在では「ゆとり世代＝勉強ができない」という図式が一般化していますが、その前提についてていねいに解き明かすと、意外な結果が見えてきます。

「ゆとり教育」への批判が生じたのは、本文で学習したように 2000 年前後の学力低下論争です。1999 年出版の書籍で大学生の学力低下に警鐘が鳴らされたことに加え、2003 年以降の「PISA ショック」によって、「ゆとり教育」が戦犯とされました。

一度立ち止まって考えてみましょう。「ゆとり教育」を謳う教育課程が実施されたのは、いつだったでしょうか。完全学校週 5 日制や教育内容 3 割削減を特徴とする学習指導要領が告示されたのは 1998 年ですが、学校現場で全面実施されたのは 2002 年以降です。この事実を踏まえると、学力低下の原因を「ゆとり教育」に帰することがおかしいと気づくはずです。

たとえば、1999 年以前の大学生は、当然「ゆとり教育」を受けていません。2003 年の「PISA ショック」に関しては、当時調査対象だった中学 3 年生が、たった 1 年間「ゆとり教育」を受けただけで成績が下がったと考えるのは、いささか乱暴ではないでしょうか。さらにいえば、「ゆとり教育」が実際に中学校で実施されていたのは、2002 〜 2011 年度の期間ですが、PISA 調査の結果は 2009 年から向上しています。

こうした結果を見ると、「ゆとり教育」を長い期間受けた子どもの成績が上がっており、むしろ「ゆとり教育」によって学力が向上したと考える見方も可能です。つまり、2003 年の「PISA ショック」は、「ゆとり教育」のせいで起こったというよりも、それ以前の課題（非行、いじめ、不登校など）がひずみとして、学力テストの結果に表れていたと考える方が妥当といえます。

以上から、「ゆとり教育」を学力低下の原因と断言することはできなさそうです。このように、世間では当たり前と考えられていることも、論理的に考えればおかしいことは、意外と多いものです。インターネットを中心に情報があふれかえる現代では、受け取った情報をうのみにせず、批判的に検討する姿勢が大切です。せっかく大学で学ぶ皆さんには、常識にとらわれず、真実を見抜こうと自分の頭で考えるクセを身につけてもらえればと思います。

「ゆとり世代」の皆さん、「ゆとり」に偏見をもつ大人に真実を教えてあげましょう。そして、これからは堂々と自分の可能性を広げていってください。

復習問題にチャレンジ

類題（静岡県・静岡市・浜松市　2019年）

①次の文は、「小学校学習指導要領（平成29年3月告示）」「中学校学習指導要領（平成29年3月告示）」「高等学校学習指導要領（平成30年3月告示）」において、前文で述べられている部分の抜粋である。文中の（1）〜（5）に入る語句を以下のア〜コから一つずつ選び、記号で答えなさい。ただし、同じ番号の（　）には同じ語句が入る。

　（1）を通して、これからの時代に求められる教育を実現していくためには、よりよい（2）を通してよりよい（3）を創るという理念を学校と（3）とが共有し，それぞれの学校において、必要な学習内容をどのように学び、どのような（4）を身に付けられるようにするのかを（1）において明確にしながら、（3）との連携及び協働によりその実現を図っていくという、（3）に開かれた（1）の実現が重要となる。

　学習指導要領とは、こうした理念の実現に向けて必要となる（1）の基準を大綱的に定めるものである。学習指導要領が果たす役割の一つは、公の性質を有する学校における（5）を全国的に確保することである。

ア　全人教育　イ　生きる力　ウ　社会　エ　教育活動　オ　学校教育　カ　資質・能力
キ　教育課程　ク　学力向上　ケ　教育水準　コ　家庭

（和歌山県　2019年）

②次の文は、昭和22年以降の学習指導要領の改訂について述べたものである。誤っているものを、次の1〜5の中から1つ選べ。

1．昭和26年の改訂では、それまでの「教科課程」という用語に代えて「教育課程」という用語が用いられた。
2．昭和33年の改訂では、新たに「道徳の時間」を設定して、道徳教育の徹底が図られた。
3．昭和52年の改訂では、小学校第1学年及び第2学年に、新たに「生活科」が設定された。
4．平成10年の改訂では、小学校第3学年以上に、新たに「総合的な学習の時間」が設定された。
5．平成20年の改訂では、小学校第5学年と第6学年に、新たに「外国語活動」が設定された。

（山梨県　2019年）

③次の文は、「小学校学習指導要領」の「第1章 第3 教育課程の実施と学習評価」に関するものである。文中の（a）〜（c）にあてはまる語句の組合せとして最も適当なものを選びなさい。

・児童が各教科等の特質に応じた（a）を働かせながら、知識を相互に関連付けてより深く理解したり、情報を精査して考えを形成したり、問題を見出して解決策を考えたり、思いや考えを基に（b）したりすることに向かう過程を重視した学習の充実を図ること。
・創意工夫の中で学習評価の（c）が高められるよう、組織的かつ計画的な取組を推進するとともに、学年や学校段階を超えて児童の学習の成果が円滑に接続されるように工夫すること。

1　a　思考・判断力　b　創造　c　正当性や確実性
2　a　見方・考え方　b　創造　c　妥当性や信頼性
3　a　思考・判断力　b　実現　c　正当性や確実性
4　a　見方・考え方　b　対話　c　妥当性や信頼性
5　a　見方・考え方　b　実現　c　正当性や確実性

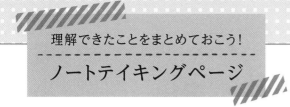

理解できたことをまとめておこう！

ノートテイキングページ

学習のヒント：学習指導要領が学校教育において果たす役割を整理し、自分が指導計画を作成する場面で学習指導要領をどのように活用するのか、具体的にあげてみましょう。

教育課程・教育活動に関する法規②：教科書、補助教材

理解のポイント

児童生徒が学ぶうえで必ず用いるのが教科書です。教科書の内容は誰が決め、どうやって児童生徒のもとに届くのでしょうか。さらに授業のなかでは、教科書以外にも市販の補助教材や手作りの教材を使うことも多々あります。教科書と補助教材や教師がつくる教材とはどう違うのでしょうか。また、教材を作成する際に注意すべきことは何でしょうか。本講では、教科書や補助教材に関して学んでいきます。

1 教科書と補助教材

1 教科書の使用義務

　教科書とは、学校で教科を教える際の中心的な教材として使用される児童生徒用図書です。日本においては、民間の教科書発行者が作成し、文部科学大臣の検定を受けたものと、文部科学省自身が作成したものがあります（教科書の発行に関する臨時措置法第2条、図表12-1）。

　日本の学校教育においては、各学校が編成する教育課程の基準として、文部科学省が学習指導要領を定めています。教科書は、学習指導要領に示された学習内容に応じて、教科・科目ごと、学校段階・学年ごとに作成さ

民間の教科書発行者が作成し、文部科学大臣が検定した教科書を「文部科学省検定済教科書」、文部科学省が著作の名義を有する教科書を「文部科学省著作教科書」といいます。

図表12-1　教科書とは

教育課程の構成に応じて内容を精選・配列

民間の教科書発行者が作成

文部科学大臣が検定

全教科書の90%以上

文部科学省が作成

教科書（教科用図書）

教科の主な教材　　児童生徒用図書

教科・科目ごとおよび学校段階・学年ごと

学校においては教科書を使用しなければならない
（学校教育法第34条他）

れています。現在発行されている全教科書の90％以上が、文部科学省検定済教科書です。

学校教育法では、学校において教科書を使用しなければならないことが定められています。なお、高等学校、中等教育学校の後期課程、特別支援学校ならびに特別支援学級において、適切な教科書がないなど特別な場合には、これらの教科書以外の図書（一般図書）を教科書として使用することができます。

2 教科書の無償給与

義務教育を受けているすべての児童生徒には、全教科の教科書が無償で給与されます。義務教育を受けている児童生徒とは、国立・公立・私立のすべての義務教育諸学校（小・中学校、義務教育学校、中等教育学校の前期課程および特別支援学校の小・中学部）に在学する子どもです。

この義務教育における教科書の無償給与は、憲法第26条第2項に定められた義務教育無償を広く実現するための制度です。この費用は国が負担しています。これには、国の将来を担う児童生徒に対して、国民全体の期待を込めるという意味と、教育費の保護者負担を軽減するという意味があります。

教科書が採択されると、必要となる教科書の見込み数（需要数）が文部科学大臣に報告されます。文部科学省は、全国から報告されたこの需要数を集計し、発行者に教科書の発行部数を指示します。この指示を受け、発行者は教科書を発行し、全国の各学校まで供給します。つまり、義務教育学校の教科書は、国立・公立・私立にかかわらず、国が数を把握し、発行数を決定し、その費用を負担しているのです。

国の2019年度予算では、教科書無償給与のための予算として、448億円が計上されています。2019年度の需要数は、小学校約6,801万冊、中学校およそ3,629万冊で、教科書1冊当たりの平均単価は、小学校用が379円、中学校用が629円です。なお、無償給与の対象ではありませんが、高等学校の需要数はおよそ3,041万冊、平均単価は816円でした。以上をまとめると、図表12-2の通りです。

この無償給与は次のような場合にも適用されます。まず、小中学校の児童生徒が、学年の途中で転校した場合です。転校先の教科書が使用していたものと異なる場合は、新たに教科書が給与されます。次に、病気等の理

プラスワン

教科書の使用義務

学校教育法第34条において小学校における使用義務が定められ、その他の学校では、この小学校の規定を準用して教科書を使用する義務があることが定められている。

プラスワン

義務教育無償

日本国憲法第26条では、まず第1項で「国民の教育を受ける権利」が、そして、第2項で「親が子どもに教育を受けさせる義務」が定められている。この第2項中で義務教育は無償とするとされている。

図表12-2　教科書の平均単価と需要数（2019年度）

	小学校用	中学校用	高等学校用
平均単価（円）	379	629	816
需要数（冊）	68,012,819	36,287,655	30,410,113

出典：文部科学省ホームページ「教科書の定価」
https://www.mext.go.jp/a_menu/shotou/kyoukasho/gaiyou/04060901/1235097.htm
（2020年3月16日確認）

由で、長い期間学校を欠席する場合です。病弱等の理由で、就学を猶予・免除された児童生徒が自宅等で学習できるように、必要な小・中学校用の教科書が給与されます。さらに、親の海外赴任などによって児童生徒が海外に在留する場合や年度途中で出国する場合も、教科書が無償で与えられます。また、視覚障害のある児童生徒が学習できるように、文字や図形等を拡大したり、点字にしたりして教科書を複製するなどした教科用特定図書等*も、必要に応じて無償で給与されます。

なお、教育における情報化が進展するなか、教科書の使用義務を定めた学校教育法等が改正され、デジタル教科書*の使用も可能になっています。あくまで紙の教科書が基本ですが、主体的・対話的で深い学びの視点からの教育の充実のために、教育課程の一部でデジタル教科書を使用できることになりました（ただし、各教科の授業時数の半分未満）。一方、視覚障害や発達障害などにより紙の教科書を使用して学習することが困難な児童生徒の学習においては、教育課程の全部でデジタル教科書が使用できます。

3 教科書検定

現在使われている教科書のほとんどは、民間で著作・編集され、文部科学大臣の検定を受けたものです。教科書が実際に子どもたちに使用されるのは、作成が始まってからおよそ3年後になります（図表12-3）。

図表12-3　教科書が使用されるまでの基本的な流れ

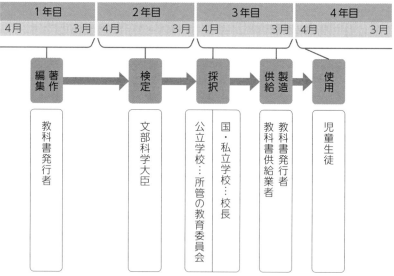

（注）製造・供給、使用の時期は、前期教科書の例をとった。
出典：文部科学省ホームページ「教科書が使用されるまで」
　　　http://www.mext.go.jp/a_menu/shotou/kyoukasho/gaiyou/04060901/1235087.htm
　　　（2020年3月16日確認）

① 教科書検定のあらまし

教科書検定制度の目的は、2つあります。1つ目は執筆および編集を民間に委ねることによって、執筆者の創意工夫を引き出すことです。2つ目は、検定を行うことで、学習指導要領に沿った教科書を確保することです。

重要語句

教科用特定図書等

→視覚障害のある児童生徒のために、文字、図形等を拡大して教科書を複製した「拡大教科書」、点字にした「点字教科書」、その他障害のある児童生徒の学習に供するため作成した教材であって教科書に代えて使用しうるもの。

デジタル教科書

→紙の教科書の発行者が、紙の教科書の内容と同一の内容をデジタル化したもの。

検定における審査の基準は、あらかじめ文部科学省によって定められています（義務教育諸学校教科用図書検定基準および高等学校教科用図書検定基準）。この基準では、検定の基本方針のほか、「基本的条件」「選択・扱い及び構成・排列」「正確性及び表記・表現」などの観点が示されています。

検定を実際に行うのは、文部科学省に置かれた教科用図書検定調査審議会です。この審議会で、検定申請された図書が教科書として適切かどうかを、専門的・学術的に調査審議します。審議会の委員および臨時委員は、大学教授や小・中・高等学校の教員等です。必要に応じて審議会に専門委員が置かれ、専門的な調査が行われます。さらに、文部科学省の常勤職員である教科書調査官も調査に関わります。教科書調査官は、大学教員の経験のある人から採用されています。学術的な観点や学習上の観点などからの詳細な調査・検討が、申請図書一冊一冊について数か月にわたって行われ、検定の合格、不合格、あるいは修正のうえ再度審査かを審議するのです。

審議会は、この検定合格、不合格の判定の結果を文部科学大臣に答申します。これに基づき、文部科学大臣が、合否の決定を行い、発行者に通知します。ただし、審議会において、必要な修正を行ったあとに再度審査を行うことが適当であると認められた場合には、合否の決定を留保して、検定意見が通知されます。

② 教科書検定の結果

教科用図書検定調査審議会の審議は原則として非公開です。しかし、教科書に対する社会の関心が高いため、文部科学省は検定結果を全国の公開会場で公開しています。2019年は、全国7か所の会場で、5～7月にかけて公開されました。また、その後は国立教育政策研究所教育図書館等において、1年を通して公開されています（教科書検定結果の公開の会場は、文部科学省ホームページで案内されます。https://www.mext.go.jp/a_menu/shotou/kyoukasho/kentei/1402904.htm ［2020年8月7日確認]）。

会場では、申請図書、教科用図書検定調査審議会に諮るために教科書調査官が作成した調査意見書、審議会の意見を踏まえた検定意見の内容を記載して申請者に交付した検定意見書、申請者が検定意見に従って修正した内容が記載された修正表、教科書見本、審議会の審議の概要を示した議事要旨及び教科用図書検定基準等の関係資料が展示されます。

4 教科書の採択

① 採択権と採択の流れ

多くの検定教科書のなかから、どの教科書を使って子どもたちに教えるかを決めるのが「採択」です。採択の権限は、公立学校ではその学校を設置する市町村あるいは都道府県の教育委員会、国立・私立学校では校長にあります。

義務教育諸学校の教科書の採択の方法は、「義務教育諸学校の教科用図

プラスワン

教科書訴訟

教科書検定をめぐっては、これまでさまざまな葛藤が生じてきた。特に歴史教科書は、記述の仕方やその根底にある歴史観などをめぐって、文部科学省の検定意見の妥当性が法廷において争われ、また近隣諸国から批判を受けるなど、多くの葛藤があった。そのなかで最も有名な裁判が、高校日本史教科書の執筆者である家永三郎氏が教科書検定に関して国を相手に起こした一連の裁判である（家永教科書裁判：1965～1997年）。判決では、教師の教育の自由には制約があること、検定は表現の自由の侵害にはあたらないこと、検定は執筆者の学問の自由を侵害しないことが確認され、「教科書検定が違憲だ」という原告側の主張は退けられた。一方で、検定内容については裁量権の逸脱があったという家永の主張は一部で認められた。つまり、制度自体は合憲だが、制度の運用に行き過ぎがあったと判断されたということである。

書の無償措置に関する法律」によって定められています。高等学校の教科書の採択方法は、法令上に具体的な決まりはありません。

　以下では、義務教育諸学校の教科書採択の流れを簡単に説明します。

　教科書の発行者は、採択を検討する際の参考のために、次年度に発行する教科書の見本を都道府県教育委員会や市町村教育委員会、国立・公立大学法人が設置する学校・私立学校長等に送付します。

　都道府県教育委員会は、教科用図書選定審議会を設置し、この審議会の調査・研究結果をもとにした選定資料を作成することで、採択権者に指導・助言・援助を行います。さらに、学校の校長および教員、採択関係者の調査・研究のため、　毎年6〜7月の間の一定期間、教科書展示会も行っています。

　採択権者は、都道府県の選定資料を参考にするほか、独自に調査・研究したうえで1種目につき1種類の教科書を採択します。なお、義務教育諸学校の教科書については、原則として、4年間同じ教科書を採択することとされています（図表12-4）。

図表12-4　義務教育諸学校用教科書の採択の仕組み

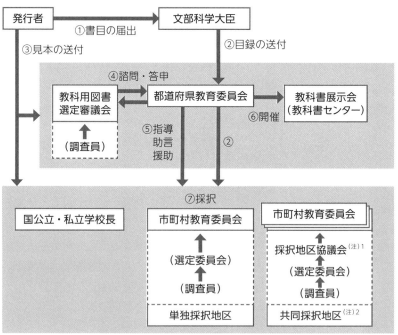

（注）1　採択地区協議会は法令上設けなければならないもの。括弧書きの組織等は任意的に設けられるもの。
　　　2　共同採択地区は、2以上の市町村から構成される採択地区である。

出典：文部科学省ホームページ「教科書採択の方法」
　　　http://www.mext.go.jp/a_menu/shotou/kyoukasho/gaiyou/04060901/1235091.htm
　　　（2020年3月19日確認）

② 採択地区の設定

　市町村立の小・中学校で使用される教科書の採択権限は市町村教育委員会にありますが、採択に当たっては、都道府県教育委員会が「市町村の区

図表12-5　兵庫県の教科書採択地区（2020年度3月現在）

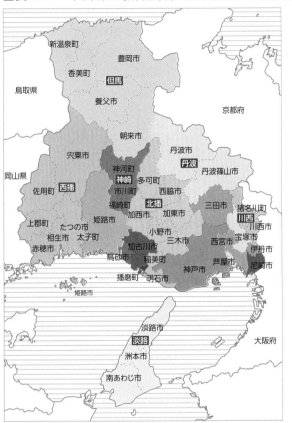

域またはこれらの区域をあわせた地域」を採択地区として設定します。採択地区は、その域内で1種の教科書を使用することが適当と考えられる地域であり、地域の自然的、経済的、文化的諸条件等を考慮して、都道府県教育委員会が決定することとなっています。採択地区は、2020年7月現在、全国で586地区あり、1地区は平均して約3.0市町村で構成されています。たとえば兵庫県では、1つの市町が1つの採択地区となっている単独採択地区が13（神戸市、尼崎市、西宮市、芦屋市、伊丹市、宝塚市、三田市、明石市、加古川市、高砂市、稲美町、播磨町、姫路市）、複数の市町からなる共同採択地区が7（川西、丹波、北播、神崎、西播、但馬、淡路）あります（図表12-5）。

　採択地区が2つ以上の市町村の区域をあわせた地域（共同採択地区）であるときは、採択地区内の市町村教育委員会は、採択地区協議会を設けます。そして、採択地区協議会における協議の結果に基づき、種目ごとに1種類の教科書を採択します。

　ところで、採択地区協議会の決定とは違う教科書を採択したい場合に、採択地区協議会の決定と異なる教科書を選ぶことはできないのでしょうか。実際に、2011年8月に沖縄県八重山採択地区において、このような事態が問題となりました。公民の教科書について、採択地区協議会の決定に、採択地区の構成員である竹富町が従わず、異なる教科書を採択したのです。

採択地区は、以前は市あるいは郡単位で構成されており、町村は単独採択地区になることはできませんでした。しかし、2014年4月に法改正され、市町村単位で採択地区を分けることができるようになりました。

これは、教科書無償措置法の改正にまで発展しました。最終的には、この新しい法律に基づいて、竹富町が八重山採択地区から離脱し、単独で教科書採択を行うことで決着しました（→くわしくは158頁のコラム参照）。

　教科書は、子どもが何を学ぶかということに大きな影響力をもっています。一方で、住んでいる地域の公立小・中学校に通う場合は、保護者の見解や希望にかかわりなく、その地区で決められた教科書を使うことになります。このため、教科書採択を、保護者や住民が関わることができるような開かれたものにしていくことが重要です。具体的には、教科用図書選定審議会や選定委員会等の委員に保護者代表等を加えていくなど、保護者等の意見がよりよく反映されるような工夫をすることが求められています。

5　補助教材

　補助教材とは、教科の中心的な教材である教科書に対して、補助的に用いられる教材のことです。一般的には、教科書に掲載されていない練習問題や教科書の補足となる説明用の教材などであり、多くの教員が利用しています。たとえば、副読本、解説書、資料集、学習帳、問題集、プリント類、視聴覚教材、掛図、新聞などです。市販されているものだけではなく、教員が自分で作成したものも含みます。

　教材に関しては、学校の管理運営の基本的事項として教育委員会が規定することになっています。多くの教育委員会では、教材の選定は校長が行うこととしつつ、選定教科書がない教科などで教科書の代わりとなるような教材（教科用図書）の選定については、あらかじめ教育委員会の承認あるいは届け出を求めています。同様に、学年全員が使用する副読本や資料集などについても届け出ることとしている教育委員会が多いです。他方で、たとえば教員の自作プリントなどは、学校管理規則上に記載がなく、届け出ることは求められていない場合がほとんどです。

　また、補助教材の内容と取り扱いについて、文部科学省は、内容と取り扱いが適正なものであること、保護者等の負担に留意することを求めています。以下に、補助教材の適切な取り扱いについて示します。

・教育基本法や学校教育法、学習指導要領等の趣旨に沿っていること。
・その使用される学年の児童生徒の心身の発達の段階に即していること。
・多様な見方や考え方のできる事柄、未確定な事柄を取り上げる場合には、特定の事柄を強調しすぎたり、一面的な見解を十分な配慮なく取り上げたりするなど、特定の見方や考え方に偏った取扱いとならないこと。

出典：文部科学省初等中等教育局長「学校における補助教材の適切な取り扱いについて（通知）」2015年3月4日より抜粋

2　教材の作成利用と著作権

　小説、絵、音楽などの作品をコピーする際には、原則として、**著作権者の了解（許諾）**を得る必要があります。ただし、学校などの公共性の高い教育機関においては、一定の範囲内で、例外的に著作権者の許諾を得ることなく、自由に利用することができます（著作権法第35条第1項）。

　具体的には、以下の通りです。

> ア）授業の教材として使う場合
> イ）主会場で用いた他人の作品等を遠隔地の副会場に同時中継する場合
> ウ）試験または検定に用いる場合
> エ）発表用資料やレポートなどにおいて引用する場合
> オ）学芸会などで上演・演奏・上映・口述する場合

以下では、ア、エ、オについて説明していきます。

1　教材として利用する場合

　既存の著作物を利用して教材を作成する場合、以下のような条件を満たせば、著作権者の了解なしに利用することができます。

> ①営利を目的としない教育機関であること
> ②授業を担当する教員やその授業等を受ける児童生徒がコピーすること（指示に従って作業する人に頼むことは可能）
> ③授業のなかで使用すること
> ④コピーは、授業で必要な限度内の部数であること
> ⑤既に公表された著作物であること
> ⑥その著作物の種類や用途などから判断して、著作権者の利益を不当に害しないこと
> ⑦原則として、著作物の題名、著作者名などの「出所の明示*」をすること

　たとえば、授業のために教員が小説などの一部を利用してプリント教材を作成し、児童生徒に配布することや、児童生徒が調べ学習のために、新聞記事などをコピーして他の児童生徒に配布することは、問題なく行えます。ここでいう授業とは、教育課程上に位置づけられている特別活動、道徳、総合的な学習の時間なども含まれます。

　逆に、教員が、ソフトウェアなどを児童生徒が使用する複数のパソコンにコピーする場合や、市販されているドリル教材などをコピーして配布する場合は、⑥の条件に違反しており、原則として著作権者の許諾が必要と

プラスワン

試験または検定で著作物を使用する場合

入学試験や定期試験等で既存の著作物を利用する場合、厳正な試験を行うためには、事前に著作権者と連絡をとり、利用の許諾を得るということは不可能である。そこで、試験等に必要と認められる範囲内で、著作物を複製することが認められている（著作権法第36条第1項）。

重要語句

出所の明示

→複製または利用の態様に応じ、合理的と認められる方法及び程度により、著作物の題名、著作者名、出版社名などを明示すること。他人の著作物を無断で利用できる場合であっても、出所の明示は原則として必要である（著作権法第48条）。

なります。

　また、この規定により作成した資料を、授業の過程における使用の目的以外で使用する場合には、改めて著作権者の許諾を得る必要が生じます。

　なお、情報通信技術（ICT）の進展により、遠隔授業や反転授業等、ICTを活用した教育の質の向上や機会の確保が期待されるようになってきています。これに伴い、2018年に著作権法が改正され、教育機関の設置者は権利者に相当な額の補償金を支払うことを条件に、対面授業や遠隔授業の同時配信に限定されていた著作物の公衆送信だけでなく、それ以外の公衆送信も権利者の了解を得ずにできるようになりました（著作権法第35条第2項、第104条の11）。

　この補償金支払制度は、2020年の新型コロナウイルス感染症の流行に伴う遠隔授業等のニーズに対応するため、当初の予定を早め、2020年4月28日から施行されました（2020年度に限り補償金額を特例的に無償とし、2021年度から有償の補償金による本格的な制度開始が予定されています）。この補償金を徴収・分配する団体として、「一般社団法人授業目的公衆送信補償金等管理協会」（SARTRAS：サートラス）が指定されました。この団体には新聞、出版、文芸、写真、音楽、放送の各分野から22の権利者団体が参加しています。これにより、教育機関の設置者が個別に著作権者と交渉するのではなく、この協会を通して、ワンストップでの補償金支払いを行うことができることになります。

2 「引用」する場合

　発表用資料やレポートに他人の作品を「引用」して利用する場合は、以下のような条件を満たせば、著作権者の了解なしに利用することができます（著作権法第32条）。

---

①既に公表された著作物であること
②利用方法が、「公正な慣行」に合致していること
③利用の目的が、報道、批評、研究などのための「正当な範囲内」であること
④引用部分については、カギ括弧などを付して、明確にすること
⑤著作物の題名、著作者名などの「出所の明示」をすること

---

　②の利用方法が「公正な慣行」に合致しているとは、たとえば、自分の考えを補強するためなど、作品を引用する「必然性」があることなどがあげられます。③の利用の目的が「正当な範囲内」であるとは、たとえば、引用の分量が、引用される部分（他人の作品）が「従」で、自ら作成する部分が「主」であることなどがあります。

　具体的には、レポートなどにおいて自分の考えを記述するにあたり、他人の書いた論文の一部を「引用」し、自らの考えを補強する場合や、ある画家の一生を取り上げ発表する際に、表現技法の解説のために何点かの作品を資料として掲載する場合などです。

逆に、引用とはいえない例としては、修学旅行で使う資料の最後に参考資料として、市販のいくつかの旅行ガイドブックから名所・旧跡の記事を集めて掲載する場合（②の条件に違反）や、小説の感想文の結論部分に、他の雑誌に載っていた評論文をそのまま使う場合（③の条件に違反）などがあります。

3 学芸会などで上演・演奏・上映・口述する場合

文化祭等で演劇の上演や音楽の演奏などを行う場合には、原則としては上演権や演奏権等が働くことになり、著作権者の許諾を得る必要があります。ただし、以下の3つの要件をすべて満たす場合には、著作権者の許諾を得ずに演劇の上演や音楽の演奏をすることができます（著作権法第38条第1項）。

①その上演又は演奏等が営利を目的としていないこと
②聴衆又は観衆から鑑賞のための料金を取らないこと
③演奏したり、演じたりする者に報酬が支払われないこと

ただし、この規定により著作権者に無許諾で利用できる場合は、上演、演奏、上映、口述についてだけであり、脚本や楽譜のコピーについては著作権者の許諾が必要です。

以上のように、一口に教材といっても、教科書と補助教材では、法的な位置づけも、制作過程も大きく異なります。教科書については、必ずしも教員自身が教えたい内容や方法に適した教科書が選ばれるとは限りません。教科書「を」教えるのではなく、教科書「で」教えるために、教科書および補助教材の意義や位置づけをよく理解し、うまく教科書や補助教材を活用していくことが、教員に期待されているのです。

🗨プラスワン

楽譜の著作権
楽譜については、「一般社団法人日本音楽著作権協会（JASRAC）」が、脚本などの文献複写については、「公益社団法人日本複製権センター（JRRC）」が、権利者の委託を受けて、利用の許諾手続きを行っている。

ディスカッションしてみよう！

自分が教材を作成する場合を想定して、著作権と抵触しないか確認してみましょう。
・どんな教材を使うのか。
・教材をどこで探すのか。使った教材をどう編集して教材にするのか。
・子どもが使う場合にどうやって著作権を守るのか。

たとえば・・・✏

八重山教科書採択問題

　沖縄県八重山採択地区は、石垣市、八重山郡の竹富町、与那国町からなる採択地区です。2011年8月、翌年度から用いる公民の教科書について、竹富町が、協議会の答申とは異なる公民の教科書を採択するという決定をしました。協議会では育鵬社のものを選定したのに対し、竹富町では東京書籍のものを採択したのです。

　これに対して、同協議会役員会（3市町の教育長で構成）において再協議し、竹富町に協議会の結果通りの採択を行うよう指示しました。これに対して、同年9月、3市町のすべての教育委員により議論が行われ、公民の教科書について、竹富町の採択した東京書籍を「選定」することが多数決で可決されました。しかし、この全教育委員による協議に対して、石垣市教育長と与那国町教育長が無効である旨の文書を文部科学省に提出しました。

　文部科学省は、沖縄県教育委員会に対して、採択地区協議会の結果に基づき、同一教科書（育鵬社の教科書）を採択することを求めました。そして12月には、採択協議会の決定に従う石垣市、与那国町には教科書を無償給与するが、それに基づかない竹富町には無償給与しない、ただし、竹富町が教科書を購入し、生徒に無償で給与することは法令上禁止されていないという考え方を文書で沖縄県教育委員会に通知しました。

　竹富町教育委員会は、国に対して東京書籍の教科書の無償給与を求めつつも、篤志家からの支援を受けて、2012年4月には東京書籍の公民教科書を調達し、中学校生徒に教科書を配布しました。

　文部科学省はその後も文書指導や政務官の訪問、県教育委員会を通じた指導を行い、協議会の決定に基づく教科書を用いるよう要求し続けましたが、竹富町は従いませんでした。

　2014年4月、教科書無償措置法が改正され、教科書採択は地区協議会の決定に従うことが義務化されました。すなわち、採択地区協議会の決定と異なる教科書を使う竹富町の行為は、違法とみなされることになったのです。ただし、同時に、採択地区の構成が細分化され、それまで市と郡単位で構成されていたのが、市町村単位で採択地区を分けることができるようになりました。

　竹富町は、地区協議会から離脱し、独自に教科書採択をする方向で動き始めました。2014年5月、沖縄県教育委員会は、竹富町が八重山採択地区から離脱することを容認しました。このため、2015年度から使用する教科書は、竹富町は単独で採択することが可能になりました。そして、文部科学省は、法改正後、竹富町が文部科学省の是正要求に従わないことについて、違法確認訴訟を起こさない意向を示しました。ここで、この採択地区協議会の決定と、構成市町村の採択が異なるという八重山教科書採択地区問題は、事実上の終結となったのです。

復習問題にチャレンジ

（島根県　2017年）

A～Eは、学校における著作物の複製等に関する場面について述べたものである。著作権法に規定されている<u>学校などの教育機関</u>における例外措置として認められるものを○、認められないものを×としたとき、組合せとして正しいものを①～⑤から一つ選べ。

A　児童生徒が、調べ学習のために新聞記事などをコピーして、他の児童生徒に配布した。
B　学校の定期テストの問題として、教科書を複製して使った。
C　授業者が自分で買った小説の一部を一学級生徒数分コピーし、生徒に配布し授業を行った。
D　部活動の顧問が部活動での指導に使うため、書籍の一部を部員20名分コピーして配布した。
E　研究発表会で、教科書の複製を外来の教師に配布した。

	A	B	C	D	E
①	○	○	×	×	○
②	○	○	○	○	×
③	×	×	×	×	×
④	×	○	○	×	○
⑤	○	○	×	○	×

理解できたことをまとめておこう！

ノートテイキングページ

学習のヒント：教科書が子どもの手元に届くまでにどのようなことがあるのか整理してみましょう。転校や障害、不登校など何らかの問題があったときに、教科書はどうなるのかも整理しておきましょう。

児童生徒に関する法規①
：就学と在学、卒業

理解のポイント

学校に入学し、思い思いの学校生活を過ごし、卒業する経験は、私たちにとって当たり前の経験です。この何気ない経験を支えるうえで、教育を受ける機会を保障する、就学、在学、卒業に関わる法規があるのです。本講では、小学校・中学校などの義務教育段階を中心に、それらの法規の基本を押さえます。

1 就学

　就学とは、行政で定められた通学区域（学区や校区）に設置される学校への入学から卒業（または退学）までの、もしくは期間に、学校教育に就くことをいいます。保護者には、小学校と中学校、特別支援学校に就学させる義務があると定められています。なお、就学する学校の種類や就学についての法制度上の位置づけについては、第3講を参照してください。

　就学するときには、市町村が行うさまざまな手続きを踏まなければなりません。就学の手続きを図表13-1に示しました。なお特別支援学校への就学の手続きは、都道府県を介して行われます。

図表13-1　就学の手続き

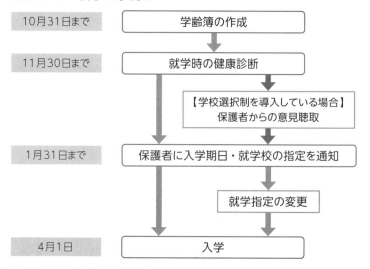

出典：文部科学省「小・中学校への就学について」2017年をもとに作成

1 学齢簿の作成と就学期日の通知・就学校の指定、就学相談

① 学齢簿の作成

　就学の手続きは、まず「学齢簿」の作成から始まります。学齢簿は、市町村教育委員会が作成することを義務づけられた、市町村の学齢児童と学齢生徒の名簿です。

　学校教育法施行令第2条によると、市町村教育委員会は、10月1日現在の住民基本台帳の記載をふまえて、10月31日までに就学予定児の学齢簿を作成しておかなければなりません。なお学齢簿は、就学時から義務教育修了まで保管されます。

② 就学時の健康診断

　さらに学校保健安全法施行令第1条によると、学齢簿に基づいて、就学予定児に対する「就学時の健康診断」が、11月30日までに行われます。その目的は、児童の身体的・心理的な成長・発達の様子を診断し、今後の学校保健の参考とすることです。

　就学時の健康診断は、市町村教育員会に実施義務がありますが、その実施は公立の小学校で行われることが多いです。なお保護者に、児童の健康診断の受診義務はなく、受診させるかどうかは保護者の意思によります。

③ 就学期日の通知・就学校の決定

　就学時の健康診断の後、1月末日までに市町村教育委員会が保護者に対して就学校（就学する小学校）を通知します。なお健康診断の結果が、学校教育法施行令第22条の第3項に示される障害の種類や程度の基準（特別支援学校への就学基準）に該当した場合は、学校教育法施行令第5条に基づいて、12月末日までに市町村教育委員会から都道府県教育委員会に、視覚障害者などの通知がなされます。

④ 就学手続きにおける本人・保護者の意見の尊重

　ただし、ここで注意すべきは、上記の特別支援学校への就学基準*に該当することのみで、機械的に特別支援学校への就学が判断されることがないことです。「学校教育法施行令の一部改正について（通知）」（文部科学省、2013年9月1日）によると、市町村教育委員会は、「障害の状態、本人の教育的ニーズ、<u>本人・保護者の意見</u>、教育学、医学、心理学等専門的見地からの意見、学校や地域の状況等を踏まえた総合的な観点」（下線は筆者による）を踏まえて、最終的な決定をすることとされています。

⑤ 就学相談

　ここで大切なことは、本人や保護者の意見をしっかりと就学の手続きに反映させるように、就学相談が行われることです。就学相談は、小学校教員のみならず、担任の保育士や幼稚園教員、担当地域の保健師など日頃の就学予定児をよく知っている関係者と行われることが求められます。

　また保護者に対して、就学の手続きや就学決定後であっても柔軟に就学校を変更することが可能であるなど、就学に関するガイダンスも行うことが重要です。さらに就学が決定したら就学相談を終了するのではなく、就学後の児童の発達、生活や学習の状況を把握し、成長・発達を促す修学相談として継続される必要があります（渡部昭男『障がいのある子の就学・

プラスワン

学齢児童と学齢生徒

学齢児童と学齢生徒とは、小中学校への就学年齢にあたる児童生徒のことをいう。満6歳の誕生日以後の最初の4月1日から9年間（満15歳に達した日以後の最初の3月31日まで）が該当する。

日本では、年齢計算ニ関スル法律（1902年）によって、法律上は誕生日の前日に満年齢を更新する数え方を採用しています。そのため、4月1日生まれの児童については、3月31日に満6歳を迎えるため、4月1日から始まる新学年に就学することになります。

重要語句

就学基準

→特別支援学校への就学の条件であり、総合的判断の際の判断基準の一つとなる。

進学ガイドブック』青木書店、2008年）。

上記のプロセスを経た後、市町村教育委員会が特別支援学校への就学を決定した場合、1月末日までに都道府県教育委員会に通知し、そこから保護者にも通知されます（学校教育法施行令第5条）。

2　就学校の変更、区域外就学、学校選択制

就学の手続きにあたっては、通学区域だけで判断せずに、児童生徒や保護者の意見をふまえて、就学校を決定する仕組みがあります。

① 就学校の変更

学校教育法施行令第8条によると、就学校は保護者の申立があれば変更できる可能性があります。就学校を変更するためには、地理的・身体的な理由やいじめへの対応、その他の具体的な事情などの理由が必要です（図表13-2）。

図表13-2　2009年度入学時の児童生徒の就学校の変更

	認めた事例のある市区町村等数	申立件数	変更件数	変更の理由（市区町村等の数）			
				いじめ等	通学距離	部活動等	その他
小学校	1,060	35,345	34,778	150	553	75	862
中学校	866	25,975	25,091	335	374	367	586

出典：文部科学省「小・中学校における就学校の変更の状況について」2009年をもとに作成

さらに学校教育法施行規則第33条によると、就学校の変更や手続きを公表することが定められています。また学校教育法施行規則第32条では、保護者の申立が可能なことが説明されています。

② 区域外就学

学校教育法施行令第9条第1項によると、就学予定児童生徒の住所地の市町村が設置する学校とは異なる学校に就学する「区域外就学」もできるとされています。他の市町村立の学校に就学する場合や、都道府県立の学校に就学する場合、国立または私立の学校に就学する場合などがこれにあたります。

他の市町村立の学校に就学する場合は、関係する市町村教育委員会が協議して、個別の事情に応じてなされます。個別の事情については、通学の利便性、希望する部活動の有無やいじめの対応など、さまざまな事柄があります。区域外就学の条件は、各市町村によって定められています。

就学する学校が都道府県立、国立、私立の小学校、中学校、義務教育学校または中等教育学校である場合は、保護者が住所地の市町村教育委員会に届け出を行う必要があります。

③ 学校選択制

また公立小中学校においては、保護者の意見をふまえて市町村教育委員会が就学校を指定する仕組みがあります。これを「学校選択制」と呼びま

図表13-3　学校選択の種類

（A）自由選択制	当該市町村内のすべての学校のうち、希望する学校に就学を認めるもの
（B）ブロック選択制	当該市町村内をブロックに分け、そのブロック内の希望する学校に就学を認めるもの
（C）隣接区域選択制	従来の通学区域は残したままで、隣接する区域内の希望する学校に就学を認めるもの
（D）特認校制	従来の通学区域は残したままで、特定の学校について、通学区域に関係なく、当該市町村内のどこからでも就学を認めるもの
（E）特定地域選択制	従来の通学区域は残したままで、特定の地域に居住する者について、学校選択を認めるもの
（F）その他	（A）〜（E）以外のもの

出典：文部科学省「小・中学校における学校選択制の実施状況について」2012年をもとに作成

す。学校選択制の種類を図表13-3にまとめています。

　学校選択制においては、就学校変更と異なり、選択する理由は原則的に問われないとされています。市町村教育委員会は、保護者が希望する学校の調査を行い、希望先の学校が受け入れられる場合、その学校を就学校と指定します。なお希望者が多い場合には抽選などが行われます。

2　進級と卒業

　小学校や中学校に就学した後、学校では、1年生、2年生と進級し、そして小学校6か年か中学校3か年を過ごすと卒業し、次の進路に向かいます。こうした在学関係に関わる事柄は、ほかにも原級留置（留年）、休学、転学*、編入学などがあげられます。

1　課程の修了と進級

　一般的には、進級は学年が進むことを意味しますが、教育法規において進級とは、義務教育段階では「各学年の課程の修了」（学校教育法施行規則第57条、第79条）を意味します。各学年の課程の修了は、図表13-4の左側に示した年数主義の考え方をもとに「平素の成績を評価して」判断されます（日本教育法学会編『教育法学辞典』学陽書房、1993年）。年数主義は、たとえば11歳だから5年生というように、年齢と学年がマッチする学年制をつくる根拠となります。

　児童生徒を進級させるかどうか判断するときには、各学年での教育課程

プラスワン

特認校制

特認校制については、たとえば、愛媛県松山市では、市内在住者ならば誰でも編入学できる「全市域選択制」を導入し、児童生徒が、学区外から就学できる取り組みが見られる。

語句説明

転学

→児童生徒が、同じ種類の他校（たとえば、A小学校在籍だとB小学校）の相当する学年に移ることをいう。

図表13-4　年数主義と課程主義

年数主義（履修主義）	課程主義
就学期間の始まりと終わりの年齢が示される	ある一定の教育内容の修得・達成を必要とする

全体を考慮することが基本となります。つまり児童生徒の個々の教科・科目の修得状況ではなく、全体的な教育課程の内容の修得状況が進級を決めるということです。また出席状況も考慮する必要がありますが、長期欠席の場合も進級させることはあり得ます。その際、欠席は、総授業時数の半分程度までとする見解があります。以上により、年数主義を採用しているとはいえ、児童生徒が自動的に進級することは、法規上想定されていません。

さらに進級できずに、「原級留置」（留年）という、原級（現在の学年）に留め置かれる措置もあり得ます。義務教育段階では、原級留置をしても就学義務は延長されませんが、児童生徒の教育を受ける権利は年齢に関わりなく存在し、教育行政の責任義務も継続することになります。このことを図表13-4の課程主義に即して考えると、留年は、児童生徒の教育を受ける権利を保障する積極的な意味もあり得るといえます。

なお、「義務教育の段階における普通教育に相当する教育の機会の確保等に関する法律」（2016年、通称：教育機会確保法）の制定に伴い、フリースクール等の民間団体と連携した不登校の児童生徒への支援が進みつつあります。たとえば、フリースクールは学校教育法の一条校に位置づいていませんが（→第3講参照）、不登校児童生徒に対して、その実態に応じる「特別の教育課程」（特例校方式）を設置したり、フリースクールやICTを活用した学習などを指導要録上の出席扱いとしたりしています。

2 卒業

教育法規において、卒業とは、義務教育段階の場合、それぞれの学校のすべての課程の修了が認められたということを表します（学校教育法施行規則第57条）。そして小学校と中学校の場合、児童生徒に対して全課程修了の「しるし」として、校長から卒業証書が授与されなければなりません。つまり卒業は、単に学校生活を過ごしたという結果ではなく、児童生徒が、学校での教育内容全体をしっかりと修得したしるしであることが求められます。

なお高等学校の場合、学年制と単位制*を採用していますので、卒業は以下の2つの条件をクリアすることで認められます。つまり①「74単位以上を習得した者」（学校教育法施行規則第96条）という卒業要件と、②各学年で定められた「課程の修了」を積み上げることの両方を満たすことです。ただし、学年制を取らない単位制高等学校（学校教育法施行規則第103条）では、大学のようにそれぞれの必要な単位を取得することになります。

3 学級編制

学校に入学すると、学級（クラス）が編成され、そこで授業を受けたり、

給食を食べたりするなどして学校生活を送ります。この学級編制にも教育法規が大きく関係しています。以下では、学級編制に関する法規の基本や内容について学びましょう。

1 学級編制

学級編制は、同学年の集団を原則にしています。さらに公立の学校の学級編制は、「公立義務教育諸学校の学級編制及び教職員定数の標準に関する法律」（標準法）と「公立高等学校の適正配置及び教職員定数の標準等に関する法律」（高校標準法）に基づいて編成されます。つまり学級編制は、法的基準に基づくものであるといえます。

2 学級編制の基準と学級数

現在、日本では、国立・公立・私立の小中学校が設置されています。そして、これらの学校のなかには、さまざまな学級が存在しています。

ここでは、学級編制の基準について、小中学校を事例として説明します。小中学校では、1学級の児童生徒数は、40人が原則となります（小学校設置基準第4条、中学校設置基準第4条）。この原則は、設置者（国公私立）にかかわらず、すべての小中学校に当てはまります。この原則をふまえて、同学年児童生徒40人以下で編成される学級を「単式学級」と呼びます。ただし単式学級以外にも、小中学校には、「複式学級」と「特別支援学級」と呼ばれる学級編制が存在します（図表13-5）。

また図表13-6および図表13-7に、それぞれ小学校と中学校の、国公私立別に、単式学級、複式学級、特別支援学級の総数を示しています。これを見ると、単式学級が約8割を占めていることがわかります。

図表13-5 学級編制の区分と児童生徒数

校種	学級編制の区分	一学級の児童または生徒の数
小学校	同学年の児童で編制する学級（単式学級）	40人（第1学年の児童で編制する場合35人）
	複数学年の児童で編制する学級（複式学級）	16人（第1学年の児童を含む場合8人）
	特別支援学級	8人
中学校	同学年の生徒で編制する学級（単式学級）	40人
	複数学年の生徒で編制する学級（複式学級）	8人
	特別支援学級	8人

出典：「公立義務教育諸学校の学級編制及び教職員定数の標準に関する法律」をもとに作成

プラスワン

組織編制

大まかには、教育委員会の職務権限の一つであり、または公立の義務教育段階の学校における、校務分掌、職員会議、学級の編制を意味する。

プラスワン

特別支援学校の学級

公立の場合、小学部、中学部は6人以下、高等部は8人以下で学級を編制する。ただし重複障害（たとえば知的障害や肢体不自由の2つの診断がつくように、障害が複数あること）学級の場合は、学部を問わず3人以下の編制となる。

図表13-6 2019年度の小学校の学級数

小学校		単式学級	複式学級	特別支援学級
	国立	1,131	27	18
	公立	218,541	4,492	46,554
	私立	2,837	30	18
計		222,509	4,549	46,590

出典：文部科学省「学校基本調査（令和元年度）」2019年をもとに作成

図表13-7 2019年度の中学校の学級数

中学校		単式学級	複式学級	特別支援学級
	国立	774	–	16
	公立	90,186	159	19,692
	私立	7,374	5	9
計		98,334	164	19,717

出典：文部科学省「学校基本調査（令和元年度）」2019年をもとに作成

① 単式学級

　単式学級は、40人が原則ですが、2010年に都道府県は国の標準を下回る学級編制基準の設定（弾力化）を何らかの形で行っています。その理由は、学級規模が大きすぎると、教師の指導や学級経営がきめ細かく行われることに支障をきたすかもしれないので、その改善を行うためです。またなかには、発達障害の特性や本人のニーズによって、集団に居続けることへの負担や不安感を感じる児童生徒もいるため、彼ら・彼女らへの支援の一環としても、弾力化の措置は有効であると考えられます。

　さらに標準法の改正（2011年）によって、公立小学校1年生については35人以下で編制するように定められました。また、小学校2年生以上についても学級編制の基準を引き下げるように検討し、必要な措置を取ることが求められています。

② 複式学級

　単式学級が原則ですが、特別な事情がある場合、異学年の児童生徒で編制された複式学級を設けることができます。複式学級は、鹿児島県や長崎県など離島が多い地域や、山間地など人口が少ない地域に設置されている場合が多くあります。公立の場合、複式学級は小学校では16人以下（1年生を含む場合は8人以下）、中学校では8人以下で編制することができます。

　複式学級においては、主に一人の教員が、異学年の児童生徒を同時に指導することから、一方の学年の児童生徒たちの自習が多くなり、教員の指導が行き届かなくなることがあるとされています。しかし、複式学級は異学年の児童生徒が、互いに教え合い、学び合える学習集団に変容する可能性を秘めています。たとえば、高学年の児童生徒が低学年の児童生徒の

学習をサポートするという学び合いは、高学年の児童生徒の応用的な学び、低学年の児童生徒の基礎的な学びを促すということです。実際に、こうした理想を実現しようと努める複式学級での実践が、各地で蓄積されてきているのも事実です。

③ 特別支援学級

特別支援学級とは、障害の種別に基づいて編制される、小中学校の少人数学級（8人を上限）です。それぞれ知的障害、肢体不自由、病弱・身体虚弱、弱視、難聴、言語障害、自閉症・情緒障害の学級があります。「障害児学級」や「仲良し学級」と呼ばれたりします。なお公立高等学校には、今のところ、特別支援学級は設置されていません。

特別支援学級は、該当児童生徒が一人でもいれば開設することができます。たとえば、知的障害児と肢体不自由児がそれぞれ一人ずついる場合は、知的障害児学級と肢体不自由児学級が、それぞれ1学級ずつ開設できます。

特別支援学級では、児童生徒の障害の状態や程度、発達の様子、学習及び生活状況などの実態に応じて、個に応じた指導・支援が行われます。そして特別支援学級は、法規上の学級編制としてではなく、実際の教育上の必要に応じて学習集団を柔軟に学級編成できます。

上で述べた知的障害児学級と肢体不自由児学級の2学級（2人）については、必要があれば合同編制にして2人がともに学ぶ時間を保障することもできます。また児童生徒に応じて、通常学級（大抵、児童生徒の該当学年の学級）での授業に参加したり、給食を食べたりするなど、学級同士の交流や共同学習をすることも可能です。実際、多くの小中学校では、通常学級と特別支援学級の子どもたちで、体育、音楽や特別活動など、さまざまな時間で交流が行われています。

このことは、多様な人々を包摂（排除せずに多様性を認め合う）する「共生社会」の創造の一助とすることを目的としています。

プラスワン

通級による指導

「通級による指導」とは、通常学校に在籍する障害のある子どもが、障害の状態や学習ニーズに応じて、特別支援学級や特別の指導の場で個別的な指導を受ける仕組みである。通常学級に在籍しながら学級を超えて指導を受けることができ、小・中・高等学校で制度化されている。

ディスカッションしてみよう！

学級編制基準の是非

小学校、中学校には、単式学級、複式学級、特別支援学級があり、それぞれ人数が定められています。皆さんが過ごした学級の規模や学級での様子（学習や子ども同士または教員との関わり）は、どのような感じだったか振り返ってみましょう。また、その経験を通して、現行の学級編制基準のよいところや課題および問題点について、話し合ってみましょう。

たとえば・・・

障害のある子どもの就学と 個別の教育支援計画

　ここでは、障害のある子どもの就学相談や支援において求められる「個別の教育支援計画」について説明します。本講の第１節 **1** でも、特別支援学校への就学の手続きについてふれましたが、基本的に、障害の有無にかかわらず、就学の手続きは統一されています。学齢簿の作成、就学時健康診断のプロセスは共通です。ただし就学時健康診断の結果をふまえて、学齢児に就学基準を照らし合わせて障害があると判断された場合、１月31日の就学校（小学校・特別支援学校）の入学期日の通知までに、就学校の決定がなされます。

　ここで大切なことは、障害のある子ども一人ひとりに応じた、個別の教育支援計画を作成し、活用しながら就学相談を行い、就学校決定の総合的判断をすることです。「今後の特別支援教育の在り方について（最終報告）」（特別支援教育の在り方に関する調査研究協力者会議、2003年）によると、「個別の教育支援計画」とは、障害のある子どもの乳幼児期から学校卒業後のライフステージに応じて、医療、福祉、教育などの関係機関と連携し、適切な支援を行うための長期的な計画です。個別の教育支援計画は、障害の状態や程度、発達の様子、生活状況などを総合的に検討し、ライフステージごとの特別な教育的ニーズを特定し、どのような支援内容を提供するのかを明らかにするために作成されます。必要に応じて、評価・修正・改善が行われます。

　なお個別の教育支援計画は、2017年の特別支援学校学習指導要領改訂に伴い、通常学校と特別支援学校を問わず、障害のある子どもが在籍した場合、作成が義務づけられました。

　この個別の教育支援計画は、学校（通常学校および特別支援学校の双方）が中心となり作成されますが、そこでは関係機関、保護者や当事者の意見を踏まえることが必要です。作成のプロセスは以下の通りです。

---

①障害のある子どもの実態把握
②実態に即した指導目標の設定
③具体的な教育的支援内容の明確化
④評価

　また個別の教育支援計画は、障害者基本計画（障害者支援に関する政策・施策の基本的理念を示す障害者基本法の具体化を図る計画）に基づく「個別の支援計画」という国や自治体の政策・施策の、学校教育段階に限った計画のことを指します。個別の支援計画は、障害の早期発見（１歳半検診、３歳児検診など）、早期発達支援、学校教育段階における支援、卒業後の地域生活の支援を体系化した、とても大きな計画です。個別の支援計画は、障害のある子どもを地域社会のなかで支援するという意義を有しています。

　つまり個別の教育支援計画は、個別の支援計画の一環として作成する必要があります。したがって障害のある子どもの就学相談は、生まれてから大人になるまで、その子どものライフステージを見据えて行われなければなりません。また特別支援学校は、地域の通常学校に対して特別支援教育に関する支援・助言を行うセンター的機能が求められています。特別支援学校は、個別の教育支援計画の作成でも、センターとしての役割を果たす必要があります。

　このように個別の教育支援計画は、学校の種類や場を限定せずに、子どもの特別な教育的ニーズに応じる特別支援教育を象徴する重要なツールであり、考え方であるともいえるのです。

復習問題にチャレンジ

（東京都　2019年）

公立学校の就学に関する記述として、法令に照らして適切なものは、次の1〜5のうちどれか。

1 保護者は、子の満7歳に達した日の翌日以後における最初の学年の初めから、満13歳に達した日の属する学年の終わりまで、子を小学校等に就学させる義務を負う。

2 学齢児童又は学齢生徒で、病弱や発育不完全のため、就学困難と認められる者の保護者に対しては、地方公共団体の長は、就学させる義務を猶予又は免除することができる。

3 経済的理由によって、就学困難と認められる学齢児童又は学齢生徒の保護者に対しては、国は必要な援助を与えなければならない。

4 区市町村の教育委員会は、当該区市町村の住民基本台帳に基づいて、区域内に住所を有する学齢児童及び学齢生徒について、学齢簿を編制しなければならない。

5 保護者は、区市町村教育委員会が指定した小学校、中学校等への就学を変更する場合、速やかに、変更以前の学校の校長に対し、子が入学しない旨を届け出なければならない。

理解できたことをまとめておこう！

ノートテイキングページ

学習のヒント：就学校の変更が可能となる具体的な事由を調べて整理してみましょう。

児童生徒に関する法規②：懲戒と出席停止

理解のポイント

皆さんが将来、クラス担任をすると、クラスの子どもが問題行動を起こす場面に出あうことがあるでしょう。そのとき皆さんならどうしますか。教育上の必要から、「懲戒」を加えるでしょうか。この「懲戒」が報道され、問題になることがよくあります。本講では、まず、「懲戒」とはどのようなものかを取り上げて説明します。教員にとって、「懲戒」についてよく理解することはきわめて重要なことですから、しっかりと学んでいきましょう。

1　懲戒とはどのようなものか

1　教員の懲戒権

　子どもを教育していくには「ほめること」と同時に「叱る」ことも欠かせません。この子どもを叱るという行為を、法律用語でいえば「懲戒*」ということになります。懲戒という用語には、何となく威圧的で非教育的なニュアンスが感じられます。しかし、なぜ教員は懲戒ができるのか、懲戒の種類にはどのようなものがあるのかについて法的な根拠とともに理解することはとても大切です。それでは、以下でこれらのことについて見ていきましょう。

① 校長・教員の懲戒権とは

　親が子どもを懲戒することは、いちいち法律に規定がなくても自然の権利として当然可能です。ところが、教員の場合は、自然法上の権利というわけにはいきません。そこで、学校教育法第11条では、校長・教員は児童生徒に対して懲戒を加えること、すなわち学校における懲戒権の行使が認められています。懲戒は、教育目標を達成するためにやむを得ない措置として法的に認められていますが、教育作用の一種であると同時に、学校の秩序を維持するためのものでもあります。

　条文では、懲戒できるのは「校長及び教員」としていますが、この場合、教員の範囲は副校長、教頭、主幹教諭、指導教諭、教諭、助教諭、講師等であり、事務職員には懲戒権は認められていません。

　懲戒の対象となる児童生徒の範囲は、単に自分の受け持ちの児童生徒だけでなく、自分が勤務する学校のすべての児童生徒となります。ですから、他の学校の児童生徒には懲戒を加えることはできません。

② 懲戒とはどのようなものか

　では、具体的に懲戒にはどのようなものがあるのか調べてみましょう。

重要語句

懲戒

→不正・不当な行為をした者に制裁を加えることにより、本人の自覚と反省を促し、自己教育力や規範意識の育成を期するもの。

叱ることも大切！
ほめる：叱る＝3：1
アメリカの心理学者のロサダの法則です。

プラスワン

自然法

人間の本性そのものに基づいて普遍的に存立する法。反対の意味は実定法。

図表14-1　懲戒と考えられるもの（一部体罰を含む）

- ・叱って席につかせる
- ・掃除当番をふやす
- ・長時間正座*させる
- ・トイレに行かせない
- ・縛る
- ・校長が訓戒*をする
- ・退学させる
- ・宿題を多く課す
- ・教室内に立たせる
- ・物を投げつける
- ・頬を平手打ちする
- ・殴る、蹴る
- ・自宅謹慎を命ずる

一口に懲戒といっても、その種類や程度はさまざまです。図表14-1の例を見てみましょう。

　これらの懲戒はそれぞれの特色に応じて、大きく2種類に分類することができます。図表14-1のなかには体罰に当たるものもありますが、わかるでしょうか。懲戒と体罰の違いについては、このあとくわしく学習していきましょう。

❸ 懲戒権者と懲戒の種類

　学校教育法第11条を受けて、学校教育法施行規則第26条で懲戒の種類と懲戒権者、対象者について次のように規定しています。

（1）性行*不良で改善の見込がないと認められる者
（2）学力劣等で成業*の見込がないと認められる者
（3）正当の理由がなくて出席常でない者
（4）学校の秩序を乱し、その他学生又は生徒としての本分に反した者

　前述の通り、懲戒にはその性質上、2種類のものがあります。

　1つ目は法的*な効果を伴う処分としての懲戒です。具体的には退学、停学、訓告のことで、2つ目の懲戒と異なり重い処分といえます。そこで、この懲戒は校長のみが行うことができます。

　2つ目は、法的効果を伴わない事実上*の行為としての懲戒です。具体的には体罰にならない範囲で、叱責したり、起立や清掃を命じたりすることが該当し、校長と教員が行うことができます。

　図表14-2と図表14-3で、懲戒の種類とそれぞれの内容、懲戒を行うことができる者（懲戒権者）、懲戒の対象者を確認しておきましょう。また懲戒が教育作用であることをしっかりと認識し、懲戒がその児童生徒にとって真に教育的効果をもつものとなるよう慎重かつ的確に行わなければならないことに注意しましょう。なお、保育には懲戒という概念自体が存在しないことから、幼児は懲戒の対象に含まれません。

これで、図表14-1の懲戒の例はこれら2つのいずれの懲戒に当たるかがわかりますね。

171

図表14-2　懲戒の種類

種類	内容	懲戒権者
事実行為としての懲戒 教師が日常において児童生徒に行うことがあるもの。法的効果を伴わない。	叱責、起立、罰当番（清掃を命じる）　など ※体罰は禁止	校長 教員
処分としての懲戒 児童生徒の教育を受ける地位や権利に変動をもたらす、法的効果を伴うもの。	①退学……児童生徒の当該校での身分を失わせる（その学校をやめる）という最終的な厳しい処分のこと。公立の義務教育段階の学齢児童生徒には適用されない。 ②停学……児童生徒の登校を一定期間停止し、当該校で教育を受ける権利を停止する処分のこと。国公立・私立を問わず義務教育段階の学齢児童生徒には適用されない。 ③訓告……文書または口頭での注意のこと。	校長

図表14-3　退学と停学の対象

	退学	停学
公立 小・中学校	×	×
国立／私立 小・中学校	○	×
高等学校	○	○

×…行使不可、○…行使可

> **ミニコラム**
>
> ### 謹慎とは
>
> 　停学とは別に「謹慎」も、「Aくんは喫煙して、今自宅謹慎中だ」などとよく使われる言葉です。謹慎というのは、「学校で授業を受けずに、その間は自宅において過ちを反省して、言行をつつしんで（謹慎して）いなさい」と命ずる生活指導上の措置です。懲戒処分の停学とは異なり、本人の同意なく、一方的になされることはありません。ただ、停学が義務教育諸学校では国公立・私立を問わず禁じられていることと、自宅謹慎が実質的に停学に準ずる処分であることを考え合わせると、義務教育諸学校では自宅謹慎を行うことはできないと考えられます。

□ プラスワン

自宅謹慎
高等学校の現場では、自宅謹慎ではなく登校謹慎という形態をとっているのが現状のようである。

■2■ 体罰の禁止

　前述の通り、教員は児童生徒および学生に懲戒を加えることができますが、体罰を加えることはできません。すなわち禁止されています。では、どこまでが「事実上の行為としての懲戒」として許され、どこからが「体罰」となるのでしょうか。一口に体罰といっても、ケースによりさまざま

です。それでは以下で、「体罰と懲戒の違い」「体罰の範囲」についてくわしく勉強していきましょう。

① 体罰と懲戒の違い

　教員自身が「懲戒」の範囲だと思って行った行為が「体罰」になってしまうケースは珍しくありません。どこまでが「懲戒」で、どこからが「体罰」になるのかについては、2013年3月1日に文部科学省からの通知（「体罰の禁止及び児童生徒理解に基づく指導の徹底について」）が出され、体罰にあたるかどうかは諸条件を客観的に考慮して、個々のケースごとに判断することが示されたので、確認しておきましょう。

2　懲戒と体罰の区別について

（1）教員等が児童生徒に対して行った懲戒行為が体罰に当たるかどうかは、当該児童生徒の年齢、健康、心身の発達状況、当該行為が行われた場所的及び時間的環境、懲戒の態様等の諸条件を総合的に考え、個々の事案ごとに判断する必要がある。この際、単に、懲戒行為をした教員等や、懲戒行為を受けた児童生徒・保護者の主観のみにより判断するのではなく、諸条件を客観的に考慮して判断すべきである。

---

② 体罰の範囲

　次に体罰とはどの範囲までをいうのでしょうか。これについては、上記の文部科学省の通知の2の（2）に以下のように示されています。

（2）（1）により、その懲戒の内容が身体的性質のもの、すなわち、身体に対する侵害を内容とするもの（殴る、蹴る等）、児童生徒に肉体的苦痛を与えるようなもの（正座・直立等特定の姿勢を長時間にわたって保持させる等）に当たると判断された場合は、体罰に該当する。

　「肉体的苦痛を与えるようなもの」も体罰にあたることに注意してください（図表14-4）。

図表14-4　体罰の例

長時間の正座

殴る

トイレに行かせない

図表14-1で体罰に当たるものは、
・長時間正座させる
・トイレに行かせない
・縛る
・物を投げつける
・頬を平手打ちする
・殴る、蹴る
ですね。
しつけ目的だからとか、軽くだから許されるということではありません。

③ 正当防衛および正当行為について

　体罰の禁止についてよく理解できたでしょうか。では、たとえ校内で児童生徒の暴力行為があっても教員は絶対に手を出してはいけないのでしょうか、児童生徒から教員に対して攻撃されても、無抵抗でいなければならないのでしょうか。皆さんは、どのように考えますか。

　これについては、上記の文部科学省からの通知の３の（２）に以下のように示されています。

　簡単にいうと、児童生徒の暴力行為が教員自身や他の児童生徒にとって危険となる場合は、防衛のためにやむを得ず教員が反撃しても、過剰防衛とならない限り、法的な責任を免れると考えてよいことになります。よく内容を理解しておきましょう。

④ 部活動指導と体罰

　教員にとって、部活動の指導は日々の授業以外で大きな負担になっている面があり、どの学校においてもさまざまな課題を抱えているというのが現状です。2012年に大阪市で高校生が教育活動の顧問から体罰を受け、それを苦にして自殺するという痛ましい事件が発生し、大きな社会問題となりました。部活動の指導に当たる教員等は適切な教育活動をする必要があります。そこでこのことについて、上記の文部科学省からの通知で、生徒の心身の健全な育成に資するよう、適切な教育活動として、生徒の健康状態・体力・技量等を考慮して、管理職の指示のもと部活動顧問は指導しなければならないことが示されました。体罰を厳しい指導として正当化することは誤りであり、許されないのは当然のことです。通知の５の内容は以下の通りとなります。

5　部活動指導について （１）部活動は学校教育の一環であり、体罰が禁止されていることは当然である。成績や結果を残すことのみに固執せず、教育活動として逸脱することなく適切に実施されなければならない。 （２）他方、運動部活動においては、生徒の技術力・身体的能力、又は精神力の向上を目的として、肉体的、精神的負荷を伴う指導が行われるが、これらは心身の健全な発達を促すとともに、活動を通じ

重要語句

有形力
→目に見える物理的な力（→181頁知っておくと役立つ話参照）。

プラスワン

教育活動として逸脱した部活動
過重な練習を課し、勝つことのみを重視した勝利至上主義的な部活動など。

て達成感や、仲間との連帯感を育むものである。ただし、その指導は学校、部活動顧問、生徒、保護者の相互理解の下、年齢、技能の習熟度や健康状態、場所的・時間的環境等を総合的に考えて、適切に実施しなければならない。

指導と称し、部活動顧問の独善的な目的を持って、特定の生徒たちに対して、執拗かつ過度に肉体的・精神的負荷を与える指導は教育的指導とは言えない。

（3）部活動は学校教育の一環であるため、校長、教頭等の管理職は、部活動顧問に全て委ねることなく、その指導を適宜監督し、教育活動としての使命を守ることが求められる。

⑤ 体罰における教員の責任

体罰の禁止は、人権の尊重から当然のことですが、教育の現場においては、どうしても厳しく叱る、場合によっては体罰には該当しないものの、不適切な行き過ぎた指導となる場面もあります。それでは、体罰禁止にふれると、教員はどのような責任を負うことになるのでしょうか。

体罰に関する判例はいくつもありますが、1955年5月の大阪高裁判決で殴打の暴力行為に対して、体罰を加えた教員に有罪が言いわたされました。また、修学旅行先で高校生を体罰で死にいたらしめた事件では、1986年3月水戸地裁は教員に対して傷害致死罪で懲役3年の実刑判決が下されました。このように教員に対する責任*追及は、刑事上の責任とともに体罰による負傷等に対する治療費や、慰謝料請求の民事上の責任の問題があり、さらに違法行為に対し公務員法上の責任追及（公務員法上の懲戒処分）がなされることもあります。

⑥ 体罰ではないが不適切な懲戒

体罰にはあたらないが、児童生徒に過度の肉体的苦痛を与えるおそれがある、場合によっては人権侵害として問題となる可能性がある不適切な懲戒もあります（図表14-5）。たとえば、長時間廊下に立たせる、校庭を何周も走らせる、人格を無視するような暴言を吐くなどです。

図表14-5　不適切な懲戒

長時間廊下に立たせる

暴言を吐く

🖊重要語句

教員に対する責任

→以下の3つの法的責任が問われることがある。
・刑事上の責任
・民事上の責任
・行政上の責任

2 出席停止

1 2つの出席停止

義務教育では退学や停学が認められないため、悪質な問題行動等があった場合にも、実際上学校としては何ら措置が取れなくて、他の児童生徒の教育に著しく悪影響を与えることがあるときは、どうしたらよいのでしょうか。

このような場合に、義務教育諸学校には2つの出席停止の措置があります。出席停止とされた期間は、出席すべき日には数えられず、欠席・欠課としては取り扱われないことになっています。以下でこれらについてくわしく勉強していきましょう。

1つ目は「感染症*予防のため」であり、2つ目は「性行不良のため」です。図表14-6は、それぞれの内容についてまとめたものです。

図表14-6　出席停止の措置

理由	決定権限者	指示対象者	根拠となる法令
感染症予防のため	校長	小・中学校の場合 ・児童生徒の保護者 高等学校の場合 ・生徒	学校保健安全法第19条
性行不良のため	市町村教育委員会	児童生徒の保護者	学校教育法第35条

① 感染症予防のための出席停止

第9講で学んだように、学校は、児童生徒が数多く集う場であり、一度発生すると多大な被害を出す可能性が高い感染症の予防は、学校経営上で最も重要な課題といえます。そこで、学校の管理責任者である校長は学校保健安全法第19条に、感染症予防のための出席停止を小・中学校の場合は保護者に、高等学校の場合は生徒に指示できると定められています。

なお、出席停止となる感染症は図表14-7の通り、第一種、第二種、第三種に分類されます。

出席停止期間は学校医に診断された日から、登校を許可されるまでの期間です。

学級閉鎖、学校閉鎖*については、欠席率が通常時の欠席率より急激に増加したり、罹患者が急激に多くなったりしたときにその状況と地域におけるその感染症流行状況等を考慮して学校の設置者（教育委員会）が決定します。これは、感染症の予防上、同じ地域の学校でも学級・学校閉鎖等になる基準が異なることがないようにするためです。

② 性行不良のための出席停止

性行不良による出席停止の制度は、本人に対する懲戒という観点からで

重要語句

感染症

→ウイルス、細菌、真菌などの微生物が、宿主（人間や動物など）の体内に侵入し、臓器や組織のなかで増殖することを「感染」といい、その結果、生じる疾病が「感染症」である。感染症の種類は学校保健安全法施行規則第18条に規定されている（図表14-7）。学校においては発生した場合は影響が非常に大きいことから、予防に努めることが特に重要である。

重要語句

学級閉鎖、学校閉鎖

→法令上は、臨時に学校の一部あるいは全部の授業を取りやめること（臨時休業）をいう。

図表14-7　学校において予防すべき感染症の種類

第一種	エボラ出血熱、クリミア・コンゴ出血熱、痘そう、南米出血熱、ペスト、マールブルグ病、ラッサ熱、急性灰白髄炎、結核、ジフテリア、重症急性呼吸器症候群（病原体がベータコロナウイルス属SARSコロナウイルスであるものに限る）、中東呼吸器症候群（病原体がベータコロナウイルス属MERSコロナウイルスであるものに限る）及び特定鳥インフルエンザ（感染症の予防及び感染症の患者に対する医療に関する法律（平成10年法律第114号）第6条第3項第6号に規定する特定鳥インフルエンザをいう）
第二種	インフルエンザ（特定鳥インフルエンザを除く）、百日咳 、麻しん、流行性耳下腺炎、風しん、水痘、咽頭結膜熱、結核及び髄膜炎菌性髄膜炎
第三種	コレラ、細菌性赤痢、腸管出血性大腸菌感染症、腸チフス、パラチフス、流行性角結膜炎、急性出血性結膜炎その他の感染症

はなく、学校の秩序を維持し、他の児童生徒の義務教育を受ける権利を保障するという観点から設けられたものです。そして、この出席停止は小学校、および小学校の規定が準用される中学校での規定となります。

　学校教育法第35条で、他の児童や職員に傷害又は心身の苦痛を与える、学校の施設・設備等を壊す、授業を妨害するなど示された4項目の1または2を繰り返し行う性行不良の児童生徒がいるときは、市町村の教育委員会が保護者に対して、児童生徒の出席停止を命ずることができると規定されています。保護者に命ずるのは出席停止期間中においては、保護者が当該児童生徒に対して責任をもって指導に当たるのが基本であるからです。また、出席停止を命ずるのが教育委員会であるのは、出席停止が就学義務に関わる重要な措置であるため、その権限を校長への委任や専決ではなく教育委員会の権限と責任において行われるべきであるとされているからです。

2　出席停止の適用要件等について

　出席停止の適用要件、期間、措置方式等については、学校教育法第35条や文部科学省初等中等教育局長通知「出席停止制度の運用の在り方について」（平成13年11月6日）に示されています。

① 「適用要件・期間」

・適用要件は上記の学校教育法第35条の4項目

・期間については、学校の秩序の回復を第一に考慮する。

・当該児童生徒の状況、他の児童生徒の精神の安定、保護者の監督・保護を考慮し、総合的に判断して決定する。

・教育を受ける権利に関わる措置なので、可能な限り短い期間となるように配慮する。

② 「措置方式」

・事前に保護者の意見を聞き、理由および期間を記した文書を交付する。

・文書には、当該児童生徒の氏名、学校名、命令年月日、期間、理由等を記す。

・出席停止を命ずる際、市町村教育委員会の教育長等の関係者または校

プラスワン

準用

学校教育法第35条の記述は「児童」に関するものとなっているが、同条は中学校及び義務教育学校に「準用」される。法規においては、同じ内容の繰り返しを避けるため、「準用」という手法が使われる。「準用」とは、同じ内容を、必要な読み替えをしつつ他の類似事項に適用することであり、ここでは、たとえば、中学校の「生徒」についても出席停止について同じ事柄が当てはまるということである。

長、教頭が立ち合い、保護者、児童生徒を同席させて、出席停止を命じた趣旨について説明する。

3 校則

1 校則とは

いわゆる校則とは、生徒心得、生徒規則といわれるように、学校教育法施行規則第3条にある学校の設置の認可・届出の添付書類としての学則*とは異なるものです。児童生徒として学習上と生活上において心得なければならない事項を定めたきまりのことです。校則は、児童生徒が健全な学校生活を送り、よりよく成長していくために各学校において定められています。校則は生徒手帳に記載されることが多く、皆さんもイメージできるかと思います（図表14-8）。

図表14-8　生徒手帳に記載される校則

2 校則の意義

一般に児童生徒は心身の発達途上にあることや、学校が集団生活の場であることなどから考えて、学校には一定のきまりが必要だと考えられます。また、学校教育において、社会のルールを遵守することについて適切な指導をすることはきわめて重要なことです。これらにより、校則は教育的意義をもつものといえるでしょう。

① 校則の制定

校則を制定する権限は、学校運営の責任者である校長です。校則の制定等に関して特に法令の規定はありません。しかし、学校が教育目的を達成するために、必要かつ合理的な範囲において校則を制定し、児童生徒の行動等に一定の制限を課すことができると一般に解釈されています。

② 校則の見直し

校則を教育指導の一環と考えるのであれば、その内容および運用は、社会の情勢も考慮すると、形式的、固定的であってはならないでしょう。教育的に見て常に校則がその学校の実態に即した適切なものとなるよう、適

重要語句

学則

→学校の組織、教育課程、運営などを定めた規則。

プラスワン

校則のない学校

一部の私学にある。

校則は「児童の権利に関する条約」の趣旨に反するでしょうか？　考えてみましょう。

校則の見直しに当たってどのような点について留意すべきでしょうか。皆さんも考えてみましょう。

宜見直しを行っていくことが大切でしょう。

校則の見直しについて、以下にいくつか留意点をあげてみます。

・校則の内容については、校則のなかに努力目標とか生徒の自主性に任せてよいものなども含まれており、児童生徒の実態や社会情勢などをふまえて、たえず見直すこと。
・校則に関する指導については、規則を一方的に守らせるのではなく、児童生徒が自覚し、自主的に守るよう指導を行うこと。
・校則に違反した児童生徒に対する懲戒等が教育的効果を伴う適切なものであること。
・校則の制定、見直しの手続きは校長の裁量に委ねられるべきだが、児童生徒や保護者の意見を聞くことも大切。
・児童生徒が、校則の意義を十分理解し主体的に守るよう、たとえば、アンケート等により児童生徒や保護者の意見を取り入れたり、ホームルームや生徒会で討議させたりして、校則を自らの問題として考えさせること。

これからの校則について大切なことは、児童生徒、保護者の意見を反映させ、児童生徒が自主的自律的に遵守するものでなくてはなりません。また、時代とともに逐次見直しをしていくことが重要です。

ディスカッションしてみよう！

校則や校則の意義等について学びましたが、あなたは学校生活において、校則や生徒規則は必要だと考えますか？　なぜ必要か、またはなぜ不必要と考えるかを、あなたの今までの経験をもとに話し合ってみましょう。

たとえば・・・

4　振り返りとこれからの課題

本講では、懲戒とはどのようなものか、また、校長・教員の懲戒権とはどのようなものかについて学びました。さらに、相変わらず繰り返され、

報道機関に取り上げられるなど大きな社会問題にもなる体罰については、体罰と懲戒の違い、体罰の範囲についても学びました。

　そのほか、出席停止や校則についてもくわしく述べてきました。十分に理解できたでしょうか。自信がない人は、もう一度ていねいに読み返してください。大半の人は法令の文を読むことに慣れていなくて、大変だったと思いますが、教員を目指す皆さんは教員になれば日常的にさまざまな法令、通知、書類に目を通すことになります。今のうちに少しでも教育法規集などにチャレンジして、なじんでおくことが大切です。

学校現場における懲戒と体罰の課題と背景について

　筆者の個人的な経験においても、学校現場において、学校側と児童生徒や保護者が対立することは珍しいことではありません。特に多かった事例としては、教員が児童生徒の問題行動に対してとった行動、指導方法が不適切であるとか、場合によっては体罰・いじめに当たるのではないかということでした。

　体罰を理由として懲戒処分を受ける教員が、今もなお後を絶たないのが現状です。よく報道されているので、皆さんも知っていることと思います。もちろん、すべての教員にとって、さまざまな研修会や会議のテーマに体罰の問題が取り上げられ、「体罰は違法」ということの周知徹底が図られているはずなのです。しかし、なぜ体罰禁止とわかっていながら、続発するのか疑問に思っている人も多いのではないでしょうか。

　この背景には、2013年3月の文部科学省の通知（「体罰の禁止及び児童生徒理解に基づく指導の徹底について」[2013年3月13日]）があるとはいえ、教育上必要と認められる懲戒と体罰に該当する行為の間に、明確かつ絶対的な線引きをすることが難しいということがあるでしょう。また、児童生徒の問題行動等に毅然とした対処ができず、躊躇しがちなのは、児童の権利に関する条約に象徴される、「子どもの権利」主張の存在があると思われます。さらに、世の中全体の体罰に対する過敏な反応もあるかもしれません。これでは、どうすれば「教員は教育上必要があるときは、児童生徒に懲戒を加えることができる」のかという判断に迷い、萎縮するばかりになりかねません。

　しかし、これに関して、「悪ふざけの罰として教員が児童に行った有形力の行使は体罰には該当しない」という判断や、さらに「この教員の行為は、罰として肉体的苦痛を与えるために行われたものではなく、やや妥当性を欠くところがなかったとはいえないが、その目的、態様、継続時間などから判断して、教育的指導の範囲を逸脱するものではない」という小学校の教員への最高裁の判決（2009年4月）があります。他の同様な判決についても調べてみましょう。

　なお、本文でも述べましたが、2012年の部活動指導における体罰問題に厳しい視線が注がれました。体罰が学校教育法で明確に禁止されており、「許される体罰」というものはないということを絶対に忘れてはいけません。教員たる者は常に自覚し、沈着冷静な行動をしなければなりません。

復習問題にチャレンジ

（福島県　2019年）

①次の文は、学校教育法の第11条である。以下の（1）〜（3）の問いに答えなさい。

校長及び教員は、教育上必要があると認めるときは、［ア］の定めるところにより、児童、生徒及び学生に懲戒を加えることができる。ただし、［イ］を加えることはできない。

（1）文中の［ア］に当てはまることばを下記のa〜dから1つ選び、記号を書きなさい。

　　a　法律　b　文部科学大臣　c　都道府県知事　d　都道府県の教育委員会

（2）文中の［イ］に当てはまることばを書きなさい。

（3）文中の下線部に関して、学校教育法施行規則第26条第3項においては懲戒のうち、校長が退学の処分を行うことができる児童等として4つが定められている。その4つに当てはまらないものを下記のa〜dから1つ選び、記号を書きなさい。

a　学力劣等で成業の見込がないと認められる者

b　正当の理由がなくて出席常でない者

c　停学及び訓告を繰り返し受けた者

d　学校の秩序を乱し、その他学生又は生徒としての本分に反した者

類題（福岡県・福岡市・北九州市　2017年）

②次の文は「体罰の禁止及び児童生徒理解に基づく指導の徹底について（通知）」（平成25年3月　文部科学省）の一部を抜粋したものである。文中の下線部ア〜オについて正しいものを○、誤っているものを×としたとき、正しい組合せを選びなさい。

　体罰は、ア教育基本法第11条において禁止されており、校長及び教員（以下「教員等」という。）は、児童生徒への指導に当たり、いかなる場合も体罰を行ってはならない。体罰は、イ違法行為であるのみならず、児童生徒の心身に深刻な悪影響を与え、教員等及び学校への信頼を失墜させる行為である。

　体罰により正常な倫理観を養うことはできず、むしろ児童生徒にウ力による解決への志向を助長させ、いじめや暴力行為などの連鎖を生む恐れがある。もとより教員等は指導に当たり、児童生徒一人一人をよく理解し、適切なエ信頼関係を築くことが重要であり、このために日頃から自らの指導の在り方を見直し、指導力の向上に取り組むことが必要である。懲戒が必要と認める状況においても、決して体罰によることなく、児童生徒の規範意識や社会性の育成を図るよう、適切に懲戒を行い、オ早期解決することが必要である。

```
   ア イ ウ エ オ
1  ×  ○  ×  ×  ○
2  ×  ○  ○  ○  ×
3  ○  ○  ×  ×  ×
4  ○  ×  ○  ○  ×
5  ×  ×  ×  ○  ○
```

理解できたことをまとめておこう!

ノートテイキングページ

学習のヒント：懲戒・体罰とはどのようなものか、また、出席停止にはどのような場合がある

のか、さらに校則が教育の場でどのように運用されているかを、皆さんの経験

もふまえ、調べてまとめてみましょう。

児童生徒に関する法規③ ：児童生徒をめぐるさまざまな問題

理解のポイント

学校ではさまざまな事案が発生します。特に生徒指導上、問題となる事案については、関係法規のなかでどのようにとらえられているか、また、教員はどのように対処していくべきなのかを理解しておきましょう。問題事案の把握、対処については、関係法規の考え方を踏まえつつ教職員間の共通理解のもと、一貫した姿勢で臨むことが基本となります。

1 いじめ

1 いじめの認識と「いじめ防止対策推進法」

① いじめの定義

2013年より施行された「いじめ防止対策推進法」では、いじめについて、次のように定義しています。

> 第2条 （前略）「いじめ」とは、児童等に対して、当該児童等が在籍する学校に在籍している等当該児童等と一定の人的関係のある他の児童等が行う心理的又は物理的な影響を与える行為（インターネットを通じて行われるものを含む。）であって、当該行為の対象となった児童等が心身の苦痛を感じているものをいう。

従来の基準は、「いじめとは、①自分より弱いものに対して一方的に、②身体的、心理的な攻撃を継続的に加え、③相手が深刻な苦痛を感じているもの。なお、起こった場所は学校の内外を問わない、とする」でした。

しかし、実際の場面では、これらの基準に合わずいじめが見過ごされる可能性が起きてきたため、2006年度からいじめの定義（判断基準）についての見直しが行われてきました。見直しによって、より広範で今日的ないじめの本質をとらえるとともに、実際の場面で認知しやすいように変更されています。

また、児童生徒が安心して、学習などの活動に取り組めるよう、学校の内外を問わず、いじめの防止、解消を図ることを求めています（第3条）。

② いじめは、どこの学校、どのクラス、どの子どもにも起こり得るもの

1994、95年度に、いじめ（発生）件数が急増するとともに、深刻ないじめによる自殺が報道され、大きな社会問題となりました。

図表15-1　いじめの認知（発生）件数の推移

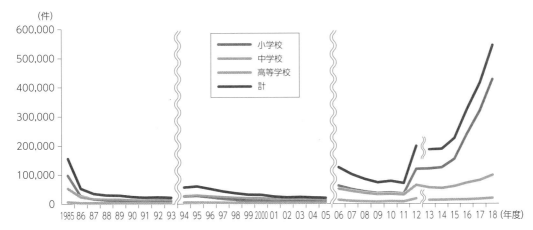

出典：文部科学省「平成30年度 児童生徒の問題行動・不登校等生徒指導上の諸課題に関する調査結果について」
　　　https://www.mext.go.jp/content/1410392.pdf（2020年8月7日確認）

　1996年には、「深刻ないじめは、どの学校にも、どのクラスにも、どの子どもにも起こりうる」という文部大臣緊急アピールが出されています。にもかかわらず、文部省（現：文部科学省）の問題行動等調査では「いじめなし」と報告した学校も少なくありませんでした。

　2006年度からは、「発生件数」から「認知件数」へと調査項目の呼称変更も行われました。これは、「発生件数」があたかも客観的に把握したとの誤解をまねくとともに、いじめに対する本質的な理解を妨げると考えられることからです。

　いじめに対する考え方として、いじめという行為は教員や保護者など外部の大人からは見えにくく、発見しにくいものであり、学校が把握できた件数は実際のいじめの発生件数の一部にすぎないととらえることが教職員には必要です。最近ではSNSなどインターネットを用いた脅迫や誹謗中傷、嫌がらせ、集団での無視などのいじめ行為もあり、学校が発見しにくい状況にあります。

　また、「いじめの認知件数」が少ない場合は、教職員がいじめを見過ごしていたり、見逃したりしている可能性もあります。

　図表15-1「いじめ認知（発生）件数の推移」を見ると、2011年から2012年の認知件数の変化は顕著ですが、これは2011年度に起きた大きな社会的問題となった事案が影響を及ぼしたと考えられます。

③ いじめの基本認識

　教職員としての指導の基本的な認識として、いじめは人権侵害であり、人として許されない行為であるという一貫した視点をもつことが重要です。これは、クラスでいじめが生じても、教職員の認識として、いじめられる側にも問題があるという見方をしてはならないということです。学校や教職員の基本的な姿勢として、いじめられた子どもを守り通すということが根本になければなりません。

💬 プラスワン

問題行動等調査

正式には、「児童生徒の問題行動等生徒指導上の諸問題に関する調査」という。文部科学省が毎年実施しており、学校におけるいじめや不登校、暴力行為などの発生状況や件数が集約されている。

大津いじめ事件

2011年に滋賀県大津市内の中学生がいじめを苦に自殺するに至った事件。事件後、全国で警察へのいじめに対する被害届の提出が急増した。また、いじめ防止対策推進法成立の契機となった。

📢 **プラスワン**

いじめを受けていると「思われる」とき

いじめは、いち早い察知と対処が優先される。気になる場合は、すみやかに教職員間で情報共有を進めていくことが肝要である。

✏️ **重要語句**

いじめ防止対策のための組織

→教職員、心理・福祉等に関する専門的知識を有する者その他で編成する。

📢 **プラスワン**

学校いじめ防止基本方針の策定

「いじめの未然防止」「いじめの早期発見」「いじめへの早期対応」など、いじめのそれぞれの具体的な場面を想定した決めごとが主な内容となる。

📢 **プラスワン**

いじめに関するアンケートの実施

全校児童生徒を対象に、トラブルの発生しやすい各学期明けに多く実施する。

　学校および教職員の責務として、いじめ防止対策推進法では、以下のように述べています。

> 第8条　（前略）学校全体でいじめの防止及び早期発見に取り組むとともに、当該学校に在籍する児童等がいじめを受けていると思われるときは、適切かつ迅速にこれに対処する責務を有する。

　また、いじめ防止のために、道徳教育・体験活動等の充実、児童生徒が自主的に行う防止活動等に対する支援、児童生徒・保護者・教職員へのいじめ防止の啓発などを行うことを求めています（第15条）。

2 いじめにどう対処するか

① 対処の基本方針と組織

　いじめ防止対策推進法では、いじめ防止基本方針を定めることが規定されています（第11条）。また、基本方針に従って、いじめ防止対策のための組織＊を設置することも求めています（第22条）。

1）いじめ防止基本方針

　文部科学大臣は、いじめ防止基本方針を定め、地方公共団体は、その方針をもとに地域の実情に応じて、地方いじめ防止基本方針を策定します（第12条）。

　学校いじめ防止基本方針は、これらの方針をもとに学校の実情に応じて策定しますが、これが具体的な実施計画や実施体制を含めて実効性をもつ「行動計画」になることを求めています。

2）いじめ防止等のための組織の設置

　いじめ防止対策推進法では、実効的ないじめ防止対策を行うための組織の設置を求めています（第22条）。これに基づいて各学校では、「いじめ防止対策委員会」などの組織を校務分掌のなかに位置づけています。この組織は、学校基本方針で決められたことを実行する中核として、未然防止の取り組みに直接的に関わるだけでなく、教職員の資質能力向上のための研修や、それぞれの取り組みの検証評価なども担っています。

② いじめの早期発見と対応

　いじめを早期に発見するためには、日頃から子どもたち一人ひとりと一定の関わりをもち、普段の様子を把握していることを前提として児童生徒のささいな変化（子どもからのサイン）に気づくことが大切です。

　学校では、定期的に「いじめに関するアンケート」などを実施して実情把握することが必要です（第16条）。それだけではなく、教職員はアンケートの結果をふまえつつも、すべての子どもに対して予断をもたずに観察し、対策を講じていくことが大切です。さらに校内にいじめの相談に関する窓口を設置するなどして、相談体制を整備することも肝要です。

　保護者は児童生徒に対して第一義的責任をもっており、いじめを行わないよう指導する責務があります（第9条）。教職員は保護者の理解を深めるとともに、連携していじめ防止に取り組んでいく必要があります。

いじめ防止対策推進法には、いじめを認知した場合の措置があげられていますが（第23条）、特に前述の校内組織（いじめ防止対策委員会等）が中心となって、以下の対応をすみやかに行います。

①いじめ行為についての事実確認、被害者の安全確保*
②被害・加害の子どもの情報の集約
③被害・加害の子どもへの指導、保護者への説明・協力依頼、学級等への指導、学校設置者への通報、警察署への通報等

また、いじめ事案解決に至るプロセスを明らかにして、安易に解決したと判断しないようにし、十分に経過を観察していく必要があります。一連の指導の流れについては、時系列で記録をとり、再発したり、潜在化したりしないよう検証していくことも大切です。

3 重大事態への対処

① 重大事態への対処

いじめ防止対策推進法第28条には、重大事態については、生命、心身又は財産に重要な被害が生じた疑いがある場合、相当の期間学校を欠席することを余儀なくされている疑いがある場合としています。

重大事態が発生した場合、学校は教育委員会を通じて、すみやかに地方公共団体の長に報告することになります（第30条）。

② 警察等との連携

いじめ事案のなかには、犯罪行為として取り扱うべきもので早期に警察に相談すべきものや、児童生徒の生命、身体または財産に重大な被害が生じるような場合など、すぐさま警察に通報すべきものが含まれていることがあります。

児童生徒の安全に関わる事案に対処するためには、学校だけでは十分成果を上げることができない場合もあります。学校で対処することが困難であると判断した場合は、躊躇することなく早期に、管轄の警察署や児童相談所等の関係機関に相談することが大切です。

2 不登校

1 不登校とは

① 不登校の定義

2016年に施行された「義務教育の段階における普通教育に相当する教育の機会の確保等に関する法律」（教育機会確保法）では、「不登校」について以下のように定義しています。

重要語句

被害者の安全確保

→学校は、いじめをやめさせ、再発防止のため、いじめを受けた児童等への支援およびいじめを行った児童等に対する指導、その保護者に対する助言を行う。必要があるときは、いじめを行った児童等について、いじめを受けた児童等が使用する教室以外の場所（別室）において学習を行わせる等の措置を行うことをいう。

> 相当の期間学校を欠席する児童生徒であって、学校における集団の生活に関する心理的な負担その他の事由のために就学が困難である状況として文部科学大臣が定める状況にあると認められるものをいう。

　問題行動等調査では、不登校の児童生徒とは1年度間に連続または断続して30日以上欠席した者としていましたが、教育機会確保法では、30日未満であっても、個々の児童生徒の状況に応じて適切に支援するために柔軟性のある表現になっています。
　不登校児童生徒数の推移を見ると、小学校、中学校の全児童生徒数に占める不登校の児童生徒数は、1998年度以降、増加傾向にあります（図表15-2）。

図表15-2　不登校児童生徒数の推移

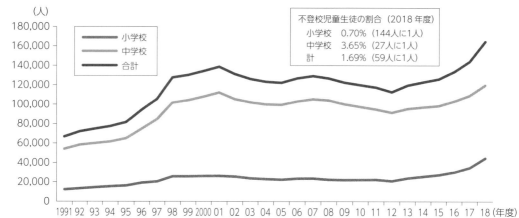

出典：文部科学省「平成30年度 児童生徒の問題行動・不登校等生徒指導上の諸課題に関する調査結果について」
https://www.mext.go.jp/content/1410392.pdf（2020年6月26日確認）

② 不登校の認識

　不登校は、学校や家庭の人間関係や状況など、多様で複雑なことが原因で不登校状態になっていると考えられますので、取り巻く環境によっては、どの児童生徒にも起こり得るものとしてとらえることが大切です。また、不登校児童生徒に対し、問題行動であるかのようにとらえるのではなく、安心して教育を受けることができるよう、個々の不登校児童生徒の状況に応じた必要な支援をしていくことが基本となります（教育機会確保法第3条）。
　2017年に文部科学省は、支援の視点として以下のように述べています。

> 支援に際しては、登校という結果のみを目標にするのではなく、児童生徒が自らの進路を主体的に捉えて、社会的に自立することを目指す必要がある。

出典：文部科学省「義務教育の段階における普通教育に相当する教育の機会の確保等に関する基本指針」2017年

2 学校づくりと効果的な支援

① 安心して教育を受けられる魅力ある学校づくり

　児童生徒が、安心して学校生活を送るためには、豊かで楽しい、魅力ある学校づくりの推進が不可欠です。

　このような学校づくりを推進するためには、児童生徒と教職員との信頼関係や児童生徒同士のよりよい人間関係をつくっていくことを通じて、学校が安心感、充実感を得られるようにするための取り組み、絆づくり*が不可欠です。また、学校がすべての児童生徒にとって、楽しく安心して通うことができる居場所であるための居場所づくり*を行うことが必要です（図表15-3）。

図表15-3　絆づくりと居場所づくり

絆づくり　　　　　　　　　　居場所づくり

✏ **重要語句**

絆づくり

→学校での日常的な活動を通して、子ども同士の信頼関係を実現すること。

居場所づくり

→学級等を、どの児童生徒にとっても、心落ち着け、安心できる場所にしていくこと。

　具体的には、行事等、特別活動への取り組みを通じて、児童生徒一人ひとりの自己存在感を高めたり、児童生徒相互の、また教職員と児童生徒との共感的な人間関係を構築したりすることで、安心して過ごせる環境づくりを進めることです。特に学級担任は、学校行事や日常の活動を通じて、相手への思いやりや配慮、規範意識、他者や集団との関わりを大切にしていこうとする姿勢を育てていくことが必要とされます。

　また、学業のつまずきから学校へ通うことが苦痛になるなど、学業の不振が不登校の要因の一つとなっています。学習内容を確実に身につけられるよう、指導方法や指導体制を工夫改善し、わかる授業を実現することが必要です。

　さらに、いじめや暴力行為を許さない学校づくりの推進、問題行動には毅然とした対応、教職員による体罰や暴言などについても、不登校の要因となっていないか、自己点検することが求められます。

② 効果的な支援

　不登校は、「相当の期間、学校を欠席」している場合をいいます。

　つまり、欠席し始めた当初から不登校として対処しているわけではなく、欠席日数が相当の期間積み重なるまでには、多くの対応できる期間があるということです。

　また、不登校傾向があるとされる場合も、前年度までの記録を把握す

ることができるので、欠席しがちになった場合でもすぐに対応が可能です。初期の不登校のサインに対して、早めにていねいに対処することが肝要です。

　対応としては、児童生徒が不登校となった要因を的確に把握すること（状況の把握）、学校関係者や家庭、必要に応じて関係機関が情報共有し、組織的・計画的な、個々の児童生徒に応じたきめ細かな支援策をつくること（組織的・計画的な支援）が必要です。その際、不登校要因や背景を把握するためには、スクールカウンセラーなどによるアセスメント（見立て）を行うことが大切になります。支援としては学校全体で行うことが必要であり、教員、スクールカウンセラーやスクールソーシャルワーカー等の専門スタッフが連携する体制を整備することが肝要です。

　状況の把握や支援の際、学校は「児童生徒理解・教育支援シート」を作成しておくと、一貫した効果的な指導や共通理解の促進を図るのに有効です。

　学級担任は、保護者と課題意識を共有するとともに、保護者が気軽に相談できるよう、懇談や電話連絡などのコミュニケーションをとるなどして、日頃より信頼関係をつくっておくことも求められます。欠席の傾向が生じた場合、家庭訪問を実施するなどして、原因や実際の家庭状況について把握するとともに、児童生徒を積極的に支援し、家庭へも適切に働きかけることが求められます。

　不登校の児童生徒が登校してきた場合は、あたたかい雰囲気で迎えられるよう配慮するとともに、安心して学校生活を送れるよう、保健室や相談室等の活用も含めて柔軟に対処していくことが大切です。

3　子どもの人権擁護と少年法の厳罰化

■1■　個別の人権課題としての「子どもの人権」

　子どもの人権をめぐる個別の課題としては、「いじめ」「不登校」「児童虐待」「子どもの貧困」などがあげられます。ここでは「子どもの貧困」の問題について取り上げます。

　我が国の子どもの貧困率*は高く、特に大人が一人の家庭（母子家庭など）の貧困率はOECD加盟国のなかで最も高くなっています。

　子どもの貧困率とは、貧困状態にある18歳未満の子どもの割合を指します。2015年の集計で7人に1人が相対的貧困*にあるといわれています。

　こうした家庭では、保護者が子育てを放任、放棄していることも少なくないことから、子どもたちに心身の発達の遅れや学習意欲、学習習慣などの基本的な生活習慣が身についていないこともあります。

　このような環境に置かれた子どもたちは、医療や食事、学習、進学などで不利な状況に置かれ、将来的にも貧困から抜け出せない傾向があります。

また、子どもの貧困問題が不登校や児童虐待、暴力等の問題行動の一因となっていることも指摘されているところです。

　子どもの将来が生まれ育った環境によって左右されることがないよう、貧困状況にある子どもが置かれている環境の整備と教育の機会均等を図るため、2013年に「子どもの貧困対策の推進に関する法律」が成立しました。この法律に基づき「子供の貧困対策に関する大綱」が決められ、具体的な施策がつくられています。教育の支援、生活の支援などの重点の柱がありますが、学校に関わるものとしては、貧困の連鎖を防止するための学習支援として、学習が遅れがちな生徒等を対象としたきめ細かな学力保障が求められています。

　教職員としては、家庭状況や保護者の養育状況などの把握に努めるとともに、生活保護等の世帯への配慮として就学援助制度に関する周知を図ることが大切です。

　家庭訪問や個人面接などを通して、衣服や持ち物の清潔度や手入れの様子、健康状態や体力など、また、しつけや食事などの生活実態について子どもに関する情報を収集、把握することが肝要です。特に、子どもの貧困状態を把握することは、子ども自身のプライドを傷つけないように、十分配慮する必要があります。

2　児童の権利に関する条約と少年法改正

① 児童の権利に関する条約

　1994年に批准された「児童の権利に関する条約（子どもの権利条約）」は、子どもの基本的人権を保障するためのものですが、「児童」を18歳未満と定義し、生存、成長、発達の過程で、特別な保護と援助を必要とされる子どもの視点で書かれています。また、そのために必要な権利として次の4つの柱を示しています。それは「生きる権利」「守られる権利」「育つ権利」「参加する権利」ですが、この条約批准に伴って、学校教育のなかでも配慮すべき事案が生じています。

　たとえば、学校では、頭髪（丸刈り）をはじめとする校則の見直し（→第14講参照）など、合理的で自主性を重んじ人権を尊重した内容への是正が図られています。また、問題行動等に対処する場合にも子どもに意見を述べる機会を与えるなど、子どもの権利に十分配慮して対応することが求められるようになりました。

② 少年法改正

　現在、子どもの権利が重視される一方で、少年事件の凶悪化の流れを受け、厳罰化の方向も見られます。アメリカでは問題行動への対処として「ゼロ・トレランス*」の考え方がありますが、我が国でも繰り返される問題行動に対しては、厳しく対応していこうという動きがあります。

　2000年に少年法が改正されましたが、その内容は、刑事処分の対象年齢を引き下げるものでした（16歳から14歳へ）。また、2007年の改正では、12歳以上であれば少年院送致を可能にするなど、厳罰化の方向にあるといえます。

プラスワン

校則の見直し

児童生徒の意見を校則に反映するなど、自主的に運用されるよう、見直していくことが大切である。

重要語句

ゼロ・トレランス

→「寛容度なし」の意味で、1990年代、アメリカで始まった教育方針。「寛容度ゼロ」に罰則を適用し、厳密に処分を行う方法。

少年事件の凶悪化に対して厳罰化で臨むしかないというのは、一方で、学校、家庭、地域社会等の教育力の弱体化を反映しており、学校ではいっそうの道徳教育をはじめとする心の教育の充実に取り組むことが求められています。

 児童虐待

1 児童虐待の現状

児童虐待の防止等に関する法律（児童虐待防止法）では、保護者がその監護*する児童（18歳未満）に対して虐待行為をすることを「児童虐待」と呼んでいます（第2条）。

児童虐待は、以下の4種類に分類されます。

①身体的虐待（児童の身体に外傷が生じ、又は生じるおそれのある暴行を加えること）

殴る、蹴る、投げ落とす、激しく揺さぶる、やけどを負わせる、溺れさせる、首を絞める、一室に拘束する　など

②性的虐待（児童にわいせつな行為をすること又は児童にわいせつな行為をさせること）

子どもへの性的行為、性的行為を見せる、性器を触る又は触らせる、ポルノグラフィの被写体にする　など

③ネグレクト（児童の心身の正常な発達を妨げるような著しい減食又は長時間の放置、保護者以外の同居人による虐待行為を放置するなど、保護者としての監護を著しく怠ること）

家に閉じ込める、食事を与えない、ひどく不潔にする、自動車のなかに放置する、重い病気になっても病院等に連れて行かない　など

④心理的虐待（児童に対する著しい暴言又は著しく拒絶的な態度、児童が同居する家庭における配偶者に対する暴力など、児童に著しい心理的外傷を与える言動を行うこと）

言葉による脅し、無視、きょうだい間での差別的扱い、子どもの目の前で家族に対して暴力をふるう（ドメスティック・バイオレンス：DV）など

児童相談所の児童虐待相談件数は、児童虐待防止法施行以前の1999年度と比較して、2018年度は13.7倍（15万9,850件）に増加しています（図表15-4）。特に、心理的虐待の増加（8万8,389件）が顕著です（図表15-5）。

2 学校（教職員）の責務：発見と対応、通告義務

① 虐待の早期発見から情報共有

教職員は、児童虐待を発見しやすい立場にあることを自覚し、児童虐待の早期発見に努めなければならないとされています（児童虐待防止法第5

重要語句

監護

→未成年の子どもに対して、一緒に生活して日常の世話や教育等を行うこと。

図表 15-4　児童虐待相談対応件数とその推移

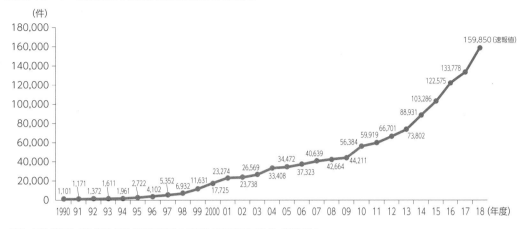

出典：厚生労働省「平成30年度 児童相談所での児童虐待相談対応件数〈速報値〉」
　　　https://www.mhlw.go.jp/content/11901000/000533886.pdf（2020年6月26日確認）

図表15-5　児童虐待の内容別件数

（件、カッコ内は前年比）

	身体的虐待	ネグレクト	性的虐待	心理的虐待	総数
2018年度 （速報値）	40,256 （+7,033）	29,474 （+2,653）	1,731 （+194）	88,389 （+16,192）	159,850 （+26,072）

出典：厚生労働省「平成30年度 児童相談所での児童虐待相談対応件数〈速報値〉」
　　　https://www.mhlw.go.jp/content/11901000/000533886.pdf（2020年6月26日確認）

条）。

　日常からよく児童生徒を観察したり、話したりするなかで、何か変だなと感じること（虐待のサイン）を見落とさないことが肝要です。

　虐待は、学年が上がるにつれて気づかれにくい状況になります。子どもは自分から虐待されているとは言い出さないし、保護者のことを悪く言うこともできず苦しんでいることが多いようです。助けてほしいという思いはあっても、家族としての絆が強いので、虐待の事実を隠していることもあります。

　気づきがあったとしても、一人の判断では偏った見方になったり、自信がなくなったりする場合もあるので、チームを組んで子どもや保護者の様子について情報を集め、状況判断をすることが必要です。虐待かどうかの判断については、教職員が一人で抱え込まず、養護教諭やスクールカウンセラーなど教室以外の第三者的に関わるスタッフの意見も交えて情報共有することが大切です。

② 虐待に関する通告

　民法では、親権を行う者は「監護及び教育に必要な範囲内でその子を懲戒することができる」（民法第822条）としています。また、この懲戒は、「子の利益のために、必要範囲内で認められるもの」（民法第820条）です。

　しかし、社会問題化した虐待死事件の解消のため、国は、2019年6月、

児童虐待防止法などの関係法を改正し（厚生労働省「児童虐待防止対策の抜本的強化について」2019年3月）、「体罰禁止及び体罰によらない子育て」を推進しています。具体的には、①親がしつけに際する体罰の禁止、②児童相談所による「介入」強化などの方向で、2020年4月より施行されています。

　教職員は、保護者を「虐待者」として通告することへの抵抗感が生じることが少なくありません。それは、虐待の事実への確証のなさや通告*による保護者との関係悪化、通告することによる虐待被害の深刻化などへの不安からです。しかし、児童虐待を受けたと思われる児童を発見した者は、速やかに通告することが重要です（児童虐待防止法第6条）。

　特に長期間欠席している場合、虐待の可能性があることを視野に入れて、状況を把握するなどの対応を行う必要があります。保護者の協力を得られない場合は、警察や児童相談所等の関係機関と連携協力して適切に対処することが必要です。また、被害児童の情報について適切な管理も求められているところです。

重要語句

通告

→（虐待の情報等について）文書や口頭などで正式に児童相談所や都道府県福祉事務所、市町村等に告げ知らせること。受理した児童相談所や市町村は、虐待を受けた子どもの生命を守り、安全を確保することを最優先して対応する。

知っておくと役立つ話 「親権喪失」「親権停止」とは

　親権とは、親が子どもを育てる権利と義務のことで、民法で規定されています。親権は法律的に以下のように大別されます。

> ①身上監護権（日常の世話や教育、しつけなどをする権利、義務）
> ②財産管理権（子どもの財産管理や子どもの代わりに契約などをする権利、義務）

　しかし、その親権を濫用して、子どもにしつけと称して暴力をふるったり、親としての世話や教育を怠ったりするなどの児童虐待が増加しています。

　児童虐待、育児放棄などによって親が親権を行使することが不適当であると判断される場合には、家庭裁判所による「親権喪失宣告」が行われ、親権を失うことになります。親権を失うと、子どもと一緒に暮らすことができなくなり、子どもの教育や財産の管理も行うことができなくなります。このような場合、家庭裁判所が未成年後見人を選びます。児童福祉法の改正によって、親権者など（未成年後見人を含む）がいない場合は、親権者などが見つかるまでの間、児童相談所所長が親権を代行することになりました。ただし、親権を喪失しても法律上の親子関係がなくなるわけではありません。

　また、2011年に改正された民法第834条の2では、期限つきで最長2年間親権を制限する「親権停止」制度が創設されました。これは一時的に親から引き離すことで、子どもを虐待から守るとともに親権停止期間内に家庭状況の改善を図ることを目的としています。

　「親権喪失」は「子どもの利益を著しく害するとき」、「親権停止」は「子どもの利益を害するとき」に行われることとされ、どちらの場合も「子どもの利益」が最優先事項となっています。

参考：政府広報オンライン「児童虐待から子どもを守るための民法の［親権制限制度］」
　　　https://www.gov-online.go.jp/useful/article/201203/1.html（2020年6月26日確認）

復習問題にチャレンジ

（大阪府・大阪市・堺市・豊能地区　2019年）

①次の各文は、いじめ防止対策推進法の条文である。空欄Ａ〜Ｄに、あとのア〜クのいずれかの語句を入れてこの条文を完成させる場合、正しい組み合わせはどれか。1〜5から一つ選べ。

第3条　いじめの防止等のための対策は、いじめが全ての児童等に関係する問題であることに鑑み、児童等が安心して学習その他の活動に取り組むことができるよう、学校の内外を問わずいじめが　Ａ　ようにすることを旨として行われなければならない。

2　いじめの防止等のための対策は、全ての児童等がいじめを行わず、及び他の児童等に対して行われるいじめを認識しながらこれを　Ｂ　ことがないようにするため、いじめが児童等の心身に及ぼす影響その他のいじめの問題に関する児童等の理解を深めることを旨として行われなければならない。

3　いじめの防止等のための対策は、いじめを受けた児童等の　Ｃ　を保護することが特に重要であることを認識しつつ、国、地方公共団体、学校、　Ｄ　、家庭その他の関係者の連携の下、いじめの問題を克服することを目指して行われなければならない。

ア　行われなくなる　イ　減少する　ウ　放置する　エ　隠蔽する
オ　日常生活及び学習環境　カ　生命及び心身　キ　地域住民　ク　教育関係者

```
　　Ａ　Ｂ　Ｃ　Ｄ　　　　3　ア　エ　オ　ク
1　ア　ウ　オ　ク　　　　4　イ　エ　オ　キ
2　イ　ウ　カ　ク　　　　5　ア　ウ　カ　キ
```

類題（埼玉県・さいたま市　2019年）

②次は、「いじめ防止対策推進法　第2条」の一部です。文中の［A］、［B］に入る語句の組み合わせとして正しいものを、下の1〜4の中から1つ選びなさい。

この法律において「いじめ」とは、児童等に対して、当該児童等が在籍する学校に在籍している等当該児童等と［A］にある他の児童等が行う［B］影響を与える行為（インターネットを通じて行われるものを含む。）であって、当該行為の対象となった児童等が心身の苦痛を感じているものをいう。

1　A　一定の人的関係　B　心理的又は物理的な
2　A　特別な人間関係　B　心理的又は物理的な
3　A　特別な人間関係　B　生命及び精神に
4　A　一定の人的関係　B　生命及び精神に

理解できたことをまとめておこう！

ノートテイキングページ

学習のヒント：いじめ防止対策推進法を読み、学校におけるいじめをなくすための対策を、防止、早期発見、早期対応、重大事態への対応に分け、誰が何をしなければならないのかを整理しましょう。

・法 規 集・

本文では、一部の必要な場合を除いて、可能な限り条文を示さずにその要点を説明するようにしました。これらの要点の理解を深めるためには、元の条文を確認することが肝要です。各条文には重要ポイントが一目でわかる見出しがつけてありますので、見出しを手掛かりにしながら条文を読んでみましょう。

＊法令に固有の条文見出しは（　）で、内容が一目でわかるよう、あるいは条文の一部のみを掲載したために固有の見出しが適切でないと思われる場合に、編者が加えた見出しは〔　〕で示している。
＊略称や通称が用いられることが多い法規には〔　〕内に略称・通称を付した。

日本国憲法

【前文】
　日本国民は、正当に選挙された国会における代表者を通じて行動し、われらとわれらの子孫のために、諸国民との協和による成果と、わが国全土にわたつて自由のもたらす恵沢を確保し、政府の行為によつて再び戦争の惨禍が起ることのないやうにすることを決意し、ここに主権が国民に存することを宣言し、この憲法を確定する。そもそも国政は、国民の厳粛な信託によるものであつて、その権威は国民に由来し、その権力は国民の代表者がこれを行使し、その福利は国民がこれを享受する。これは人類普遍の原理であり、この憲法は、かかる原理に基くものである。われらは、これに反する一切の憲法、法令及び詔勅を排除する。
　日本国民は、恒久の平和を念願し、人間相互の関係を支配する崇高な理想を深く自覚するのであつて、平和を愛する諸国民の公正と信義に信頼して、われらの安全と生存を保持しようと決意した。われらは、平和を維持し、専制と隷従、圧迫と偏狭を地上から永遠に除去しようと努めてゐる国際社会において、名誉ある地位を占めたいと思ふ。われらは、全世界の国民が、ひとしく恐怖と欠乏から免かれ、平和のうちに生存する権利を有することを確認する。
　われらは、いづれの国家も、自国のことのみに専念して他国を無視してはならないのであつて、政治道徳の法則は、普遍的なものであり、この法則に従ふことは、自国の主権を維持し、他国と対等関係に立たうとする各国の責務であると信ずる。
　日本国民は、国家の名誉にかけ、全力をあげてこの崇高な理想と目的を達成することを誓ふ。

【第11条】〔基本的人権〕
国民は、すべての基本的人権の享有を妨げられない。この憲法が国民に保障する基本的人権は、侵すことのできない永久の権利として、現在及び将来の国民に与へられる。

【第14条第1項】〔法の下の平等〕
すべて国民は、法の下に平等であつて、人種、信条、性別、社会的身分又は門地により、政治的、経済的又は社会的関係において、差別されない。

【第15条第2項】〔公務員の本質〕
すべて公務員は、全体の奉仕者であつて、一部の奉仕者ではない。

【第23条】〔学問の自由〕
学問の自由は、これを保障する。

【第26条】〔教育を受ける権利、教育の義務〕
すべて国民は、法律の定めるところにより、その能力に応じて、ひとしく教育を受ける権利を有する。
2　すべて国民は、法律の定めるところにより、その保護する子女に普通教育を受けさせる義務を負ふ。義務教育は、これを無償とする。

【第27条第3項】〔児童酷使の禁止〕
児童は、これを酷使してはならない。

【第41条】〔三権分立：立法権〕
国会は、国権の最高機関であつて、国の唯一の立法機関である。

【第65条】〔三権分立：行政権〕
行政権は、内閣に属する。

【第73条】〔内閣の職務権限〕
内閣は、他の一般行政事務の外、左の事務を行ふ。
　一　法律を誠実に執行し、国務を総理すること。
　二　外交関係を処理すること。
　三　条約を締結すること。但し、事前に、時宜によつては事後に、国会の承認を経ることを必要とする。
　四　法律の定める基準に従ひ、官吏に関する事務を掌理すること。
　五　予算を作成して国会に提出すること。
　六　この憲法及び法律の規定を実施するために、政令を制定すること。但し、政令には、特にその法律の委任がある場合を除いては、罰則を設けることができない。
　七　大赦、特赦、減刑、刑の執行の免除及び復権を決定すること。

【第76条第1項】〔三権分立：司法権〕
すべて司法権は、最高裁判所及び法律の定めるところにより設置する下級裁判所に属する。

【第94条】〔地方公共団体の権能〕
地方公共団体は、その財産を管理し、事務を処理し、及び行政を執行する権能を有し、法律の範囲内で条例を制定することができる。

【第98条第1項】〔憲法の最高性〕
この憲法は、国の最高法規であつて、その条規に反する法律、命令、詔勅及び国務に関するその他の行為の全部又は一部は、その効力を有しない。

教育基本法〔教基法〕

教育基本法（昭和22年法律第25号）の全部を改正する。
【前文】
　我々日本国民は、たゆまぬ努力によって築いてきた民主的で

文化的な国家を更に発展させるとともに、世界の平和と人類の福祉の向上に貢献することを願うものである。

我々は、この理想を実現するため、個人の尊厳を重んじ、真理と正義を希求し、公共の精神を尊び、豊かな人間性と創造性を備えた人間の育成を期するとともに、伝統を継承し、新しい文化の創造を目指す教育を推進する。

ここに、我々は、日本国憲法の精神にのっとり、我が国の未来を切り拓く教育の基本を確立し、その振興を図るため、この法律を制定する。

【第1条】（教育の目的）
教育は、人格の完成を目指し、平和で民主的な国家及び社会の形成者として必要な資質を備えた心身ともに健康な国民の育成を期して行われなければならない。

【第2条】（教育の目標）
教育は、その目的を実現するため、学問の自由を尊重しつつ、次に掲げる目標を達成するよう行われるものとする。
　一　幅広い知識と教養を身に付け、真理を求める態度を養い、豊かな情操と道徳心を培うとともに、健やかな身体を養うこと。
　二　個人の価値を尊重して、その能力を伸ばし、創造性を培い、自主及び自律の精神を養うとともに、職業及び生活との関連を重視し、勤労を重んずる態度を養うこと。
　三　正義と責任、男女の平等、自他の敬愛と協力を重んずるとともに、公共の精神に基づき、主体的に社会の形成に参画し、その発展に寄与する態度を養うこと。
　四　生命を尊び、自然を大切にし、環境の保全に寄与する態度を養うこと。
　五　伝統と文化を尊重し、それらをはぐくんできた我が国と郷土を愛するとともに、他国を尊重し、国際社会の平和と発展に寄与する態度を養うこと。

【第3条】（生涯学習の理念）
国民一人一人が、自己の人格を磨き、豊かな人生を送ることができるよう、その生涯にわたって、あらゆる機会に、あらゆる場所において学習することができ、その成果を適切に生かすことのできる社会の実現が図られなければならない。

【第4条】（教育の機会均等）
すべて国民は、ひとしく、その能力に応じた教育を受ける機会を与えられなければならず、人種、信条、性別、社会的身分、経済的地位又は門地によって、教育上差別されない。
2　国及び地方公共団体は、障害のある者が、その障害の状態に応じ、十分な教育を受けられるよう、教育上必要な支援を講じなければならない。
3　国及び地方公共団体は、能力があるにもかかわらず、経済的理由によって修学が困難な者に対して、奨学の措置を講じなければならない。

【第5条】（義務教育）
国民は、その保護する子に、別に法律で定めるところにより、普通教育を受けさせる義務を負う。
2　義務教育として行われる普通教育は、各個人の有する能力を伸ばしつつ社会において自立的に生きる基礎を培い、また、国家及び社会の形成者として必要とされる基本的な資質を養うことを目的として行われるものとする。
3　国及び地方公共団体は、義務教育の機会を保障し、その水準を確保するため、適切な役割分担及び相互の協力の下、その実施に責任を負う。
4　国又は地方公共団体の設置する学校における義務教育につ

いては、授業料を徴収しない。

【第6条】（学校教育）
法律に定める学校は、公の性質を有するものであって、国、地方公共団体及び法律に定める法人のみが、これを設置することができる。
2　前項の学校においては、教育の目標が達成されるよう、教育を受ける者の心身の発達に応じて、体系的な教育が組織的に行われなければならない。この場合において、教育を受ける者が、学校生活を営む上で必要な規律を重んずるとともに、自ら進んで学習に取り組む意欲を高めることを重視して行われなければならない。

【第7条】（大学）
大学は、学術の中心として、高い教養と専門的能力を培うとともに、深く真理を探究して新たな知見を創造し、これらの成果を広く社会に提供することにより、社会の発展に寄与するものとする。
2　大学については、自主性、自律性その他の大学における教育及び研究の特性が尊重されなければならない。

【第8条】（私立学校）
私立学校の有する公の性質及び学校教育において果たす重要な役割にかんがみ、国及び地方公共団体は、その自主性を尊重しつつ、助成その他の適当な方法によって私立学校教育の振興に努めなければならない。

【第9条】（教員）
法律に定める学校の教員は、自己の崇高な使命を深く自覚し、絶えず研究と修養に励み、その職責の遂行に努めなければならない。
2　前項の教員については、その使命と職責の重要性にかんがみ、その身分は尊重され、待遇の適正が期せられるとともに、養成と研修の充実が図られなければならない。

【第10条】（家庭教育）
父母その他の保護者は、子の教育について第一義的責任を有するものであって、生活のために必要な習慣を身に付けさせるとともに、自立心を育成し、心身の調和のとれた発達を図るよう努めるものとする。
2　国及び地方公共団体は、家庭教育の自主性を尊重しつつ、保護者に対する学習の機会及び情報の提供その他の家庭教育を支援するために必要な施策を講ずるよう努めなければならない。

【第11条】（幼児期の教育）
幼児期の教育は、生涯にわたる人格形成の基礎を培う重要なものであることにかんがみ、国及び地方公共団体は、幼児の健やかな成長に資する良好な環境の整備その他適当な方法によって、その振興に努めなければならない。

【第12条】（社会教育）
個人の要望や社会の要請にこたえ、社会において行われる教育は、国及び地方公共団体によって奨励されなければならない。
2　国及び地方公共団体は、図書館、博物館、公民館その他の社会教育施設の設置、学校の施設の利用、学習の機会及び情報の提供その他の適当な方法によって社会教育の振興に努めなければならない。

【第13条】（学校、家庭及び地域住民等の相互の連携協力）
学校、家庭及び地域住民その他の関係者は、教育におけるそれぞれの役割と責任を自覚するとともに、相互の連携及び協力に

努めるものとする。

【第14条】（政治教育）
良識ある公民として必要な政治的教養は、教育上尊重されなければならない。
2　法律に定める学校は、特定の政党を支持し、又はこれに反対するための政治教育その他政治的活動をしてはならない。

【第15条】（宗教教育）
宗教に関する寛容の態度、宗教に関する一般的な教養及び宗教の社会生活における地位は、教育上尊重されなければならない。
2　国及び地方公共団体が設置する学校は、特定の宗教のための宗教教育その他宗教的活動をしてはならない。

【第16条】（教育行政）
教育は、不当な支配に服することなく、この法律及び他の法律の定めるところにより行われるべきものであり、教育行政は、国と地方公共団体との適切な役割分担及び相互の協力の下、公正かつ適正に行われなければならない。
2　国は、全国的な教育の機会均等と教育水準の維持向上を図るため、教育に関する施策を総合的に策定し、実施しなければならない。
3　地方公共団体は、その地域における教育の振興を図るため、その実情に応じた教育に関する施策を策定し、実施しなければならない。
4　国及び地方公共団体は、教育が円滑かつ継続的に実施されるよう、必要な財政上の措置を講じなければならない。

【第17条】（教育振興基本計画）
政府は、教育の振興に関する施策の総合的かつ計画的な推進を図るため、教育の振興に関する施策についての基本的な方針及び講ずべき施策その他必要な事項について、基本的な計画を定め、これを国会に報告するとともに、公表しなければならない。
2　地方公共団体は、前項の計画を参酌し、その地域の実情に応じ、当該地方公共団体における教育の振興のための施策に関する基本的な計画を定めるよう努めなければならない。

学校教育に関する法規

学校教育法 ［学教法］

【第1条】［学校の種類］
この法律で、学校とは、幼稚園、小学校、中学校、義務教育学校、高等学校、中等教育学校、特別支援学校、大学及び高等専門学校とする。

【第2条】［学校の設置と運営］
学校は、国（国立大学法人法（平成15年法律第112号）第2条第1項に規定する国立大学法人及び独立行政法人国立高等専門学校機構を含む。以下同じ。）、地方公共団体（地方独立行政法人法（平成15年法律第118号）第68条第1項に規定する公立大学法人（以下「公立大学法人」という。）を含む。次項及び第127条において同じ。）及び私立学校法（昭和24年法律第270号）第3条に規定する学校法人（以下「学校法人」という。）のみが、これを設置することができる。
2　この法律で、国立学校とは、国の設置する学校を、公立学校とは、地方公共団体の設置する学校を、私立学校とは、学校法人の設置する学校をいう。

【第3条】［学校設置基準］
学校を設置しようとする者は、学校の種類に応じ、文部科学大臣の定める設備、編制その他に関する設置基準に従い、これを設置しなければならない。

【第5条】［設置者管理主義・設置者負担主義］
学校の設置者は、その設置する学校を管理し、法令に特別の定のある場合を除いては、その学校の経費を負担する。

【第6条】［授業料の不徴収］
学校においては、授業料を徴収することができる。ただし、国立又は公立の小学校及び中学校、義務教育学校、中等教育学校の前期課程又は特別支援学校の小学部及び中学部における義務教育については、これを徴収することができない。

【第7条】［教員数］
学校には、校長及び相当数の教員を置かなければならない。

【第9条】［欠格事項］
次の各号のいずれかに該当する者は、校長又は教員となることができない。
一　禁錮以上の刑に処せられた者
二　教育職員免許法第10条第1項第二号又は第三号に該当することにより免許状がその効力を失い、当該失効の日から3年を経過しない者
三　教育職員免許法第11条第1項から第3項までの規定により免許状取上げの処分を受け、3年を経過しない者
四　日本国憲法施行の日以後において、日本国憲法又はその下に成立した政府を暴力で破壊することを主張する政党その他の団体を結成し、又はこれに加入した者

【第11条】［懲戒権、体罰の禁止］
校長及び教員は、教育上必要があると認めるときは、文部科学大臣の定めるところにより、児童、生徒及び学生に懲戒を加えることができる。ただし、体罰を加えることはできない。

【第16条】［義務教員の年限］
保護者（子に対して親権を行う者（親権を行う者のないときは、未成年後見人）をいう。以下同じ。）は、次条に定めるところにより、子に9年の普通教育を受けさせる義務を負う。

【第17条】［義務教育の期間］
保護者は、子の満6歳に達した日の翌日以後における最初の学年の初めから、満12歳に達した日の属する学年の終わりまで、これを小学校、義務教育学校の前期課程又は特別支援学校の小学部に就学させる義務を負う。ただし、子が、満12歳に達した日の属する学年の終わりまでに小学校の課程、義務教育学校の前期課程又は特別支援学校の小学部の課程を修了しないときは、満15歳に達した日の属する学年の終わり（それまでの間においてこれらの課程を修了したときは、その修了した日の属する学年の終わり）までとする。
2　保護者は、子が小学校の課程、義務教育学校の前期課程又は特別支援学校の小学部の課程を修了した日の翌日以後における最初の学年の初めから、満十五歳に達した日の属する学年の終わりまで、これを中学校、義務教育学校の後期課程、中等教育学校の前期課程又は特別支援学校の中学部に就学させる義務を負う。
3　前2項の義務の履行の督促その他これらの義務の履行に関し必要な事項は、政令で定める。

【第18条】〔就学猶予、就学免除〕
前条第1項又は第2項の規定によつて、保護者が就学させなければならない子（以下それぞれ「学齢児童」又は「学齢生徒」という。）で、病弱、発育不完全その他やむを得ない事由のため、就学困難と認められる者の保護者に対しては、市町村の教育委員会は、文部科学大臣の定めるところにより、同条第1項又は第2項の義務を猶予又は免除することができる。

【第19条】〔就学援助〕
経済的理由によつて、就学困難と認められる学齢児童又は学齢生徒の保護者に対しては、市町村は、必要な援助を与えなければならない。

【第20条】〔学齢児童生徒の使用〕
学齢児童又は学齢生徒を使用する者は、その使用によつて、当該学齢児童又は学齢生徒が、義務教育を受けることを妨げてはならない。

【第21条】〔義務教育の目標〕
義務教育として行われる普通教育は、教育基本法（平成18年法律第120号）第5条第2項に規定する目的を実現するため、次に掲げる目標を達成するよう行われるものとする。

一 学校内外における社会的活動を促進し、自主、自律及び協同の精神、規範意識、公正な判断力並びに公共の精神に基づき主体的に社会の形成に参画し、その発展に寄与する態度を養うこと。
二 学校内外における自然体験活動を促進し、生命及び自然を尊重する精神並びに環境の保全に寄与する態度を養うこと。
三 我が国と郷土の現状と歴史について、正しい理解に導き、伝統と文化を尊重し、それらをはぐくんできた我が国と郷土を愛する態度を養うとともに、進んで外国の文化の理解を通じて、他国を尊重し、国際社会の平和と発展に寄与する態度を養うこと。
四 家族と家庭の役割、生活に必要な衣、食、住、情報、産業その他の事項について基礎的な理解と技能を養うこと。
五 読書に親しませ、生活に必要な国語を正しく理解し、使用する基礎的な能力を養うこと。
六 生活に必要な数量的な関係を正しく理解し、処理する基礎的な能力を養うこと。
七 生活にかかわる自然現象について、観察及び実験を通じて、科学的に理解し、処理する基礎的な能力を養うこと。
八 健康、安全で幸福な生活のために必要な習慣を養うとともに、運動を通じて体力を養い、心身の調和的発達を図ること。
九 生活を明るく豊かにする音楽、美術、文芸その他の芸術について基礎的な理解と技能を養うこと。
十 職業についての基礎的な知識と技能、勤労を重んずる態度及び個性に応じて将来の進路を選択する能力を養うこと。

【第29条】〔小学校の目的〕
小学校は、心身の発達に応じて、義務教育として行われる普通教育のうち基礎的なものを施すことを目的とする。

【第30条】〔小学校の目標〕
小学校における教育は、前条に規定する目的を実現するために必要な程度において第21条各号に掲げる目標を達成するよう行われるものとする。
2 前項の場合においては、生涯にわたり学習する基盤が培われるよう、基礎的な知識及び技能を習得させるとともに、これらを活用して課題を解決するために必要な思考力、判断力、表現力その他の能力をはぐくみ、主体的に学習に取り組む態度を養うことに、特に意を用いなければならない。

【第31条】〔体験的な学習、関係団体・機関との連携〕
小学校においては、前条第1項の規定による目標の達成に資するよう、教育指導を行うに当たり、児童の体験的な学習活動、特にボランティア活動など社会奉仕体験活動、自然体験活動その他の体験活動の充実に努めるものとする。この場合において、社会教育関係団体その他の関係団体及び関係機関との連携に十分配慮しなければならない。

【第33条】〔教育課程〕
小学校の教育課程に関する事項は、第29条及び第30条の規定に従い、文部科学大臣が定める。

【第34条】〔教科書、副教材〕
小学校においては、文部科学大臣の検定を経た教科用図書又は文部科学省が著作の名義を有する教科用図書を使用しなければならない。
2 前項に規定する教科用図書（以下この条において「教科用図書」という。）の内容を文部科学大臣の定めるところにより記録した電磁的記録（電子的方式、磁気的方式その他人の知覚によつては認識することができない方式で作られる記録であつて、電子計算機による情報処理の用に供されるものをいう。）である教材がある場合には、同項の規定にかかわらず、文部科学大臣の定めるところにより、児童の教育の充実を図るため必要があると認められる教育課程の一部において、教科用図書に代えて当該教材を使用することができる。
（3～5省略）

【第35条】〔出席停止〕
市町村の教育委員会は、次に掲げる行為の一又は二以上を繰り返し行う等性行不良であつて他の児童の教育に妨げがあると認める児童があるときは、その保護者に対して、児童の出席停止を命ずることができる。

一 他の児童に傷害、心身の苦痛又は財産上の損失を与える行為
二 職員に傷害又は心身の苦痛を与える行為
三 施設又は設備を損壊する行為
四 授業その他の教育活動の実施を妨げる行為

2 市町村の教育委員会は、前項の規定により出席停止を命ずる場合には、あらかじめ保護者の意見を聴取するとともに、理由及び期間を記載した文書を交付しなければならない。
3 前項に規定するもののほか、出席停止の命令の手続に関し必要な事項は、教育委員会規則で定めるものとする。
4 市町村の教育委員会は、出席停止の命令に係る児童の出席停止の期間における学習に対する支援その他の教育上必要な措置を講ずるものとする。

【第36条】〔就学年齢〕
学齢に達しない子女は、これを小学校に入学させることができない。

【第37条】〔学校に置く教職員とその職務〕
小学校には、校長、教頭、教諭、養護教諭及び事務職員を置かなければならない。
2 小学校には、前項に規定するもののほか、副校長、主幹教諭、指導教諭、栄養教諭その他必要な職員を置くことができる。
3 第1項の規定にかかわらず、副校長を置くときその他特別の事情のあるときは教頭を、養護をつかさどる主幹教諭を置く

ときは養護教諭を、特別の事情のあるときは事務職員を、それぞれ置かないことができる。

4　校長は、校務をつかさどり、所属職員を監督する。

5　副校長は、校長を助け、命を受けて校務をつかさどる。

6　副校長は、校長に事故があるときはその職務を代理し、校長が欠けたときはその職務を行う。この場合において、副校長が2人以上あるときは、あらかじめ校長が定めた順序で、その職務を代理し、又は行う。

7　教頭は、校長（副校長を置く小学校にあつては、校長及び副校長）を助け、校務を整理し、及び必要に応じ児童の教育をつかさどる。

8　教頭は、校長（副校長を置く小学校にあつては、校長及び副校長）に事故があるときは校長の職務を代理し、校長（副校長を置く小学校にあつては、校長及び副校長）が欠けたときは校長の職務を行う。この場合において、教頭が2人以上あるときは、あらかじめ校長が定めた順序で、校長の職務を代理し、又は行う。

9　主幹教諭は、校長（副校長を置く小学校にあつては、校長及び副校長）及び教頭を助け、命を受けて校務の一部を整理し、並びに児童の教育をつかさどる。

10　指導教諭は、児童の教育をつかさどり、並びに教諭その他の職員に対して、教育指導の改善及び充実のために必要な指導及び助言を行う。

11　教諭は、児童の教育をつかさどる。

12　養護教諭は、児童の養護をつかさどる。

13　栄養教諭は、児童の栄養の指導及び管理をつかさどる。

14　事務職員は、事務をつかさどる。

15　助教諭は、教諭の職務を助ける。

16　講師は、教諭又は助教諭に準ずる職務に従事する。

17　養護助教諭は、養護教諭の職務を助ける。

18　特別の事情のあるときは、第1項の規定にかかわらず、教諭に代えて助教諭又は講師を、養護教諭に代えて養護助教諭を置くことができる。

19　学校の実情に照らし必要があると認めるときは、第9項の規定にかかわらず、校長（副校長を置く小学校にあつては、校長及び副校長）及び教頭を助け、命を受けて校務の一部を整理し、並びに児童の養護又は栄養の指導及び管理をつかさどる主幹教諭を置くことができる。

【第38条】〔学校設置義務〕
市町村は、その区域内にある学齢児童を就学させるに必要な小学校を設置しなければならない。（後略）

【第42条】〔学校評価〕
小学校は、文部科学大臣の定めるところにより当該小学校の教育活動その他の学校運営の状況について評価を行い、その結果に基づき学校運営の改善を図るため必要な措置を講ずることにより、その教育水準の向上に努めなければならない。

【第43条】〔学校運営に関する情報の提供〕
小学校は、当該小学校に関する保護者及び地域住民その他の関係者の理解を深めるとともに、これらの者との連携及び協力の推進に資するため、当該小学校の教育活動その他の学校運営の状況に関する情報を積極的に提供するものとする。

【第45条】〔中学校の目的〕
中学校は、小学校における教育の基礎の上に、心身の発達に応じて、義務教育として行われる普通教育を施すことを目的とする。

【第46条】〔中学校教育の目標〕
中学校における教育は、前条に規定する目的を実現するため、第21条各号に掲げる目標を達成するよう行われるものとする。

【第49条の2】〔義務教育学校の目的〕
義務教育学校は、心身の発達に応じて、義務教育として行われる普通教育を基礎的なものから一貫して施すことを目的とする。

【第50条】〔高等学校の目的〕
高等学校は、中学校における教育の基礎の上に、心身の発達及び進路に応じて、高度な普通教育及び専門教育を施すことを目的とする。

【第51条】〔高等学校の目標〕
高等学校における教育は、前条に規定する目的を実現するため、次に掲げる目標を達成するよう行われるものとする。
　一　義務教育として行われる普通教育の成果を更に発展拡充させて、豊かな人間性、創造性及び健やかな身体を養い、国家及び社会の形成者として必要な資質を養うこと。
　二　社会において果たさなければならない使命の自覚に基づき、個性に応じて将来の進路を決定させ、一般的な教養を高め、専門的な知識、技術及び技能を習得させること。
　三　個性の確立に努めるとともに、社会について、広く深い理解と健全な批判力を養い、社会の発展に寄与する態度を養うこと。

【第63条】〔中等教育学校の目的〕
中等教育学校は、小学校における教育の基礎の上に、心身の発達及び進路に応じて、義務教育として行われる普通教育並びに高度な普通教育及び専門教育を一貫して施すことを目的とする。

【第72条】〔特別支援学校の目的〕
特別支援学校は、視覚障害者、聴覚障害者、知的障害者、肢体不自由者又は病弱者（身体虚弱者を含む。以下同じ。）に対して、幼稚園、小学校、中学校又は高等学校に準ずる教育を施すとともに、障害による学習上又は生活上の困難を克服し自立を図るために必要な知識技能を授けることを目的とする。

【第74条】〔特別支援教育のセンター〕
特別支援学校においては、第72条に規定する目的を実現するための教育を行うほか、幼稚園、小学校、中学校、義務教育学校、高等学校又は中等教育学校の要請に応じて、第81条第1項に規定する幼児、児童又は生徒の教育に関し必要な助言又は援助を行うよう努めるものとする。

【第80条】〔特別支援学校の設置義務〕
都道府県は、その区域内にある学齢児童及び学齢生徒のうち、視覚障害者、聴覚障害者、知的障害者、肢体不自由者又は病弱者で、その障害が第75条の政令で定める程度のものを就学させるに必要な特別支援学校を設置しなければならない。

【第81条】〔特別支援学級〕
幼稚園、小学校、中学校、義務教育学校、高等学校及び中等教育学校においては、次項各号のいずれかに該当する幼児、児童及び生徒その他教育上特別の支援を必要とする幼児、児童及び生徒に対し、文部科学大臣の定めるところにより、障害による学習上又は生活上の困難を克服するための教育を行うものとする。

2　小学校、中学校、義務教育学校、高等学校及び中等教育学校には、次の各号のいずれかに該当する児童及び生徒のために、特別支援学級を置くことができる。

一　知的障害者
二　肢体不自由者
三　身体虚弱者
四　弱視者
五　難聴者
六　その他障害のある者で、特別支援学級において教育を行うことが適当なもの
（3　省略）

【第83条の2】〔専門職大学〕
前条の大学のうち、深く専門の学芸を教授研究し、専門性が求められる職業を担うための実践的かつ応用的な能力を展開させることを目的とするものは、専門職大学とする。
（2、3省略）

学校教育法施行令

【第1条】（学齢簿の編製）
市（特別区を含む。以下同じ。）町村の教育委員会は、当該市町村の区域内に住所を有する学齢児童及び学齢生徒（それぞれ学校教育法（以下「法」という。）第18条に規定する学齢児童及び学齢生徒をいう。以下同じ。）について、学齢簿を編製しなければならない。
2　前項の規定による学齢簿の編製は、当該市町村の住民基本台帳に基づいて行なうものとする。
3　市町村の教育委員会は、文部科学省令で定めるところにより、第1項の学齢簿を磁気ディスク（これに準ずる方法により一定の事項を確実に記録しておくことができる物を含む。以下同じ。）をもつて調製することができる。
4　第1項の学齢簿に記載（前項の規定により磁気ディスクをもつて調製する学齢簿にあつては、記録。以下同じ。）をすべき事項は、文部科学省令で定める。

【第2条】〔学齢簿の作成期日〕
市町村の教育委員会は、毎学年の初めから5月前までに、文部科学省令で定める日現在において、当該市町村に住所を有する者で前学年の初めから終わりまでの間に満6歳に達する者について、あらかじめ、前条第1項の学齢簿を作成しなければならない。この場合においては、同条第2項から第4項までの規定を準用する。

【第5条】（入学期日等の通知、学校の指定）
市町村の教育委員会は、就学予定者（法第17条第1項又は第2項の規定により、翌学年の初めから小学校、中学校、義務教育学校、中等教育学校又は特別支援学校に就学させるべき者をいう。以下同じ。）のうち、認定特別支援学校就学者（視覚障害者、聴覚障害者、知的障害者、肢体不自由者又は病弱者（身体虚弱者を含む。）で、その障害が、第22条の3の表に規定する程度のもの（以下「視覚障害者等」という。）のうち、当該市町村の教育委員会が、その者の障害の状態、その者の教育上必要な支援の内容、地域における教育の体制の整備の状況その他の事情を勘案して、その住所の存する都道府県の設置する特別支援学校に就学させることが適当であると認める者をいう。以下同じ。）以外の者について、その保護者に対し、翌学年の初めから2月前までに、小学校、中学校又は義務教育学校の入学期日を通知しなければならない。
2　市町村の教育委員会は、当該市町村の設置する小学校及び義務教育学校の数の合計数が二以上である場合又は当該市町村の設置する中学校（法第71条の規定により高等学校における教育と一貫した教育を施すもの（以下「併設型中学校」という。）を除く。以下この項、次条第七号、第6条の3第1項、第7条及び第8条において同じ。）及び義務教育学校の数の合計数が二以上である場合においては、前項の通知において当該就学予定者の就学すべき小学校、中学校又は義務教育学校を指定しなければならない。
（3　省略）

【第7条】〔入学者、入学期日の校長への通知〕
市町村の教育委員会は、第5条第1項（第6条において準用する場合を含む。）の通知と同時に、当該児童生徒等を就学させるべき小学校、中学校又は義務教育学校の校長に対し、当該児童生徒等の氏名及び入学期日を通知しなければならない。

【第8条】〔就学指定校の変更〕
市町村の教育委員会は、第5条第2項（第6条において準用する場合を含む。）の場合において、相当と認めるときは、保護者の申立により、その指定した小学校、中学校又は義務教育学校を変更することができる。この場合においては、速やかに、その保護者及び前条の通知をした小学校、中学校又は義務教育学校の校長に対し、その旨を通知するとともに、新たに指定した小学校、中学校又は義務教育学校の校長に対し、同条の通知をしなければならない。

【第9条】〔区域外就学等の届出〕
児童生徒等をその住所の存する市町村の設置する小学校、中学校（併設型中学校を除く。）又は義務教育学校以外の小学校、中学校、義務教育学校又は中等教育学校に就学させようとする場合には、その保護者は、就学させようとする小学校、中学校、義務教育学校又は中等教育学校が市町村又は都道府県の設置するものであるときは当該市町村又は都道府県の教育委員会の、その他のものであるときは当該小学校、中学校、義務教育学校又は中等教育学校における就学を承諾する権限を有する者の承諾を証する書面を添え、その旨をその児童生徒等の住所の存する市町村の教育委員会に届け出なければならない。
2　市町村の教育委員会は、前項の承諾（当該市町村の設置する小学校、中学校（併設型中学校を除く。）又は義務教育学校への就学に係るものに限る。）を与えようとする場合には、あらかじめ、児童生徒等の住所の存する市町村の教育委員会に協議するものとする。

【第20条】〔長期欠席者の教育委員会への通知〕
小学校、中学校、義務教育学校、中等教育学校及び特別支援学校の校長は、当該学校に在学する学齢児童又は学齢生徒が、休業日を除き引き続き7日間出席せず、その他その出席状況が良好でない場合において、その出席させないことについて保護者に正当な事由がないと認められるときは、速やかに、その旨を当該学齢児童又は学齢生徒の住所の存する市町村の教育委員会に通知しなければならない。

【第21条】（教育委員会の行う出席の督促等）
市町村の教育委員会は、前条の通知を受けたときその他当該市町村に住所を有する学齢児童又は学齢生徒の保護者が法第17条第1項又は第2項に規定する義務を怠つていると認められるときは、その保護者に対して、当該学齢児童又は学齢生徒の出席を督促しなければならない。

【第22条の3】〔視覚障害者等の障害の程度の区分〕
法第75条の政令で定める視覚障害者、聴覚障害者、知的障害者、肢体不自由者又は病弱者の障害の程度は、次の表に掲げるとおりとする。

区分	障害の程度
視覚障害者	両眼の視力がおおむね0.3未満のもの又は視力以外の視機能障害が高度のもののうち、拡大鏡等の使用によつても通常の文字、図形等の視覚による認識が不可能又は著しく困難な程度のもの
聴覚障害者	両耳の聴力レベルがおおむね60デシベル以上のもののうち、補聴器等の使用によつても通常の話声を解することが不可能又は著しく困難な程度のもの
知的障害者	一　知的発達の遅滞があり、他人との意思疎通が困難で日常生活を営むのに頻繁に援助を必要とする程度のもの 二　知的発達の遅滞の程度が前号に掲げる程度に達しないもののうち、社会生活への適応が著しく困難なもの
肢体不自由者	一　肢体不自由の状態が補装具の使用によつても歩行、筆記等日常生活における基本的な動作が不可能又は困難な程度のもの 二　肢体不自由の状態が前号に掲げる程度に達しないもののうち、常時の医学的観察指導を必要とする程度のもの
病弱者	一　慢性の呼吸器疾患、腎臓疾患及び神経疾患、悪性新生物その他の疾患の状態が継続して医療又は生活規制を必要とする程度のもの 二　身体虚弱の状態が継続して生活規制を必要とする程度のもの

備考
一　視力の測定は、万国式試視力表によるものとし、屈折異常があるものについては、矯正視力によつて測定する。
二　聴力の測定は、日本産業規格によるオージオメータによる。

【第25条】（市町村立小中学校等の設置廃止等についての届出）
市町村の教育委員会又は市町村が単独で若しくは他の市町村と共同して設立する公立大学法人の理事長は、当該市町村又は公立大学法人の設置する小学校、中学校又は義務教育学校（第五号の場合にあつては、特別支援学校の小学部及び中学部を含む。）について次に掲げる事由があるときは、その旨を都道府県の教育委員会に届け出なければならない。
　　一　設置し、又は廃止しようとするとき。
　　二　新たに設置者となり、又は設置者たることをやめようとするとき。
　　三　名称又は位置を変更しようとするとき。
　　四　分校を設置し、又は廃止しようとするとき。
　　五　二部授業を行おうとするとき。

【第29条第1項】（学期及び休業日）
公立の学校（大学を除く。以下この条において同じ。）の学期並びに夏季、冬季、学年末、農繁期等における休業日又は家庭及び地域における体験的な学習活動その他の学習活動のための休業日（次項において「体験的学習活動等休業日」という。）は、市町村又は都道府県の設置する学校にあつては当該市町村又は都道府県の教育委員会が、公立大学法人の設置する学校にあつては当該公立大学法人の理事長が定める。

【第26条】〔懲戒〕
校長及び教員が児童等に懲戒を加えるに当つては、児童等の心身の発達に応ずる等教育上必要な配慮をしなければならない。
2　懲戒のうち、退学、停学及び訓告の処分は、校長（大学にあつては、学長の委任を受けた学部長を含む。）が行う。
3　前項の退学は、公立の小学校、中学校（学校教育法第71条の規定により高等学校における教育と一貫した教育を施すもの（以下「併設型中学校」という。）を除く。）、義務教育学校又は特別支援学校に在学する学齢児童又は学齢生徒を除き、次の各号のいずれかに該当する児童等に対して行うことができる。
　　一　性行不良で改善の見込がないと認められる者
　　二　学力劣等で成業の見込がないと認められる者
　　三　正当の理由がなくて出席常でない者
　　四　学校の秩序を乱し、その他学生又は生徒としての本分に反した者
4　第2項の停学は、学齢児童又は学齢生徒に対しては、行うことができない。
5　学長は、学生に対する第2項の退学、停学及び訓告の処分の手続を定めなければならない。

【第28条】〔学校備付表簿〕
学校において備えなければならない表簿は、概ね次のとおりとする。
　　一　学校に関係のある法令
　　二　学則、日課表、教科用図書配当表、学校医執務記録簿、学校歯科医執務記録簿、学校薬剤師執務記録簿及び学校日誌
　　三　職員の名簿、履歴書、出勤簿並びに担任学級、担任の教科又は科目及び時間表
　　四　指導要録、その写し及び抄本並びに出席簿及び健康診断に関する表簿
　　五　入学者の選抜及び成績考査に関する表簿
　　六　資産原簿、出納簿及び経費の予算決算についての帳簿並びに図書機械器具、標本、模型等の教具の目録
　　七　往復文書処理簿
2　前項の表簿（第24条第2項の抄本又は写しを除く。）は、別に定めるもののほか、5年間保存しなければならない。ただし、指導要録及びその写しのうち入学、卒業等の学籍に関する記録については、その保存期間は、20年間とする。
3　学校教育法施行令第31条の規定により指導要録及びその写しを保存しなければならない期間は、前項のこれらの書類の保存期間から当該学校においてこれらの書類を保存していた期間を控除した期間とする。

【第30条】〔学齢簿の記載事項〕
学校教育法施行令第1条第1項の学齢簿に記載（同条第3項の規定により磁気ディスクをもつて調製する学齢簿にあつては、記録。以下同じ。）をすべき事項は、次の各号に掲げる区分に応じ、当該各号に掲げる事項とする。
　　一　学齢児童又は学齢生徒に関する事項　氏名、現住所、生年月日及び性別
　　二　保護者に関する事項　氏名、現住所及び保護者と学齢児童又は学齢生徒との関係
　　三　就学する学校に関する事項
　　　　イ　当該市町村の設置する小学校、中学校（併設型中学校を除く。）又は義務教育学校に就学する者について、当該学校の名称並びに当該学校に係る入学、転学及び卒業の年月日

ロ　学校教育法施行令第9条に定める手続により当該市町村の設置する小学校、中学校（併設型中学校を除く。）又は義務教育学校以外の小学校、中学校、義務教育学校又は中等教育学校に就学する者について、当該学校及びその設置者の名称並びに当該学校に係る入学、転学、退学及び卒業の年月日

ハ　特別支援学校の小学部又は中学部に就学する者について、当該学校及び部並びに当該学校の設置者の名称並びに当該部に係る入学、転学、退学及び卒業の年月日

四　就学の督促等に関する事項　学校教育法施行令第20条又は第21条の規定に基づき就学状況が良好でない者等について、校長から通知を受けたとき、又は就学義務の履行を督促したときは、その旨及び通知を受け、又は督促した年月日

五　就学義務の猶予又は免除に関する事項　学校教育法第18条の規定により保護者が就学させる義務を猶予又は免除された者について、猶予の年月日、事由及び期間又は免除の年月日及び事由並びに猶予又は免除された者のうち復学した者については、その年月日

六　その他必要な事項　市町村の教育委員会が学齢児童又は学齢生徒の就学に関し必要と認める事項

2　学校教育法施行令第2条に規定する者について作成する学齢簿に記載をすべき事項については、前項第一号、第二号及び第六号の規定を準用する。

【第31条】〔学齢簿の作成基準日〕
学校教育法施行令第2条の規定による学齢簿の作成は、10月1日現在において行うものとする。

【第32条】〔就学校についての保護者の意見聴取、就学校の指定変更〕
市町村の教育委員会は、学校教育法施行令第5条第2項（同令第6条において準用する場合を含む。次項において同じ。）の規定により就学予定者の就学すべき小学校、中学校又は義務教育学校（次項において「就学校」という。）を指定する場合には、あらかじめ、その保護者の意見を聴取することができる。この場合においては、意見の聴取の手続に関し必要な事項を定め、公表するものとする。

2　市町村の教育委員会は、学校教育法施行令第5条第2項の規定による就学校の指定に係る通知において、その指定の変更についての同令第8条に規定する保護者の申立ができる旨を示すものとする。

【第33条】〔就学指定校の変更の要件・手続き〕
市町村の教育委員会は、学校教育法施行令第8条の規定により、その指定した小学校、中学校又は義務教育学校を変更することができる場合の要件及び手続に関し必要な事項を定め、公表するものとする。

【第40条】〔設置基準〕
小学校の設備、編制その他設置に関する事項は、この節に定めるもののほか、小学校設置基準（平成14年文部科学省令第14号）の定めるところによる。

【第41条】〔学級数〕
小学校の学級数は、12学級以上18学級以下を標準とする。ただし、地域の実態その他により特別の事情のあるときは、この限りでない。

【第48条】〔職員会議〕
小学校には、設置者の定めるところにより、校長の職務の円滑な執行に資するため、職員会議を置くことができる。
2　職員会議は、校長が主宰する。

【第50条第1項】〔小学校の教育課程〕
小学校の教育課程は、国語、社会、算数、理科、生活、音楽、図画工作、家庭、体育及び外国語の各教科（以下この節において「各教科」という。）、特別の教科である道徳、外国語活動、総合的な学習の時間並びに特別活動によつて編成するものとす

別表第1（第51条関係）

区分		第1学年	第2学年	第3学年	第4学年	第5学年	第6学年
各教科の授業時数	国語	306	315	245	245	175	175
	社会			70	90	100	105
	算数	136	175	175	175	175	175
	理科			90	105	105	105
	生活	102	105				
	音楽	68	70	60	60	50	50
	図画工作	68	70	60	60	50	50
	家庭					60	55
	体育	102	105	105	105	90	90
	外国語					70	70
特別の教科である道徳の授業時数		34	35	35	35	35	35
外国語活動の授業時数				35	35		
総合的な学習の時間の授業時数				70	70	70	70
特別活動の授業時数		34	35	35	35	35	35
総授業時数		850	910	980	1015	1015	1015

備考
1　この表の授業時数の1単位時間は、45分とする。
2　特別活動の授業時数は、小学校学習指導要領で定める学級活動（学校給食に係るものを除く。）に充てるものとする。
3　第50条第2項の場合において、特別の教科である道徳のほかに宗教を加えるときは、宗教の授業時数をもつてこの表の特別の教科である道徳の授業時数の一部に代えることができる。（別表第2から別表第2の3まで及び別表第4の場合においても同様とする。）

る。

【第51条】〔小学校の授業時数〕
小学校（第52条の2第2項に規定する中学校連携型小学校及び第79条の9第2項に規定する中学校併設型小学校を除く。）の各学年における各教科、特別の教科である道徳、外国語活動、総合的な学習の時間及び特別活動のそれぞれの授業時数並びに各学年におけるこれらの総授業時数は、別表第1に定める授業時数を標準とする。

【第52条】〔学習指導要領〕
小学校の教育課程については、この節に定めるもののほか、教育課程の基準として文部科学大臣が別に公示する小学校学習指導要領によるものとする。

【第54条】〔心身の状況と教育課程〕
児童が心身の状況によつて履修することが困難な各教科は、その児童の心身の状況に適合するように課さなければならない。

【第56条】〔不登校児のための特別の教育課程〕
小学校において、学校生活への適応が困難であるため相当の期間小学校を欠席し引き続き欠席すると認められる児童を対象として、その実態に配慮した特別の教育課程を編成して教育を実施する必要があると文部科学大臣が認める場合においては、文部科学大臣が別に定めるところにより、第50条第1項、第51条（中学校連携型小学校にあつては第52条の3、第79条の9第2項に規定する中学校併設型小学校にあつては第79条の12において準用する第79条の5第1項）又は第52条の規定によらないことができる。

【第57条】〔課程の終了、卒業〕
小学校において、各学年の課程の修了又は卒業を認めるに当つては、児童の平素の成績を評価して、これを定めなければならない。

【第58条】〔卒業証書〕
校長は、小学校の全課程を修了したと認めた者には、卒業証書を授与しなければならない。

【第59条】〔学年〕
小学校の学年は、4月1日に始まり、翌年3月31日に終わる。

【第60条】〔授業時程〕
授業終始の時刻は、校長が定める。

【第61条】〔公立小学校の休業日〕
公立小学校における休業日は、次のとおりとする。ただし、第三号に掲げる日を除き、当該学校を設置する地方公共団体の教育委員会（公立大学法人の設置する小学校にあつては、当該公立大学法人の理事長。第三号において同じ。）が必要と認める場合は、この限りでない。
　一　国民の祝日に関する法律（昭和23年法律第178号）に規定する日
　二　日曜日及び土曜日
　三　学校教育法施行令第29条第1項の規定により教育委員会が定める日

【第62条】〔私立小学校の学期・休業日〕
私立小学校における学期及び休業日は、当該学校の学則で定める。

【第63条】〔臨時休業〕
非常変災その他急迫の事情があるときは、校長は、臨時に授業を行わないことができる。この場合において、公立小学校についてはこの旨を当該学校を設置する地方公共団体の教育委員会（公立大学法人の設置する小学校にあつては、当該公立大学法人の理事長）に報告しなければならない。

【第66条】〔学校評価：自己評価〕
小学校は、当該小学校の教育活動その他の学校運営の状況について、自ら評価を行い、その結果を公表するものとする。
2　前項の評価を行うに当たつては、小学校は、その実情に応じ、適切な項目を設定して行うものとする。

【第67条】〔学校評価：学校関係者評価〕
小学校は、前条第1項の規定による評価の結果を踏まえた当該小学校の児童の保護者その他の当該小学校の関係者（当該小学校の職員を除く。）による評価を行い、その結果を公表するよう努めるものとする。

【第68条】〔学校評価の結果報告〕
小学校は、第66条第1項の規定による評価の結果及び前条の規定により評価を行つた場合はその結果を、当該小学校の設置者に報告するものとする。

【第72条】〔中学校の教育課程〕
中学校の教育課程は、国語、社会、数学、理科、音楽、美術、保健体育、技術・家庭及び外国語の各教科（以下本章及び第7章中「各教科」という。）、特別の教科である道徳、総合的な学習の時間並びに特別活動によつて編成するものとする。

【第96条第1項】〔高等学校の修得単位数〕
校長は、生徒の高等学校の全課程の修了を認めるに当つては、高等学校学習指導要領の定めるところにより、74単位以上を修得した者について行わなければならない。ただし、第85条、第85条の2又は第86条の規定により、高等学校の教育課程に関し第83条又は第84条の規定によらない場合においては、文部科学大臣が別に定めるところにより行うものとする。

【第131条第1項】〔特別支援学校における特別の教育課程〕
特別支援学校の小学部、中学部又は高等部において、複数の種類の障害を併せ有する児童若しくは生徒を教育する場合又は教員を派遣して教育を行う場合において、特に必要があるときは、第126条から第129条までの規定にかかわらず、特別の教育課程によることができる。

【第138条】〔特別支援学級における特別の教育課程〕
小学校、中学校若しくは義務教育学校又は中等教育学校の前期課程における特別支援学級に係る教育課程については、特に必要がある場合は、第50条第1項（第79条の6第1項において準用する場合を含む。）、第51条、第52条（第79条の6第1項において準用する場合を含む。）、第52条の3、第72条（第79条の6第2項及び第108条第1項において準用する場合を含む。）、第73条、第74条（第79条の6第2項及び第108条第1項において準用する場合を含む。）、第74条の3、第76条、第79条の5（第79条の12において準用する場合を含む。）及び第107条（第117条において準用する場合を含む。）の規定にかかわらず、特別の教育課程によることができる。

【第140条】〔通級による指導〕
小学校、中学校、義務教育学校、高等学校又は中等教育学校において、次の各号のいずれかに該当する児童又は生徒（特別支

援学級の児童及び生徒を除く。）のうち当該障害に応じた特別の指導を行う必要があるものを教育する場合には、文部科学大臣が別に定めるところにより、第50条第1項（第79条の6第1項において準用する場合を含む。）、第51条、第52条（第79条の6第1項において準用する場合を含む。）、第52条の3、第72条（第79条の6第2項及び第108条第1項において準用する場合を含む。）、第73条、第74条（第79条の6第2項及び第108条第1項において準用する場合を含む。）、第74条の3、第76条、第79条の5（第79条の12において準用する場合を含む。）、第83条及び第84条（第108条第2項において準用する場合を含む。）並びに第107条（第117条において準用する場合を含む。）の規定にかかわらず、特別の教育課程によることができる。

　　一　言語障害者
　　二　自閉症者
　　三　情緒障害者
　　四　弱視者
　　五　難聴者
　　六　学習障害者
　　七　注意欠陥多動性障害者
　　八　その他障害のある者で、この条の規定により特別の教育課程による教育を行うことが適当なもの

幼稚園設置基準

【第3条】（1学級の幼児数）
1学級の幼児数は、35人以下を原則とする。

【第9条】（施設及び設備等）
幼稚園には、次の施設及び設備を備えなければならない。ただし、特別の事情があるときは、保育室と遊戯室及び職員室と保健室とは、それぞれ兼用することができる。

　　一　職員室
　　二　保育室
　　三　遊戯室
　　四　保健室
　　五　便所
　　六　飲料水用設備、手洗用設備、足洗用設備
2　保育室の数は、学級数を下つてはならない。
3　飲料水用設備は、手洗用設備又は足洗用設備と区別して備えなければならない。
4　飲料水の水質は、衛生上無害であることが証明されたものでなければならない。

【第10条】（施設及び設備等）
幼稚園には、学級数及び幼児数に応じ、教育上、保健衛生上及び安全上必要な種類及び数の園具及び教具を備えなければならない。
2　前項の園具及び教具は、常に改善し、補充しなければならない。

小学校設置基準

【第1条】（趣旨）
小学校は、学校教育法（昭和22年法律第26号）その他の法令の規定によるほか、この省令の定めるところにより設置するものとする。
2　この省令で定める設置基準は、小学校を設置するのに必要な最低の基準とする。

3　小学校の設置者は、小学校の編制、施設、設備等がこの省令で定める設置基準より低下した状態にならないようにすることはもとより、これらの水準の向上を図ることに努めなければならない。

【第4条】（1学級の児童数）
1学級の児童数は、法令に特別の定めがある場合を除き、40人以下とする。ただし、特別の事情があり、かつ、教育上支障がない場合は、この限りでない。

【第5条】（学級の編制）
小学校の学級は、同学年の児童で編制するものとする。ただし、特別の事情があるときは、数学年の児童を1学級に編制することができる。

【第9条】（校舎に備えるべき施設）
校舎には、少なくとも次に掲げる施設を備えるものとする。
　　一　教室（普通教室、特別教室等とする。）
　　二　図書室、保健室
　　三　職員室
2　校舎には、前項に掲げる施設のほか、必要に応じて、特別支援学級のための教室を備えるものとする。

【第10条】（その他の施設）
小学校には、校舎及び運動場のほか、体育館を備えるものとする。ただし、地域の実態その他により特別の事情があり、かつ、教育上支障がない場合は、この限りでない。

公立義務教育諸学校の学級編制及び教職員定数の標準に関する法律（義務標準法）

【第2条第1項】（定義）
この法律において「義務教育諸学校」とは、学校教育法（昭和22年法律第26号）に規定する小学校、中学校、義務教育学校、中等教育学校の前期課程又は特別支援学校の小学部若しくは中学部をいう。

【第3条】（学級編制の標準）
公立の義務教育諸学校の学級は、同学年の児童又は生徒で編制するものとする。ただし、当該義務教育諸学校の児童又は生徒の数が著しく少ないかその他特別の事情がある場合においては、政令で定めるところにより、数学年の児童又は生徒を1学級に編制することができる。
2　各都道府県ごとの、都道府県又は市（地方自治法（昭和22年法律第67号）第252条の19第1項の指定都市（以下単に「指定都市」という。）を除き、特別区を含む。第8条第3号並びに第8条の2第一号及び第二号を除き、以下同じ。）町村の設置する小学校（義務教育学校の前期課程を含む。次条第2項において同じ。）又は中学校（義務教育学校の後期課程及び中等教育学校の前期課程を含む。同項において同じ。）の1学級の児童又は生徒の数の基準は、次の表の上欄に掲げる学校の種類及び同表の中欄に掲げる学級編制の区分に応じ、同表の下欄に掲げる数を標準として、都道府県の教育委員会が定める。ただし、都道府県の教育委員会は、当該都道府県における児童又は生徒の実態を考慮して特に必要があると認める場合については、この項本文の規定により定める数を下回る数を、当該場合に係る1学級の児童又は生徒の数の基準として定めることができる。

学校の種類	学級編制の区分	1学級の児童又は生徒の数
小学校（義務教育学校の前期課程を含む。次条第2項において同じ。）	同学年の児童で編制する学級	40人（第1学年の児童で編制する学級にあつては、35人）
	二の学年の児童で編制する学級	16人（第1学年の児童を含む学級にあつては、8人）
	学校教育法第81条第2項及び第3項に規定する特別支援学級（以下この表及び第7条第1項第五号において単に「特別支援学級」という。）	8人
中学校（義務教育学校の後期課程及び中等教育学校の前期課程を含む。同項において同じ。）	同学年の生徒で編制する学級	40人
	二の学年の生徒で編制する学級	8人
	特別支援学級	8人

3 各都道府県ごとの、都道府県又は市町村の設置する特別支援学校の小学部又は中学部の1学級の児童又は生徒の数の基準は、6人（文部科学大臣が定める障害を二以上併せ有する児童又は生徒で学級を編制する場合にあつては、3人）を標準として、都道府県の教育委員会が定める。ただし、都道府県の教育委員会は、当該都道府県における児童又は生徒の実態を考慮して特に必要があると認める場合については、この項本文の規定により定める数を下回る数を、当該場合に係る1学級の児童又は生徒の数の基準として定めることができる。

【第4条第1項】（学級編制）
都道府県又は市町村の設置する義務教育諸学校の学級編制は、前条第2項又は第3項の規定により都道府県の教育委員会が定めた基準を標準として、当該学校を設置する地方公共団体の教育委員会が、当該学校の児童又は生徒の実態を考慮して行う。

学校保健安全法

【第1条】（目的）
この法律は、学校における児童生徒等及び職員の健康の保持増進を図るため、学校における保健管理に関し必要な事項を定めるとともに、学校における教育活動が安全な環境において実施され、児童生徒等の安全の確保が図られるよう、学校における安全管理に関し必要な事項を定め、もつて学校教育の円滑な実施とその成果の確保に資することを目的とする。

【第11条】〔就学時の健康診断の実施〕
市（特別区を含む。以下同じ。）町村の教育委員会は、学校教育法第17条第1項の規定により翌学年の初めから同項に規定する学校に就学させるべき者で、当該市町村の区域内に住所を有するものの就学に当たつて、その健康診断を行わなければならない。

【第12条】〔就学時の健康診断と就学指導〕
市町村の教育委員会は、前条の健康診断の結果に基づき、治療を勧告し、保健上必要な助言を行い、及び学校教育法第17条第1項に規定する義務の猶予若しくは免除又は特別支援学校へ

の就学に関し指導を行う等適切な措置をとらなければならない。

【第13条】（児童生徒等の健康診断）
学校においては、毎学年定期に、児童生徒等（通信による教育を受ける学生を除く。）の健康診断を行わなければならない。
2 学校においては、必要があるときは、臨時に、児童生徒等の健康診断を行うものとする。

【第15条】（職員の健康診断）
学校の設置者は、毎学年定期に、学校の職員の健康診断を行わなければならない。
2 学校の設置者は、必要があるときは、臨時に、学校の職員の健康診断を行うものとする。

【第19条】（出席停止）
校長は、感染症にかかつており、かかつている疑いがあり、又はかかるおそれのある児童生徒等があるときは、政令で定めるところにより、出席を停止させることができる。

【第20条】（臨時休業）
学校の設置者は、感染症の予防上必要があるときは、臨時に、学校の全部又は一部の休業を行うことができる。

【第23条】（学校医、学校歯科医及び学校薬剤師）
学校には、学校医を置くものとする。
2 大学以外の学校には、学校歯科医及び学校薬剤師を置くものとする。
3 学校医、学校歯科医及び学校薬剤師は、それぞれ医師、歯科医師又は薬剤師のうちから、任命し、又は委嘱する。
4 学校医、学校歯科医及び学校薬剤師は、学校における保健管理に関する専門的事項に関し、技術及び指導に従事する。
5 学校医、学校歯科医及び学校薬剤師の職務執行の準則は、文部科学省令で定める。

【第27条】（学校安全計画の策定等）
学校においては、児童生徒等の安全の確保を図るため、当該学校の施設及び設備の安全点検、児童生徒等に対する通学を含めた学校生活その他の日常生活における安全に関する指導、職員の研修その他学校における安全に関する事項について計画を策定し、これを実施しなければならない。

【第29条】（危険等発生時対処要領の作成等）
学校においては、児童生徒等の安全の確保を図るため、当該学校の実情に応じて、危険等発生時において当該学校の職員がとるべき措置の具体的内容及び手順を定めた対処要領（次項において「危険等発生時対処要領」という。）を作成するものとする。
2 校長は、危険等発生時対処要領の職員に対する周知、訓練の実施その他の危険等発生時において職員が適切に対処するために必要な措置を講ずるものとする。
3 学校においては、事故等により児童生徒等に危害が生じた場合において、当該児童生徒等及び当該事故等により心理的外傷その他の心身の健康に対する影響を受けた児童生徒等その他の関係者の心身の健康を回復させるため、これらの者に対して必要な支援を行うものとする。この場合においては、第10条の規定を準用する。

学校保健安全法施行令

【第1条第1項】（就学時の健康診断の時期）
学校保健安全法（昭和33年法律第56号。以下「法」という。）

第11条の健康診断（以下「就学時の健康診断」という。）は、学校教育法施行令（昭和28年政令第340号）第2条の規定により学齢簿が作成された後翌学年の初めから4月前（同令第5条、第7条、第11条、第14条、第15条及び第18条の2に規定する就学に関する手続の実施に支障がない場合にあつては、3月前）までの間に行うものとする。

【第6条】（出席停止の指示）
校長は、法第19条の規定により出席を停止させようとするときは、その理由及び期間を明らかにして、幼児、児童若しくは生徒（高等学校（中等教育学校の後期課程及び特別支援学校の高等部を含む。以下同じ。）の生徒を除く。）にあつてはその保護者に、高等学校の生徒又は学生にあつては当該生徒又は学生にこれを指示しなければならない。
2　出席停止の期間は、感染症の種類等に応じて、文部科学省令で定める基準による。

学校保健安全法施行規則

【第18条】（感染症の種類）
学校において予防すべき感染症の種類は、次のとおりとする。
- 一　第一種　エボラ出血熱、クリミア・コンゴ出血熱、痘そう、南米出血熱、ペスト、マールブルグ病、ラッサ熱、急性灰白髄炎、ジフテリア、重症急性呼吸器症候群（病原体がベータコロナウイルス属SARSコロナウイルスであるものに限る。）、中東呼吸器症候群（病原体がベータコロナウイルス属MERSコロナウイルスであるものに限る。）及び特定鳥インフルエンザ（感染症の予防及び感染症の患者に対する医療に関する法律（平成10年法律第114号）第6条第3項第六号に規定する特定鳥インフルエンザをいう。次号及び第19条第二号イにおいて同じ。）
- 二　第二種　インフルエンザ（特定鳥インフルエンザを除く。）、百日咳、麻しん、流行性耳下腺炎、風しん、水痘、咽頭結膜熱、結核及び髄膜炎菌性髄膜炎
- 三　第三種　コレラ、細菌性赤痢、腸管出血性大腸菌感染症、腸チフス、パラチフス、流行性角結膜炎、急性出血性結膜炎その他の感染症

2　感染症の予防及び感染症の患者に対する医療に関する法律第6条第7項から第9項までに規定する新型インフルエンザ等感染症、指定感染症及び新感染症は、前項の規定にかかわらず、第一種の感染症とみなす。

【第19条】（出席停止の期間の基準）
令第6条第2項の出席停止の期間の基準は、前条の感染症の種類に従い、次のとおりとする。
- 一　第一種の感染症にかかつた者については、治癒するまで。
- 二　第二種の感染症（結核及び髄膜炎菌性髄膜炎を除く。）にかかつた者については、次の期間。ただし、病状により学校医その他の医師において感染のおそれがないと認めたときは、この限りでない。
  - イ　インフルエンザ（特定鳥インフルエンザ及び新型インフルエンザ等感染症を除く。）にあつては、発症した後5日を経過し、かつ、解熱した後2日（幼児にあつては、3日）を経過するまで。
  - ロ　百日咳にあつては、特有の咳が消失するまで又は5日間の適正な抗菌性物質製剤による治療が終了するまで。
  - ハ　麻しんにあつては、解熱した後3日を経過するまで。
  - ニ　流行性耳下腺炎にあつては、耳下腺、顎下腺又は舌下腺の腫脹が発現した後5日を経過し、かつ、全身状態が良好になるまで。
  - ホ　風しんにあつては、発しんが消失するまで。
  - ヘ　水痘にあつては、すべての発しんが痂皮化するまで。
  - ト　咽頭結膜熱にあつては、主要症状が消退した後2日を経過するまで。
- 三　結核、髄膜炎菌性髄膜炎及び第三種の感染症にかかつた者については、病状により学校医その他の医師において感染のおそれがないと認めるまで。
- 四　第一種若しくは第二種の感染症患者のある家に居住する者又はこれらの感染症にかかつている疑いがある者については、予防処置の施行の状況その他の事情により学校医その他の医師において感染のおそれがないと認めるまで。
- 五　第一種又は第二種の感染症が発生した地域から通学する者については、その発生状況により必要と認めたとき、学校医の意見を聞いて適当と認める期間。
- 六　第一種又は第二種の感染症の流行地を旅行した者については、その状況により必要と認めたとき、学校医の意見を聞いて適当と認める期間。

教育行政に関する法規

国家行政組織法

【第8条】（審議会等）
第3条の国の行政機関には、法律の定める所掌事務の範囲内で、法律又は政令の定めるところにより、重要事項に関する調査審議、不服審査その他学識経験を有する者等の合議により処理することが適当な事務をつかさどらせるための合議制の機関を置くことができる。

【第12条第1項】（行政機関の長の権限）
各省大臣は、主任の行政事務について、法律若しくは政令を施行するため、又は法律若しくは政令の特別の委任に基づいて、それぞれその機関の命令として省令を発することができる。

文部科学省設置法

【第2条】（設置）
国家行政組織法（昭和23年法律第120号）第3条第2項の規定に基づいて、文部科学省を設置する。
2　文部科学省の長は、文部科学大臣とする。

【第3条第1項】（任務）
文部科学省は、教育の振興及び生涯学習の推進を中核とした豊かな人間性を備えた創造的な人材の育成、学術の振興、科学技術の総合的な振興並びにスポーツ及び文化に関する施策の総合的な推進を図るとともに、宗教に関する行政事務を適切に行うことを任務とする。

地方自治法 ［地自法］

【第180条の5第1項】〔教育委員会の設置義務〕
執行機関として法律の定めるところにより普通地方公共団体に置かなければならない委員会及び委員は、左の通りである。

一　教育委員会
　二　選挙管理委員会
　三　人事委員会又は人事委員会を置かない普通地方公共団体
　　　にあつては公平委員会
　四　監査委員

【第180条の8】［教育委員会の職務］
教育委員会は、別に法律の定めるところにより、学校その他の
教育機関を管理し、学校の組織編制、教育課程、教科書その他
の教材の取扱及び教育職員の身分取扱に関する事務を行い、並
びに社会教育その他教育、学術及び文化に関する事務を管理し
及びこれを執行する。

地方教育行政の組織及び運営に関する法律［地教行法］

【第2条】（設置）
都道府県、市（特別区を含む。以下同じ。）町村及び第21条に
規定する事務の全部又は一部を処理する地方公共団体の組合に
教育委員会を置く。

【第3条】（組織）
教育委員会は、教育長及び4人の委員をもつて組織する。ただし、
条例で定めるところにより、都道府県若しくは市又は地方公共
団体の組合のうち都道府県若しくは市が加入するものの教育委
員会にあつては教育長及び5人以上の委員、町村又は地方公共
団体の組合のうち町村のみが加入するものの教育委員会にあつ
ては教育長及び2人以上の委員をもつて組織することができる。

【第4条】（任命）
教育長は、当該地方公共団体の長の被選挙権を有する者で、人
格が高潔で、教育行政に関し識見を有するもののうちから、地
方公共団体の長が、議会の同意を得て、任命する。
2　委員は、当該地方公共団体の長の被選挙権を有する者で、
人格が高潔で、教育、学術及び文化（以下単に「教育」とい
う。）に関し識見を有するもののうちから、地方公共団体の長が、
議会の同意を得て、任命する。
3　次の各号のいずれかに該当する者は、教育長又は委員とな
ることができない。
　一　破産手続開始の決定を受けて復権を得ない者
　二　禁錮以上の刑に処せられた者
4　教育長及び委員の任命については、そのうち委員の定数に
一を加えた数の2分の1以上の者が同一の政党に所属すること
となつてはならない。
5　地方公共団体の長は、第2項の規定による委員の任命に当
たつては、委員の年齢、性別、職業等に著しい偏りが生じない
ように配慮するとともに、委員のうちに保護者（親権を行う者
及び未成年後見人をいう。第47条の5第2項第二号及び第5
項において同じ。）である者が含まれるようにしなければならな
い。

【第5条】（任期）
教育長の任期は3年とし、委員の任期は、4年とする。ただし、
補欠の教育長又は委員の任期は、前任者の残任期間とする。
2　教育長及び委員は、再任されることができる。

【第13条第1項】（教育長）
教育長は、教育委員会の会務を総理し、教育委員会を代表する。

【第14条】（会議）
教育委員会の会議は、教育長が招集する。

（2～6　省略）
7　教育委員会の会議は、公開する。ただし、人事に関する事
件その他の事件について、教育長又は委員の発議により、出席
者の3分の2以上の多数で議決したときは、これを公開しない
ことができる。
（8　省略）
9　教育長は、教育委員会の会議の終了後、遅滞なく、教育委
員会規則で定めるところにより、その議事録を作成し、これを
公表するよう努めなければならない。

【第15条第1項】（教育委員会規則の制定等）
教育委員会は、法令又は条例に違反しない限りにおいて、その
権限に属する事務に関し、教育委員会規則を制定することがで
きる。

【第18条】（指導主事その他の職員）
都道府県に置かれる教育委員会（以下「都道府県委員会」とい
う。）の事務局に、指導主事、事務職員及び技術職員を置くほか、
所要の職員を置く。
2　市町村に置かれる教育委員会（以下「市町村委員会」とい
う。）の事務局に、前項の規定に準じて指導主事その他の職員
を置く。
3　指導主事は、上司の命を受け、学校（学校教育法（昭和22
年法律第26号）第1条に規定する学校及び就学前の子どもに
関する教育、保育等の総合的な提供の推進に関する法律（平成
18年法律第77号）第2条第7項に規定する幼保連携型認定
こども園（以下「幼保連携型認定こども園」という。）をいう。
以下同じ。）における教育課程、学習指導その他学校教育に関
する専門的事項の指導に関する事務に従事する。
（4～9　省略）

【第21条】（教育委員会の職務権限）
教育委員会は、当該地方公共団体が処理する教育に関する事務
で、次に掲げるものを管理し、及び執行する。
　一　教育委員会の所管に属する第30条に規定する学校その
　　　他の教育機関（以下「学校その他の教育機関」という。）
　　　の設置、管理及び廃止に関すること。
　二　教育委員会の所管に属する学校その他の教育機関の用に
　　　供する財産（以下「教育財産」という。）の管理に関す
　　　ること。
　三　教育委員会及び教育委員会の所管に属する学校その他の
　　　教育機関の職員の任免その他の人事に関すること。
　四　学齢生徒及び学齢児童の就学並びに生徒、児童及び幼児
　　　の入学、転学及び退学に関すること。
　五　教育委員会の所管に属する学校の組織編制、教育課程、
　　　学習指導、生徒指導及び職業指導に関すること。
　六　教科書その他の教材の取扱いに関すること。
　七　校舎その他の施設及び教具その他の設備の整備に関する
　　　こと。
　八　校長、教員その他の教育関係職員の研修に関すること。
　九　校長、教員その他の教育関係職員並びに生徒、児童及び
　　　幼児の保健、安全、厚生及び福利に関すること。
　十　教育委員会の所管に属する学校その他の教育機関の環境
　　　衛生に関すること。
　十一　学校給食に関すること。
　十二　青少年教育、女性教育及び公民館の事業その他社会教
　　　　育に関すること。
　十三　スポーツに関すること。
　十四　文化財の保護に関すること。
　十五　ユネスコ活動に関すること。
　十六　教育に関する法人に関すること。

十七　教育に係る調査及び基幹統計その他の統計に関すること。

十八　所掌事務に係る広報及び所掌事務に係る教育行政に関する相談に関すること。

十九　前各号に掲げるもののほか、当該地方公共団体の区域内における教育に関する事務に関すること。

【第22条】（長の職務権限）

地方公共団体の長は、大綱の策定に関する事務のほか、次に掲げる教育に関する事務を管理し、及び執行する。

一　大学に関すること。

二　幼保連携型認定こども園に関すること。

三　私立学校に関すること。

四　教育財産を取得し、及び処分すること。

五　教育委員会の所掌に係る事項に関する契約を結ぶこと。

六　前号に掲げるもののほか、教育委員会の所掌に係る事項に関する予算を執行すること。

【第28条】（教育財産の管理等）

教育財産は、地方公共団体の長の総括の下に、教育委員会が管理するものとする。

2　地方公共団体の長は、教育委員会の申出をまつて、教育財産の取得を行うものとする。

3　地方公共団体の長は、教育財産を取得したときは、すみやかに教育委員会に引き継がなければならない。

【第29条】（教育委員会の意見聴取）

地方公共団体の長は、歳入歳出予算のうち教育に関する事務に係る部分その他特に教育に関する事務について定める議会の議決を経るべき事件の議案を作成する場合においては、教育委員会の意見をきかなければならない。

【第33条】（学校等の管理）

教育委員会は、法令又は条例に違反しない限りにおいて、その所管に属する学校その他の教育機関の施設、設備、組織編制、教育課程、教材の取扱いその他の管理運営の基本的事項について、必要な教育委員会規則を定めるものとする。この場合において、当該教育委員会規則で定めようとする事項のうち、その実施のためには新たに予算を伴うこととなるものについては、教育委員会は、あらかじめ当該地方公共団体の長に協議しなければならない。

2　前項の場合において、教育委員会は、学校における教科書以外の教材の使用について、あらかじめ、教育委員会に届け出させ、又は教育委員会の承認を受けさせることとする定めを設けるものとする。

（3　省略）

【第34条】（教育機関の職員の任命）

教育委員会の所管に属する学校その他の教育機関の校長、園長、教員、事務職員、技術職員その他の職員は、この法律に特別の定めがある場合を除き、教育委員会が任命する。

【第37条第1項】（任命権者）

市町村立学校職員給与負担法（昭和23年法律第135号）第1条及び第2条に規定する職員（以下「県費負担教職員」という。）の任命権は、都道府県委員会に属する。

【第38条】（市町村委員会の内申）

都道府県委員会は、市町村委員会の内申をまつて、県費負担教職員の任免その他の進退を行うものとする。

（2　省略）

3　市町村委員会は、次条の規定による校長の意見の申出があつた県費負担教職員について第1項又は前項の内申を行うときは、当該校長の意見を付するものとする。

【第39条】（校長の所属教員の進退に関する意見の申出）

市町村立学校職員給与負担法第1条及び第2条に規定する学校の校長は、所属の県費負担教職員の任免その他の進退に関する意見を市町村委員会に申し出ることができる。

【第42条】（県費負担教職員の給与、勤務時間その他の勤務条件）

県費負担教職員の給与、勤務時間その他の勤務条件については、地方公務員法第24条第5項の規定により条例で定めるものとされている事項は、都道府県の条例で定める。

【第43条】（服務の監督）

市町村委員会は、県費負担教職員の服務を監督する。

2　県費負担教職員は、その職務を遂行するに当つて、法令、当該市町村の条例及び規則並びに当該市町村委員会の定める教育委員会規則及び規程（前条又は次項の規定によつて都道府県が制定する条例を含む。）に従い、かつ、市町村委員会その他職務上の上司の職務上の命令に忠実に従わなければならない。

3　県費負担教職員の任免、分限又は懲戒に関して、地方公務員法の規定により条例で定めるものとされている事項は、都道府県の条例で定める。

（4　省略）

【第47条の2第1項】（県費負担教職員の免職及び都道府県の職への採用）

都道府県委員会は、地方公務員法第27条第2項及び第28条第1項の規定にかかわらず、その任命に係る市町村の県費負担教職員（教諭、養護教諭、栄養教諭、助教諭及び養護助教諭（同法第28条の4第1項又は第28条の5第1項の規定により採用された者（以下この項において「再任用職員」という。）を除く。）並びに講師（再任用職員及び同法第22条の2第1項各号に掲げる者を除く。）に限る。）で次の各号のいずれにも該当するもの（同法第28条第1項各号又は第2項各号のいずれかに該当する者を除く。）を免職し、引き続いて当該都道府県の常時勤務を要する職（指導主事並びに校長、園長及び教員の職を除く。）に採用することができる。

一　児童又は生徒に対する指導が不適切であること。

二　研修等必要な措置が講じられたとしてもなお児童又は生徒に対する指導を適切に行うことができないと認められること。

【第47条の5第1項】［学校運営協議会］

教育委員会は、教育委員会規則で定めるところにより、その所管に属する学校ごとに、当該学校の運営及び当該運営への必要な支援に関して協議する機関として、学校運営協議会を置くように努めなければならない。ただし、二以上の学校の運営に関し相互に密接な連携を図る必要がある場合として文部科学省令で定める場合には、二以上の学校について一の学校運営協議会を置くことができる。

教員に関する法規

教育職員免許法［教免法］

【第1条】（この法律の目的）

この法律は、教育職員の免許に関する基準を定め、教育職員の

資質の保持と向上を図ることを目的とする。

【第2条】（定義）
この法律において「教育職員」とは、学校（学校教育法（昭和22年法律第26号）第1条に規定する幼稚園、小学校、中学校、義務教育学校、高等学校、中等教育学校及び特別支援学校（第3項において「第一条学校」という。）並びに就学前の子どもに関する教育、保育等の総合的な提供の推進に関する法律（平成18年法律第77号）第2条第7項に規定する幼保連携型認定こども園（以下「幼保連携型認定こども園」という。）をいう。以下同じ。）の主幹教諭（幼保連携型認定こども園の主幹養護教諭及び主幹栄養教諭を含む。以下同じ。）、指導教諭、教諭、助教諭、養護教諭、養護助教諭、栄養教諭、主幹保育教諭、指導保育教諭、保育教諭、助保育教諭及び講師（以下「教員」という。）をいう。
2　この法律で「免許管理者」とは、免許状を有する者が教育職員及び文部科学省令で定める教育の職にある者である場合にあつてはその者の勤務地の都道府県の教育委員会、これらの者以外の者である場合にあつてはその者の住所地の都道府県の教育委員会をいう。
（3～5　省略）

【第3条第1項】（免許）
教育職員は、この法律により授与する各相当の免許状を有する者でなければならない。

【第4条】（種類）
免許状は、普通免許状、特別免許状及び臨時免許状とする。
2　普通免許状は、学校（義務教育学校、中等教育学校及び幼保連携型認定こども園を除く。）の種類ごとの教諭の免許状、養護教諭の免許状及び栄養教諭の免許状とし、それぞれ専修免許状、一種免許状及び二種免許状（高等学校教諭の免許状にあつては、専修免許状及び一種免許状）に区分する。
3　特別免許状は、学校（幼稚園、義務教育学校、中等教育学校及び幼保連携型認定こども園を除く。）の種類ごとの教諭の免許状とする。
4　臨時免許状は、学校（義務教育学校、中等教育学校及び幼保連携型認定こども園を除く。）の種類ごとの助教諭の免許状及び養護助教諭の免許状とする。
（5、6　省略）

【第5条第7項】（授与）
免許状は、都道府県の教育委員会（以下「授与権者」という。）が授与する。

【第9条】（効力）
普通免許状は、その授与の日の翌日から起算して10年を経過する日の属する年度の末日まで、すべての都道府県（中学校及び高等学校の教員の宗教の教科についての免許状にあつては、国立学校又は公立学校の場合を除く。次項及び第3項において同じ。）において効力を有する。
2　特別免許状は、その授与の日の翌日から起算して10年を経過する日の属する年度の末日まで、その免許状を授与した授与権者の置かれる都道府県においてのみ効力を有する。
3　臨時免許状は、その免許状を授与したときから3年間、その免許状を授与した授与権者の置かれる都道府県においてのみ効力を有する。
（4、5　省略）

地方公務員法［地公法］

【第27条】（分限及び懲戒の基準）
すべて職員の分限及び懲戒については、公正でなければならない。
2　職員は、この法律で定める事由による場合でなければ、その意に反して、降任され、若しくは免職されず、この法律又は条例で定める事由による場合でなければ、その意に反して、休職されず、又、条例で定める事由による場合でなければ、その意に反して降給されることがない。
3　職員は、この法律で定める事由による場合でなければ、懲戒処分を受けることがない。

【第28条】（降任、免職、休職等）
職員が、次の各号に掲げる場合のいずれかに該当するときは、その意に反して、これを降任し、又は免職することができる。
　一　人事評価又は勤務の状況を示す事実に照らして、勤務実績がよくない場合
　二　心身の故障のため、職務の遂行に支障があり、又はこれに堪えない場合
　三　前二号に規定する場合のほか、その職に必要な適格性を欠く場合
　四　職制若しくは定数の改廃又は予算の減少により廃職又は過員を生じた場合
2　職員が、次の各号に掲げる場合のいずれかに該当するときはその意に反して、これを休職することができる。
　一　心身の故障のため、長期の休養を要する場合
　二　刑事事件に関し起訴された場合
3　職員の意に反する降任、免職、休職及び降給の手続及び効果は、法律に特別の定めがある場合を除くほか、条例で定めなければならない。
4　職員は、第16条各号（第二号を除く。）のいずれかに該当するに至つたときは、条例に特別の定めがある場合を除くほか、その職を失う。

【第30条】（服務の根本基準）
すべて職員は、全体の奉仕者として公共の利益のために勤務し、且つ、職務の遂行に当つては、全力を挙げてこれに専念しなければならない。

【第31条】（服務の宣誓）
職員は、条例の定めるところにより、服務の宣誓をしなければならない。

【第32条】（法令等及び上司の職務上の命令に従う義務）
職員は、その職務を遂行するに当つて、法令、条例、地方公共団体の規則及び地方公共団体の機関の定める規程に従い、且つ、上司の職務上の命令に忠実に従わなければならない。

【第33条】（信用失墜行為の禁止）
職員は、その職の信用を傷つけ、又は職員の職全体の不名誉となるような行為をしてはならない。

【第34条】（秘密を守る義務）
職員は、職務上知り得た秘密を漏らしてはならない。その職を退いた後も、また、同様とする。
2　法令による証人、鑑定人等となり、職務上の秘密に属する事項を発表する場合においては、任命権者（退職者については、その退職した職又はこれに相当する職に係る任命権者）の許可を受けなければならない。

3　前項の許可は、法律に特別の定がある場合を除く外、拒むことができない。

【第35条】（職務に専念する義務）
職員は、法律又は条例に特別の定がある場合を除く外、その勤務時間及び職務上の注意力のすべてをその職責遂行のために用い、当該地方公共団体がなすべき責を有する職務にのみ従事しなければならない。

【第36条】（政治的行為の制限）
職員は、政党その他の政治的団体の結成に関与し、若しくはこれらの団体の役員となつてはならず、又はこれらの団体の構成員となるように、若しくはならないように勧誘運動をしてはならない。
2　職員は、特定の政党その他の政治的団体又は特定の内閣若しくは地方公共団体の執行機関を支持し、又はこれに反対する目的をもつて、あるいは公の選挙又は投票において特定の人又は事件を支持し、又はこれに反対する目的をもつて、次に掲げる政治的行為をしてはならない。ただし、当該職員の属する地方公共団体の区域（当該職員が都道府県の支庁若しくは地方事務所又は地方自治法第252条の19第1項の指定都市の区若しくは総合区に勤務する者であるときは、当該支庁若しくは地方事務所又は区若しくは総合区の所管区域）外において、第一号から第三号まで及び第五号に掲げる政治的行為をすることができる。
一　公の選挙又は投票において投票をするように、又はしないように勧誘運動をすること。
二　署名運動を企画し、又は主宰する等これに積極的に関与すること。
三　寄附金その他の金品の募集に関与すること。
四　文書又は図画を地方公共団体又は特定地方独立行政法人の庁舎（特定地方独立行政法人にあつては、事務所。以下この号において同じ。）、施設等に掲示し、又は掲示させ、その他地方公共団体又は特定地方独立行政法人の庁舎、施設、資材又は資金を利用し、又は利用させること。
五　前各号に定めるものを除く外、条例で定める政治的行為
3　何人も前二項に規定する政治的行為を行うよう職員に求め、職員をそそのかし、若しくはあおつてはならず、又は職員が前二項に規定する政治的行為をなし、若しくはなさないことに対する代償若しくは報復として、任用、職務、給与その他職員の地位に関してなんらかの利益若しくは不利益を与え、与えようと企て、若しくは約束してはならない。
4　職員は、前項に規定する違法な行為に応じなかつたことの故をもつて不利益な取扱を受けることはない。
5　本条の規定は、職員の政治的中立性を保障することにより、地方公共団体の行政及び特定地方独立行政法人の業務の公正な運営を確保するとともに職員の利益を保護することを目的とするものであるという趣旨において解釈され、及び運用されなければならない。

【第37条第1項】（争議行為等の禁止）
職員は、地方公共団体の機関が代表する使用者としての住民に対して同盟罷業、怠業その他の争議行為をし、又は地方公共団体の機関の活動能率を低下させる怠業的行為をしてはならない。又、何人も、このような違法な行為を企て、又はその遂行を共謀し、そそのかし、若しくはあおつてはならない。

【第38条】（営利企業への従事等の制限）
職員は、任命権者の許可を受けなければ、商業、工業又は金融業その他営利を目的とする私企業（以下この項及び次条第1項において「営利企業」という。）を営むことを目的とする会社その他の団体の役員その他人事委員会規則（人事委員会を置かない地方公共団体においては、地方公共団体の規則）で定める地位を兼ね、若しくは自ら営利企業を営み、又は報酬を得ていかなる事業若しくは事務にも従事してはならない。ただし、非常勤職員（短時間勤務の職を占める職員及び第22条の2第1項第二号に掲げる職員を除く。）については、この限りでない。
2　人事委員会は、人事委員会規則により前項の場合における任命権者の許可の基準を定めることができる。

教育公務員特例法 ［教特法］

【第1条】（この法律の趣旨）
この法律は、教育を通じて国民全体に奉仕する教育公務員の職務とその責任の特殊性に基づき、教育公務員の任免、給与、分限、懲戒、服務及び研修等について規定する。

【第2条】（定義）
この法律において「教育公務員」とは、地方公務員のうち、学校（学校教育法（昭和22年法律第26号）第1条に規定する学校及び就学前の子どもに関する教育、保育等の総合的な提供の推進に関する法律（平成18年法律第77号）第2条第7項に規定する幼保連携型認定こども園（以下「幼保連携型認定こども園」という。）をいう。以下同じ。）であつて地方公共団体が設置するもの（以下「公立学校」という。）の学長、校長（園長を含む。以下同じ。）、教員及び部局長並びに教育委員会の専門的教育職員をいう。
2　この法律において「教員」とは、公立学校の教授、准教授、助教、副校長（副園長を含む。以下同じ。）、教頭、主幹教諭（幼保連携型認定こども園の主幹養護教諭及び主幹栄養教諭を含む。以下同じ。）、指導教諭、教諭、助教諭、養護教諭、養護助教諭、栄養教諭、主幹保育教諭、指導保育教諭、保育教諭、助保育教諭及び講師をいう。
（3～4　省略）
5　この法律で「専門的教育職員」とは、指導主事及び社会教育主事をいう。

【第11条】（採用及び昇任の方法）
公立学校の校長の採用（現に校長の職以外の職に任命されている者を校長の職に任命する場合を含む。）並びに教員の採用（現に教員の職以外の職に任命されている者を教員の職に任命する場合を含む。以下この条において同じ。）及び昇任（採用に該当するものを除く。）は、選考によるものとし、その選考は、大学附置の学校にあつては当該大学の学長が、大学附置の学校以外の公立学校（幼保連携型認定こども園を除く。）にあつてはその校長及び教員の任命権者である教育委員会の教育長が、大学附置の学校以外の公立学校（幼保連携型認定こども園に限る。）にあつてはその校長及び教員の任命権者である地方公共団体の長が行う。

【第12条第1項】（条件付任用）
公立の小学校、中学校、義務教育学校、高等学校、中等教育学校、特別支援学校、幼稚園及び幼保連携型認定こども園（以下「小学校等」という。）の教諭、助教諭、保育教諭、助保育教諭及び講師（以下「教諭等」という。）に係る地方公務員法第22条に規定する採用については、同条中「6月」とあるのは「1年」として同条の規定を適用する。

【第13条】（校長及び教員の給与）
公立の小学校等の校長及び教員の給与は、これらの者の職務と責任の特殊性に基づき条例で定めるものとする。

2 前項に規定する給与のうち地方自治法（昭和22年法律第67号）第204条第2項の規定により支給することができる義務教育等教員特別手当は、これらの者のうち次に掲げるものを対象とするものとし、その内容は、条例で定める。

一 公立の小学校、中学校、義務教育学校、中等教育学校の前期課程又は特別支援学校の小学部若しくは中学部に勤務する校長及び教員

二 前号に規定する校長及び教員との権衡上必要があると認められる公立の高等学校、中等教育学校の後期課程、特別支援学校の高等部若しくは幼稚部、幼稚園又は幼保連携型認定こども園に勤務する校長及び教員

【第17条第1項】（兼職及び他の事業等の従事）
教育公務員は、教育に関する他の職を兼ね、又は教育に関する他の事業若しくは事務に従事することが本務の遂行に支障がないと任命権者（地方教育行政の組織及び運営に関する法律第37条第1項に規定する県費負担教職員については、市町村（特別区を含む。以下同じ。）の教育委員会。第23条第2項及び第24条第2項において同じ。）において認める場合には、給与を受け、又は受けないで、その職を兼ね、又はその事業若しくは事務に従事することができる。

【第18条第1項】（公立学校の教育公務員の政治的行為の制限）
公立学校の教育公務員の政治的行為の制限については、当分の間、地方公務員法第36条の規定にかかわらず、国家公務員の例による。

【第21条】（研修）
教育公務員は、その職責を遂行するために、絶えず研究と修養に努めなければならない。

2 教育公務員の任命権者は、教育公務員（公立の小学校等の校長及び教員（臨時的に任用された者その他の政令で定める者を除く。以下この章において同じ。）を除く。）の研修について、それに要する施設、研修を奨励するための方途その他研修に関する計画を樹立し、その実施に努めなければならない。

【第22条】（研修の機会）
教育公務員には、研修を受ける機会が与えられなければならない。

2 教員は、授業に支障のない限り、本属長の承認を受けて、勤務場所を離れて研修を行うことができる。

3 教育公務員は、任命権者の定めるところにより、現職のままで、長期にわたる研修を受けることができる。

【第22条の3第1項】（校長及び教員としての資質の向上に関する指標）
公立の小学校等の校長及び教員の任命権者は、指針を参酌し、その地域の実情に応じ、当該校長及び教員の職責、経験及び適性に応じて向上を図るべき校長及び教員としての資質に関する指標（以下「指標」という。）を定めるものとする。

【第22条の4第1項】（教員研修計画）
公立の小学校等の校長及び教員の任命権者は、指標を踏まえ、当該校長及び教員の研修について、毎年度、体系的かつ効果的に実施するための計画（以下この条において「教員研修計画」という。）を定めるものとする。

【第23条】（初任者研修）
公立の小学校等の教諭等の任命権者は、当該教諭等（臨時的に任用された者その他の政令で定める者を除く。）に対して、その採用（現に教諭等の職以外の職に任命されている者を教諭等

の職に任命する場合を含む。附則第5条第1項において同じ。）の日から1年間の教諭又は保育教諭の職務の遂行に必要な事項に関する実践的な研修（以下「初任者研修」という。）を実施しなければならない。

2 任命権者は、初任者研修を受ける者（次項において「初任者」という。）の所属する学校の副校長、教頭、主幹教諭（養護又は栄養の指導及び管理をつかさどる主幹教諭を除く。）、指導教諭、教諭、主幹保育教諭、指導保育教諭、保育教諭又は講師のうちから、指導教員を命じるものとする。

3 指導教員は、初任者に対して教諭又は保育教諭の職務の遂行に必要な事項について指導及び助言を行うものとする。

【第24条第1項】（中堅教諭等資質向上研修）
公立の小学校等の教諭等（臨時的に任用された者その他の政令で定める者を除く。以下この項において同じ。）の任命権者は、当該教諭等に対して、個々の能力、適性等に応じて、公立の小学校等における教育に関し相当の経験を有し、その教育活動その他の学校運営の円滑かつ効果的な実施において中核的な役割を果たすことが期待される中堅教諭等としての職務を遂行する上で必要とされる資質の向上を図るために必要な事項に関する研修（以下「中堅教諭等資質向上研修」という。）を実施しなければならない。

【第25条】（指導改善研修）
公立の小学校等の教諭等の任命権者は、児童、生徒又は幼児（以下「児童等」という。）に対する指導が不適切であると認定した教諭等に対して、その能力、適性等に応じて、当該指導の改善を図るために必要な事項に関する研修（以下「指導改善研修」という。）を実施しなければならない。

2 指導改善研修の期間は、1年を超えてはならない。ただし、特に必要があると認めるときは、任命権者は、指導改善研修を開始した日から引き続き2年を超えない範囲内で、これを延長することができる。

（3 省略）

4 任命権者は、指導改善研修の終了時において、指導改善研修を受けた者の児童等に対する指導の改善の程度に関する認定を行わなければならない。

（5〜7 省略）

国家公務員法 ［国公法］

【第102条】（政治的行為の制限）
職員は、政党又は政治的目的のために、寄附金その他の利益を求め、若しくは受領し、又は何らの方法を以てするを問わず、これらの行為に関与し、あるいは選挙権の行使を除く外、人事院規則で定める政治的行為をしてはならない。

2 職員は、公選による公職の候補者となることができない。

3 職員は、政党その他の政治的団体の役員、政治的顧問、その他これらと同様な役割をもつ構成員となることができない。

市町村立学校職員給与負担法

【第1条】〔都道府県による給与負担〕
市（地方自治法（昭和22年法律第67号）第252条の19第1項の指定都市（次条において「指定都市」という。）を除き、特別区を含む。）町村立の小学校、中学校、義務教育学校、中等教育学校の前期課程及び特別支援学校の校長（中等教育学校の前期課程にあつては、当該課程の属する中等教育学校の校長

214

とする。）、副校長、教頭、主幹教諭、指導教諭、教諭、養護教諭、栄養教諭、助教諭、養護助教諭、寄宿舎指導員、講師（常勤の者及び地方公務員法（昭和25年法律第261号）第28条の5第1項に規定する短時間勤務の職を占める者に限る。）、学校栄養職員（学校給食法（昭和29年法律第160号）第7条に規定する職員のうち栄養の指導及び管理をつかさどる主幹教諭並びに栄養教諭以外の者をいい、同法第6条に規定する施設の当該職員を含む。以下同じ。）及び事務職員のうち次に掲げる職員であるものの給料、扶養手当、地域手当、住居手当、初任給調整手当、通勤手当、単身赴任手当、特殊勤務手当、特地勤務手当（これに準ずる手当を含む。）、へき地手当（これに準ずる手当を含む。）、時間外勤務手当（学校栄養職員及び事務職員に係るものとする。）、宿日直手当、管理職員特別勤務手当、管理職手当、期末手当、勤勉手当、義務教育等教員特別手当、寒冷地手当、特定任期付職員業績手当、退職手当、退職年金及び退職一時金並びに旅費（都道府県が定める支給に関する基準に適合するものに限る。）（以下「給料その他の給与」という。）並びに定時制通信教育手当（中等教育学校の校長に係るものとする。）並びに講師（公立義務教育諸学校の学級編制及び教職員定数の標準に関する法律（昭和33年法律第116号。以下「義務教育諸学校標準法」という。）第17条第2項に規定する非常勤の講師に限る。）の報酬、職務を行うために要する費用の弁償及び期末手当（次条において「報酬等」という。）は、都道府県の負担とする。

一　義務教育諸学校標準法第6条第1項の規定に基づき都道府県が定める都道府県小中学校等教職員定数及び義務教育諸学校標準法第10条第1項の規定に基づき都道府県が定める都道府県特別支援学校教職員定数に基づき配置される職員（義務教育諸学校標準法第18条各号に掲げる者を含む。）

二　公立高等学校の適正配置及び教職員定数の標準等に関する法律（昭和36年法律第188号。以下「高等学校標準法」という。）第15条の規定に基づき都道府県が定める特別支援学校高等部教職員定数に基づき配置される職員（特別支援学校の高等部に係る高等学校標準法第24条各号に掲げる者を含む。）

三　特別支援学校の幼稚部に置くべき職員の数として都道府県が定める数に基づき配置される職員

義務教育費国庫負担法

【第1条】（この法律の目的）
この法律は、義務教育について、義務教育無償の原則に則り、国民のすべてに対しその妥当な規模と内容とを保障するため、国が必要な経費を負担することにより、教育の機会均等とその水準の維持向上とを図ることを目的とする。

【第2条】（教職員の給与及び報酬等に要する経費の国庫負担）
［都道府県］
国は、毎年度、各都道府県ごとに、公立の小学校、中学校、義務教育学校、中等教育学校の前期課程並びに特別支援学校の小学部及び中学部（学校給食法（昭和29年法律第160号）第6条に規定する施設を含むものとし、以下「義務教育諸学校」という。）に要する経費のうち、次に掲げるものについて、その実支出額の3分の1を負担する。ただし、特別の事情があるときは、各都道府県ごとの国庫負担額の最高限度を政令で定めることができる。

一　市（地方自治法（昭和22年法律第67号）第252条の19第1項の指定都市（以下「指定都市」という。）を除き、特別区を含む。）町村立の義務教育諸学校に係る市町村立学校職員給与負担法（昭和23年法律第135号）第1条に掲げる職員の給料その他の給与（退職手当、退職年金及び退職一時金並びに旅費を除く。）及び報酬等に要する経費（以下「教職員の給与及び報酬等に要する経費」という。）

二　都道府県立の中学校（学校教育法（昭和22年法律第26号）第71条の規定により高等学校における教育と一貫した教育を施すものに限る。）、中等教育学校及び特別支援学校に係る教職員の給与及び報酬等に要する経費

三　都道府県立の義務教育諸学校（前号に規定するものを除く。）に係る教職員の給与及び報酬等に要する経費（学校生活への適応が困難であるため相当の期間学校を欠席していると認められる児童又は生徒に対して特別の指導を行うための教育課程及び夜間その他特別の時間において主として学齢を経過した者に対して指導を行うための教育課程の実施を目的として配置される教職員に係るものに限る。）

【第3条】（教職員の給与及び報酬等に要する経費の国庫負担）
［指定都市］
国は、毎年度、各指定都市ごとに、公立の義務教育諸学校に要する経費のうち、指定都市の設置する義務教育諸学校に係る教職員の給与及び報酬等に要する経費について、その実支出額の3分の1を負担する。ただし、特別の事情があるときは、各指定都市ごとの国庫負担額の最高限度を政令で定めることができる。

学校教育の水準の維持向上のための義務教育諸学校の教育職員の人材確保に関する特別措置法［人材確保法、人確法］

【第3条】（優遇措置）
義務教育諸学校の教育職員の給与については、一般の公務員の給与水準に比較して必要な優遇措置が講じられなければならない。

公立の義務教育諸学校等の教育職員の給与等に関する特別措置法［給特法］

【第3条】（教育職員の教職調整額の支給等）
教育職員（校長、副校長及び教頭を除く。以下この条において同じ。）には、その者の給料月額の100分の4に相当する額を基準として、条例で定めるところにより、教職調整額を支給しなければならない。

2　教育職員については、時間外勤務手当及び休日勤務手当は、支給しない。

（3　省略）

【第6条第1項】（教育職員の正規の勤務時間を超える勤務等）
教育職員（管理職手当を受ける者を除く。以下この条において同じ。）を正規の勤務時間（一般職の職員の勤務時間、休暇等に関する法律（平成6年法律第33号）第5条から第8条まで、第11条及び第12条の規定に相当する条例の規定による勤務時間をいう。第3項及び次条第1項において同じ。）を超えて勤務させる場合は、政令で定める基準に従い条例で定める場合に限るものとする。

公立の義務教育諸学校等の教育職員を正規の勤務時間を超えて勤務させる場合等の基準を定める政令

（前略）

公立の義務教育諸学校等の教育職員の給与等に関する特別措置法（以下「法」という。）第6条第1項（同条第3項において準用する場合を含む。）の政令で定める基準は、次のとおりとする。

　　一　教育職員（法第6条第1項に規定する教育職員をいう。次号において同じ。）については、正規の勤務時間（同項に規定する正規の勤務時間をいう。以下同じ。）の割振りを適正に行い、原則として時間外勤務（正規の勤務時間を超えて勤務することをいい、同条第3項各号に掲げる日において正規の勤務時間中に勤務することを含む。次号において同じ。）を命じないものとすること。

　　二　教育職員に対し時間外勤務を命ずる場合は、次に掲げる業務に従事する場合であって臨時又は緊急のやむを得ない必要があるときに限るものとすること。

　　　　イ　校外実習その他生徒の実習に関する業務
　　　　ロ　修学旅行その他学校の行事に関する業務
　　　　ハ　職員会議（設置者の定めるところにより学校に置かれるものをいう。）に関する業務
　　　　ニ　非常災害の場合、児童又は生徒の指導に関し緊急の措置を必要とする場合その他やむを得ない場合に必要な業務

教員の地位に関する勧告（ILO・ユネスコ：1966年）

5　教員の地位は、教育の目的、目標に照らして評価される教育の必要性にみあったものでなければならない。教育の目的、目標を完全に実現する上で、教員の正当な地位および教育職に対する正当な社会的尊敬が、大きな重要性をもっているということが認識されなければならない。

6　教育の仕事は専門職とみなされるべきである。この職業は厳しい、継続的な研究を経て獲得され、維持される専門的知識および特別な技術を教員に要求する公共的業務の一種である。また、責任をもたされた生徒の教育および福祉に対して、個人的および共同の責任感を要求するものである。

教育内容に関する法規

小学校学習指導要領

【第1章　総則　第1　小学校教育の基本と教育課程の役割】

1　各学校においては、教育基本法及び学校教育法その他の法令並びにこの章以下に示すところに従い、児童の人間として調和のとれた育成を目指し、児童の心身の発達の段階や特性及び学校や地域の実態を十分考慮して、適切な教育課程を編成するものとし、これらに掲げる目標を達成するよう教育を行うものとする。

2　学校の教育活動を進めるに当たっては、各学校において、第3の1に示す主体的・対話的で深い学びの実現に向けた授業改善を通して、創意工夫を生かした特色ある教育活動を展開する中で、次の（1）から（3）までに掲げる事項の実現を図り、児童に生きる力を育むことを目指すものとする。

　　（1）基礎的・基本的な知識及び技能を確実に習得させ、こ

れらを活用して課題を解決するために必要な思考力、判断力、表現力等を育むとともに、主体的に学習に取り組む態度を養い、個性を生かし多様な人々との協働を促す教育の充実に努めること。その際、児童の発達の段階を考慮して、児童の言語活動など、学習の基盤をつくる活動を充実するとともに、家庭との連携を図りながら、児童の学習習慣が確立するよう配慮すること。

　　（2）道徳教育や体験活動、多様な表現や鑑賞の活動等を通して、豊かな心や創造性の涵養を目指した教育の充実に努めること。

　　　学校における道徳教育は、特別の教科である道徳（以下「道徳科」という。）を要として学校の教育活動全体を通じて行うものであり、道徳科はもとより、各教科、外国語活動、総合的な学習の時間及び特別活動のそれぞれの特質に応じて、児童の発達の段階を考慮して、適切な指導を行うこと。

　　　道徳教育は、教育基本法及び学校教育法に定められた教育の根本精神に基づき、自己の生き方を考え、主体的な判断の下に行動し、自立した人間として他者と共によりよく生きるための基盤となる道徳性を養うことを目標とすること。

　　　道徳教育を進めるに当たっては、人間尊重の精神と生命に対する畏敬の念を家庭、学校、その他社会における具体的な生活の中に生かし、豊かな心をもち、伝統と文化を尊重し、それらを育んできた我が国と郷土を愛し、個性豊かな文化の創造を図るとともに、平和で民主的な国家及び社会の形成者として、公共の精神を尊び、社会及び国家の発展に努め、他国を尊重し、国際社会の平和と発展や環境の保全に貢献し未来を拓く主体性のある日本人の育成に資することとなるよう特に留意すること。

　　（3）学校における体育・健康に関する指導を、児童の発達の段階を考慮して、学校の教育活動全体を通じて適切に行うことにより、健康で安全な生活と豊かなスポーツライフの実現を目指した教育の充実に努めること。特に、学校における食育の推進並びに体力の向上に関する指導、安全に関する指導及び心身の健康の保持増進に関する指導については、体育科、家庭科及び特別活動の時間はもとより、各教科、道徳科、外国語活動及び総合的な学習の時間などにおいてもそれぞれの特質に応じて適切に行うよう努めること。また、それらの指導を通して、家庭や地域社会との連携を図りながら、日常生活において適切な体育・健康に関する活動の実践を促し、生涯を通じて健康・安全で活力ある生活を送るための基礎が培われるよう配慮すること。

3　2の（1）から（3）までに掲げる事項の実現を図り、豊かな創造性を備え持続可能な社会の創り手となることが期待される児童に、生きる力を育むことを目指すに当たっては、学校教育全体並びに各教科、道徳科、外国語活動、総合的な学習の時間及び特別活動（以下「各教科等」という。ただし、第2の3の（2）のア及びウにおいて、特別活動については学級活動（学校給食に係るものを除く。）に限る。）の指導を通してどのような資質・能力の育成を目指すのかを明確にしながら、教育活動の充実を図るものとする。その際、児童の発達の段階や特性等を踏まえつつ、次に掲げることが偏りなく実現できるようにするものとする。

　　（1）知識及び技能が習得されるようにすること。
　　（2）思考力、判断力、表現力等を育成すること。
　　（3）学びに向かう力、人間性等を涵養すること。

4　各学校においては、児童や学校、地域の実態を適切に把握し、教育の目的や目標の実現に必要な教育の内容等を教科等横断的な視点で組み立てていくこと、教育課程の実施状況を評価してその改善を図っていくこと、教育課程の実施に必要な人的又は物的な体制を確保するとともにその改善を図っていくことなどを通して、教育課程に基づき組織的かつ計画的に各学校の

教育活動の質の向上を図っていくこと（以下「カリキュラム・マネジメント」という。）に努めるものとする。

中学校学習指導要領

【第1章　総則　第1　中学校教育の基本と教育課程の役割】
＊2021年4月1日施行
1　各学校においては、教育基本法及び学校教育法その他の法令並びにこの章以下に示すところに従い、生徒の人間として調和のとれた育成を目指し、生徒の心身の発達の段階や特性及び学校や地域の実態を十分考慮して、適切な教育課程を編成するものとし、これらに掲げる目標を達成するよう教育を行うものとする。
2　学校の教育活動を進めるに当たっては、各学校において、第3の1に示す主体的・対話的で深い学びの実現に向けた授業改善を通して、創意工夫を生かした特色ある教育活動を展開する中で、次の（1）から（3）までに掲げる事項の実現を図り、生徒に生きる力を育むことを目指すものとする。
　（1）基礎的・基本的な知識及び技能を確実に習得させ、これらを活用して課題を解決するために必要な思考力、判断力、表現力等を育むとともに、主体的に学習に取り組む態度を養い、個性を生かし多様な人々との協働を促す教育の充実に努めること。その際、生徒の発達の段階を考慮して、生徒の言語活動など、学習の基盤をつくる活動を充実するとともに、家庭との連携を図りながら、生徒の学習習慣が確立するよう配慮すること。
　（2）道徳教育や体験活動、多様な表現や鑑賞の活動等を通して、豊かな心や創造性の涵養を目指した教育の充実に努めること。
　　学校における道徳教育は、特別の教科である道徳（以下「道徳科」という。）を要として学校の教育活動全体を通じて行うものであり、道徳科はもとより、各教科、総合的な学習の時間及び特別活動のそれぞれの特質に応じて、生徒の発達の段階を考慮して、適切な指導を行うこと。
　　道徳教育は、教育基本法及び学校教育法に定められた教育の根本精神に基づき、人間としての生き方を考え、主体的な判断の下に行動し、自立した人間として他者と共によりよく生きるための基盤となる道徳性を養うことを目標とすること。
　　道徳教育を進めるに当たっては、人間尊重の精神と生命に対する畏敬の念を家庭、学校、その他社会における具体的な生活の中に生かし、豊かな心をもち、伝統と文化を尊重し、それらを育んできた我が国と郷土を愛し、個性豊かな文化の創造を図るとともに、平和で民主的な国家及び社会の形成者として、公共の精神を尊び、社会及び国家の発展に努め、他国を尊重し、国際社会の平和と発展や環境の保全に貢献し未来を拓く主体性のある日本人の育成に資することとなるよう特に留意すること。
　（3）学校における体育・健康に関する指導を、生徒の発達の段階を考慮して、学校の教育活動全体を通じて適切に行うことにより、健康で安全な生活と豊かなスポーツライフの実現を目指した教育の充実に努めること。特に、学校における食育の推進並びに体力の向上に関する指導、安全に関する指導及び心身の健康の保持増進に関する指導については、保健体育科、技術・家庭科及び特別活動の時間はもとより、各教科、道徳科及び総合的な学習の時間などにおいてもそれぞれの特質に応じて適切に行うよう努めること。また、それらの指導を通して、家庭や地域社会との連携を図りながら、日常生活において適切な体育・健康に関する活動の実践を促し、生涯を通じて健康・安全で活力ある生活を送るための基礎が培われるよう配慮すること。

3　2の（1）から（3）までに掲げる事項の実現を図り、豊かな創造性を備え持続可能な社会の創り手となることが期待される生徒に、生きる力を育むことを目指すに当たっては、学校教育全体並びに各教科、道徳科、総合的な学習の時間及び特別活動（以下「各教科等」という。ただし、第2の3の（2）のア及びウにおいて、特別活動については学級活動（学校給食に係るものを除く。）に限る。）の指導を通してどのような資質・能力の育成を目指すのかを明確にしながら、教育活動の充実を図るものとする。その際、生徒の発達の段階や特性等を踏まえつつ、次に掲げることが偏りなく実現できるようにするものとする。
　（1）知識及び技能が習得されるようにすること。
　（2）思考力、判断力、表現力等を育成すること。
　（3）学びに向かう力、人間性等を涵養すること。
4　各学校においては、生徒や学校、地域の実態を適切に把握し、教育の目的や目標の実現に必要な教育の内容等を教科等横断的な視点で組み立てていくこと、教育課程の実施状況を評価してその改善を図っていくこと、教育課程の実施に必要な人的又は物的な体制を確保するとともにその改善を図っていくことなどを通して、教育課程に基づき組織的かつ計画的に各学校の教育活動の質の向上を図っていくこと（以下「カリキュラム・マネジメント」という。）に努めるものとする。

高等学校学習指導要領

【第1章　総則　第1款　高等学校教育の基本と教育課程の役割】
＊2022年度入学生から年次進行で実施
1　各学校においては、教育基本法及び学校教育法その他の法令並びにこの章以下に示すところに従い、生徒の人間として調和のとれた育成を目指し、生徒の心身の発達の段階や特性、課程や学科の特色及び学校や地域の実態を十分考慮して、適切な教育課程を編成するものとし、これらに掲げる目標を達成するよう教育を行うものとする。
（2、3　省略）
4　学校においては、地域や学校の実態等に応じて、就業やボランティアに関わる体験的な学習の指導を適切に行うようにし、勤労の尊さや創造することの喜びを体得させ、望ましい勤労観、職業観の育成や社会奉仕の精神の涵養に資するものとする。
（5　省略）

教科書の発行に関する臨時措置法

【第2条第1項】［教科書とは］
この法律において「教科書」とは、小学校、中学校、義務教育学校、高等学校、中等教育学校及びこれらに準ずる学校において、教育課程の構成に応じて組織排列された教科の主たる教材として、教授の用に供せられる児童又は生徒用図書であつて、文部科学大臣の検定を経たもの又は文部科学省が著作の名義を有するものをいう。

義務教育諸学校の教科用図書の無償措置に関する法律［無償措置法］

【第3条】（教科用図書の無償給付）
国は、毎年度、義務教育諸学校の児童及び生徒が各学年の課程において使用する教科用図書で第13条、第14条及び第16条の規定により採択されたものを購入し、義務教育諸学校の設置

者に無償で給付するものとする。

【第5条】（教科用図書の給与）
義務教育諸学校の設置者は、第3条の規定により国から無償で給付された教科用図書を、それぞれ当該学校の校長を通じて児童又は生徒に給与するものとする。

2 学年の中途において転学した児童又は生徒については、その転学後において使用する教科用図書は、前項の規定にかかわらず、文部科学省令で定める場合を除き、給与しないものとする。

その他

就学前の子どもに関する教育、保育等の総合的な提供の推進に関する法律［認定こども園法］

【第2条】（定義）
この法律において「子ども」とは、小学校就学の始期に達するまでの者をいう。

2 この法律において「幼稚園」とは、学校教育法（昭和22年法律第26号）第1条に規定する幼稚園をいう。

3 この法律において「保育所」とは、児童福祉法（昭和22年法律第164号）第39条第1項に規定する保育所をいう。

（4～6 省略）

7 この法律において「幼保連携型認定こども園」とは、義務教育及びその後の教育の基礎を培うものとしての満3歳以上の子どもに対する教育並びに保育を必要とする子どもに対する保育を一体的に行い、これらの子どもの健やかな成長が図られるよう適当な環境を与えて、その心身の発達を助長するとともに、保護者に対する子育ての支援を行うことを目的として、この法律の定めるところにより設置される施設をいう。

（8～12 省略）

【第9条】（教育及び保育の目標）
幼保連携型認定こども園においては、第2条第7項に規定する目的を実現するため、子どもに対する学校としての教育及び児童福祉施設（児童福祉法第7条第1項に規定する児童福祉施設をいう。次条第2項において同じ。）としての保育並びにその実施する保護者に対する子育て支援事業の相互の有機的な連携を図りつつ、次に掲げる目標を達成するよう当該教育及び当該保育を行うものとする。

一 健康、安全で幸福な生活のために必要な基本的な習慣を養い、身体諸機能の調和的発達を図ること。

二 集団生活を通じて、喜んでこれに参加する態度を養うとともに家族や身近な人への信頼感を深め、自主、自律及び協同の精神並びに規範意識の芽生えを養うこと。

三 身近な社会生活、生命及び自然に対する興味を養い、それらに対する正しい理解と態度及び思考力の芽生えを養うこと。

四 日常の会話や、絵本、童話等に親しむことを通じて、言葉の使い方を正しく導くとともに、相手の話を理解しようとする態度を養うこと。

五 音楽、身体による表現、造形等に親しむことを通じて、豊かな感性と表現力の芽生えを養うこと。

六 快適な生活環境の実現及び子どもと保育教諭その他の職員との信頼関係の構築を通じて、心身の健康の確保及び増進を図ること。

【第10条】（教育及び保育の内容）
幼保連携型認定こども園の教育課程その他の教育及び保育の内容に関する事項は、第2条第7項に規定する目的及び前条に規定する目標に従い、主務大臣が定める。

2 主務大臣が前項の規定により幼保連携型認定こども園の教育課程その他の教育及び保育の内容に関する事項を定めるに当たっては、幼稚園教育要領及び児童福祉法第45条第2項の規定に基づき児童福祉施設に関して厚生労働省令で定める基準（同項第三号に規定する保育所における保育の内容に係る部分に限る。）との整合性の確保並びに小学校（学校教育法第1条に規定する小学校をいう。）及び義務教育学校（学校教育法第1条に規定する義務教育学校をいう。）における教育との円滑な接続に配慮しなければならない。

3 幼保連携型認定こども園の設置者は、第1項の教育及び保育の内容に関する事項を遵守しなければならない。

【第14条第1項】（職員）
幼保連携型認定こども園には、園長及び保育教諭を置かなければならない。

【第36条】（主務大臣等）
この法律における主務大臣は、内閣総理大臣、文部科学大臣及び厚生労働大臣とする。

2 この法律における主務省令は、主務大臣の発する命令とする。

義務教育の段階における普通教育に相当する教育の機会の確保等に関する法律［教育機会確保法］

【第2条】（定義）
この法律において、次の各号に掲げる用語の意義は、それぞれ当該各号に定めるところによる。

一 学校 学校教育法（昭和22年法律第26号）第1条に規定する小学校、中学校、義務教育学校、中等教育学校の前期課程又は特別支援学校の小学部若しくは中学部をいう。

二 児童生徒 学校教育法第18条に規定する学齢児童又は学齢生徒をいう。

三 不登校児童生徒 相当の期間学校を欠席する児童生徒であって、学校における集団の生活に関する心理的な負担その他の事由のために就学が困難である状況として文部科学大臣が定める状況にあると認められるものをいう。

四 教育機会の確保等 不登校児童生徒に対する教育の機会の確保、夜間その他特別な時間において授業を行う学校における就学の機会の提供その他の義務教育の段階における普通教育に相当する教育の機会の確保及び当該教育を十分に受けていない者に対する支援をいう。

【第3条】（基本理念）
教育機会の確保等に関する施策は、次に掲げる事項を基本理念として行われなければならない。

一 全ての児童生徒が豊かな学校生活を送り、安心して教育を受けられるよう、学校における環境の確保が図られるようにすること。

二 不登校児童生徒が行う多様な学習活動の実情を踏まえ、個々の不登校児童生徒の状況に応じた必要な支援が行われるようにすること。

三 不登校児童生徒が安心して教育を十分に受けられるよう、学校における環境の整備が図られるようにすること。

四 義務教育の段階における普通教育に相当する教育を十分

に受けていない者の意思を十分に尊重しつつ、その年齢又は国籍その他の置かれている事情にかかわりなく、その能力に応じた教育を受ける機会が確保されるようにするとともに、その者が、その教育を通じて、社会において自立的に生きる基礎を培い、豊かな人生を送ることができるよう、その教育水準の維持向上が図られるようにすること。

五　国、地方公共団体、教育機会の確保等に関する活動を行う民間の団体その他の関係者の相互の密接な連携の下に行われるようにすること。

【第8条】（学校における取組への支援）
国及び地方公共団体は、全ての児童生徒が豊かな学校生活を送り、安心して教育を受けられるよう、児童生徒と学校の教職員との信頼関係及び児童生徒相互の良好な関係の構築を図るための取組、児童生徒の置かれている環境その他の事情及びその意思を把握するための取組、学校生活上の困難を有する個々の児童生徒の状況に応じた支援その他の学校における取組を支援するために必要な措置を講ずるよう努めるものとする。

障害者基本法

【第2条】（定義）
この法律において、次の各号に掲げる用語の意義は、それぞれ当該各号に定めるところによる。

一　障害者　身体障害、知的障害、精神障害（発達障害を含む。）その他の心身の機能の障害（以下「障害」と総称する。）がある者であつて、障害及び社会的障壁により継続的に日常生活又は社会生活に相当な制限を受ける状態にあるものをいう。

二　社会的障壁　障害がある者にとつて日常生活又は社会生活を営む上で障壁となるような社会における事物、制度、慣行、観念その他一切のものをいう。

【第4条】（差別の禁止）
何人も、障害者に対して、障害を理由として、差別することその他の権利利益を侵害する行為をしてはならない。
2　社会的障壁の除去は、それを必要としている障害者が現に存し、かつ、その実施に伴う負担が過重でないときは、それを怠ることによつて前項の規定に違反することとならないよう、その実施について必要かつ合理的な配慮がされなければならない。
3　国は、第1項の規定に違反する行為の防止に関する啓発及び知識の普及を図るため、当該行為の防止を図るために必要となる情報の収集、整理及び提供を行うものとする。

【第16条】（教育）
国及び地方公共団体は、障害者が、その年齢及び能力に応じ、かつ、その特性を踏まえた十分な教育が受けられるようにするため、可能な限り障害者である児童及び生徒が障害者でない児童及び生徒と共に教育を受けられるよう配慮しつつ、教育の内容及び方法の改善及び充実を図る等必要な施策を講じなければならない。
2　国及び地方公共団体は、前項の目的を達成するため、障害者である児童及び生徒並びにその保護者に対し十分な情報の提供を行うとともに、可能な限りその意向を尊重しなければならない。
3　国及び地方公共団体は、障害者である児童及び生徒と障害者でない児童及び生徒との交流及び共同学習を積極的に進めることによつて、その相互理解を促進しなければならない。

4　国及び地方公共団体は、障害者の教育に関し、調査及び研究並びに人材の確保及び資質の向上、適切な教材等の提供、学校施設の整備その他の環境の整備を促進しなければならない。

発達障害者支援法

【第2条第1項】（定義）
この法律において「発達障害」とは、自閉症、アスペルガー症候群その他の広汎性発達障害、学習障害、注意欠陥多動性障害その他これに類する脳機能の障害であってその症状が通常低年齢において発現するものとして政令で定めるものをいう。

障害者の権利に関する条約

【第1条　目的】
この条約は、全ての障害者によるあらゆる人権及び基本的自由の完全かつ平等な享有を促進し、保護し、及び確保すること並びに障害者の固有の尊厳の尊重を促進することを目的とする。
障害者には、長期的な身体的、精神的、知的又は感覚的な機能障害であって、様々な障壁との相互作用により他の者との平等を基礎として社会に完全かつ効果的に参加することを妨げ得るものを有する者を含む。

【第2条　定義】
この条約の適用上、
「意思疎通」とは、言語、文字の表示、点字、触覚を使った意思疎通、拡大文字、利用しやすいマルチメディア並びに筆記、音声、平易な言葉、朗読その他の補助的及び代替的な意思疎通の形態、手段及び様式（利用しやすい情報通信機器を含む。）をいう。
「言語」とは、音声言語及び手話その他の形態の非音声言語をいう。
「障害に基づく差別」とは、障害に基づくあらゆる区別、排除又は制限であって、政治的、経済的、社会的、文化的、市民的その他のあらゆる分野において、他の者との平等を基礎として全ての人権及び基本的自由を認識し、享有し、又は行使することを害し、又は妨げる目的又は効果を有するものをいう。障害に基づく差別には、あらゆる形態の差別（合理的配慮の否定を含む。）を含む。
「合理的配慮」とは、障害者が他の者との平等を基礎として全ての人権及び基本的自由を享有し、又は行使することを確保するための必要かつ適当な変更及び調整であって、特定の場合において必要とされるものであり、かつ、均衡を失した又は過度の負担を課さないものをいう。
「ユニバーサルデザイン」とは、調整又は特別な設計を必要とすることなく、最大限可能な範囲で全ての人が使用することのできる製品、環境、計画及びサービスの設計をいう。ユニバーサルデザインは、特定の障害者の集団のための補装具が必要な場合には、これを排除するものではない。

【第3条　一般原則】
この条約の原則は、次のとおりとする。

(a)　固有の尊厳、個人の自律（自ら選択する自由を含む。）及び個人の自立の尊重

(b)　無差別

(c)　社会への完全かつ効果的な参加及び包容

(d)　差異の尊重並びに人間の多様性の一部及び人類の一員としての障害者の受入れ

(e)　機会の均等

(f) 施設及びサービス等の利用の容易さ
(g) 男女の平等
(h) 障害のある児童の発達しつつある能力の尊重及び障害のある児童がその同一性を保持する権利の尊重

【第24条 教育】
1 締約国は、教育についての障害者の権利を認める。締約国は、この権利を差別なしに、かつ、機会の均等を基礎として実現するため、障害者を包容するあらゆる段階の教育制度及び生涯学習を確保する。当該教育制度及び生涯学習は、次のことを目的とする。
  (a) 人間の潜在能力並びに尊厳及び自己の価値についての意識を十分に発達させ、並びに人権、基本的自由及び人間の多様性の尊重を強化すること。
  (b) 障害者が、その人格、才能及び創造力並びに精神的及び身体的な能力をその可能な最大限度まで発達させること。
  (c) 障害者が自由な社会に効果的に参加することを可能とすること。
(2〜4 省略)
5 締約国は、障害者が、差別なしに、かつ、他の者との平等を基礎として、一般的な高等教育、職業訓練、成人教育及び生涯学習を享受することができることを確保する。このため、締約国は、合理的配慮が障害者に提供されることを確保する。

障害を理由とする差別の解消の推進に関する法律 [障害者差別解消法]

【第1条】（目的）
この法律は、障害者基本法（昭和45年法律第84号）の基本的な理念にのっとり、全ての障害者が、障害者でない者と等しく、基本的人権を享有する個人としてその尊厳が重んぜられ、その尊厳にふさわしい生活を保障される権利を有することを踏まえ、障害を理由とする差別の解消の推進に関する基本的な事項、行政機関等及び事業者における障害を理由とする差別を解消するための措置等を定めることにより、障害を理由とする差別の解消を推進し、もって全ての国民が、障害の有無によって分け隔てられることなく、相互に人格と個性を尊重し合いながら共生する社会の実現に資することを目的とする。

【第7条】（行政機関等における障害を理由とする差別の禁止）
行政機関等は、その事務又は事業を行うに当たり、障害を理由として障害者でない者と不当な差別的取扱いをすることにより、障害者の権利利益を侵害してはならない。
2 行政機関等は、その事務又は事業を行うに当たり、障害者から現に社会的障壁の除去を必要としている旨の意思の表明があった場合において、その実施に伴う負担が過重でないときは、障害者の権利利益を侵害することとならないよう、当該障害者の性別、年齢及び障害の状態に応じて、社会的障壁の除去の実施について必要かつ合理的な配慮をしなければならない。

【第8条】（事業者における障害を理由とする差別の禁止）
事業者は、その事業を行うに当たり、障害を理由として障害者でない者と不当な差別的取扱いをすることにより、障害者の権利利益を侵害してはならない。
2 事業者は、その事業を行うに当たり、障害者から現に社会的障壁の除去を必要としている旨の意思の表明があった場合において、その実施に伴う負担が過重でないときは、障害者の権利利益を侵害することとならないよう、当該障害者の性別、年齢及び障害の状態に応じて、社会的障壁の除去の実施について

必要かつ合理的な配慮をするように努めなければならない。

労働基準法 [労基法]

【第56条】（最低年齢）
使用者は、児童が満15歳に達した日以後の最初の3月31日が終了するまで、これを使用してはならない。
2 前項の規定にかかわらず、別表第1第一号から第五号までに掲げる事業以外の事業に係る職業で、児童の健康及び福祉に有害でなく、かつ、その労働が軽易なものについては、行政官庁の許可を受けて、満13歳以上の児童をその者の修学時間外に使用することができる。映画の製作又は演劇の事業については、満13歳に満たない児童についても、同様とする。

児童憲章

われらは、日本国憲法の精神にしたがい、児童に対する正しい観念を確立し、すべての児童の幸福をはかるために、この憲章を定める。
  児童は、人として尊ばれる。
  児童は、社会の一員として重んぜられる。
  児童は、よい環境のなかで育てられる。
一 すべての児童は、心身共に健やかにうまれ、育てられ、その生活を保障される。
二 すべての児童は、家庭で、正しい愛情と知識と技術をもって育てられ、家庭に恵まれない児童には、これにかわる環境が与えられる。
三 すべての児童は、適当な栄養と住居と被服が与えられ、また、疾病と災害からまもられる。
四 すべての児童は、個性と能力に応じて教育され、社会の一員としての責任を自主的に果すように、みちびかれる。
五 すべての児童は、自然を愛し、科学と芸術を尊ぶように、みちびかれ、また、道徳的心情がつちかわれる。
六 すべての児童は、就学のみちを確保され、また、十分に整つた教育の施設を用意される。
七 すべての児童は、職業指導を受ける機会が与えられる。
八 すべての児童は、その労働において、心身の発育が阻害されず、教育を受ける機会が失われず、また児童としての生活がさまたげられないように、十分に保護される。
九 すべての児童は、よい遊び場と文化財を用意され、わるい環境からまもられる。
十 すべての児童は、虐待、酷使、放任その他不当な取扱からまもられる。
  あやまちをおかした児童は、適切に保護指導される。
十一 すべての児童は、身体が不自由な場合、または精神の機能が不十分な場合に、適切な治療と教育と保護が与えられる。
十二 すべての児童は、愛とまことによつて結ばれ、よい国民として人類の平和と文化に貢献するように、みちびかれる。

児童の権利に関する条約 [子どもの権利条約]

【第2条第1項】［差別の禁止］
締約国は、その管轄の下にある児童に対し、児童又はその父母若しくは法定保護者の人種、皮膚の色、性、言語、宗教、政治的意見その他の意見、国民的、種族的若しくは社会的出身、財産、心身障害、出生又は他の地位にかかわらず、いかなる差別もなしにこの条約に定める権利を尊重し、及び確保する。

【第3条第1項】〔児童の最善の利益〕
児童に関するすべての措置をとるに当たっては、公的若しくは私的な社会福祉施設、裁判所、行政当局又は立法機関のいずれによって行われるものであっても、児童の最善の利益が主として考慮されるものとする。

【第6条】〔生命に対する権利〕
1　締約国は、すべての児童が生命に対する固有の権利を有することを認める。
2　締約国は、児童の生存及び発達を可能な最大限の範囲において確保する。

【第12条第1項】〔児童の意見の考慮〕
締約国は、自己の意見を形成する能力のある児童がその児童に影響を及ぼすすべての事項について自由に自己の意見を表明する権利を確保する。この場合において、児童の意見は、その児童の年齢及び成熟度に従って相応に考慮されるものとする。

【第18条第1項】〔父母の責任〕
締約国は、児童の養育及び発達について父母が共同の責任を有するという原則についての認識を確保するために最善の努力を払う。父母又は場合により法定保護者は、児童の養育及び発達についての第一義的な責任を有する。児童の最善の利益は、これらの者の基本的な関心事項となるものとする。

【第28条第1項】〔教育についての権利〕
締約国は、教育についての児童の権利を認めるものとし、この権利を漸進的にかつ機会の平等を基礎として達成するため、特に、
(a) 初等教育を義務的なものとし、すべての者に対して無償のものとする。
((b) ～ (e)　省略)

経済的、社会的及び文化的権利に関する国際規約（A規約）[社会権規約]

【第13条第1項】〔教育についての権利〕
この規約の締約国は、教育についてのすべての者の権利を認める。締約国は、教育が人格の完成及び人格の尊厳についての意識の十分な発達を指向し並びに人権及び基本的自由の尊重を強化すべきことに同意する。更に、締約国は、教育が、すべての者に対し、自由な社会に効果的に参加すること、諸国民の間及び人種的、種族的又は宗教的集団の間の理解、寛容及び友好を促進すること並びに平和の維持のための国際連合の活動を助長することを可能にすべきことに同意する。

児童福祉法

【第2条】〔責任〕
全て国民は、児童が良好な環境において生まれ、かつ、社会のあらゆる分野において、児童の年齢及び発達の程度に応じて、その意見が尊重され、その最善の利益が優先して考慮され、心身ともに健やかに育成されるよう努めなければならない。
2　児童の保護者は、児童を心身ともに健やかに育成することについて第一義的責任を負う。
3　国及び地方公共団体は、児童の保護者とともに、児童を心身ともに健やかに育成する責任を負う。

【第7条第1項】〔児童福祉施設〕
この法律で、児童福祉施設とは、助産施設、乳児院、母子生活支援施設、保育所、幼保連携型認定こども園、児童厚生施設、児童養護施設、障害児入所施設、児童発達支援センター、児童心理治療施設、児童自立支援施設及び児童家庭支援センターとする。

【第12条第1項】〔児童相談所〕
都道府県は、児童相談所を設置しなければならない。

児童虐待の防止等に関する法律 [児童虐待防止法]

【第1条】（目的）
この法律は、児童虐待が児童の人権を著しく侵害し、その心身の成長及び人格の形成に重大な影響を与えるとともに、我が国における将来の世代の育成にも懸念を及ぼすことにかんがみ、児童に対する虐待の禁止、児童虐待の予防及び早期発見その他の児童虐待の防止に関する国及び地方公共団体の責務、児童虐待を受けた児童の保護及び自立の支援のための措置等を定めることにより、児童虐待の防止等に関する施策を促進し、もって児童の権利利益の擁護に資することを目的とする。

【第2条】（児童虐待の定義）
この法律において、「児童虐待」とは、保護者（親権を行う者、未成年後見人その他の者で、児童を現に監護するものをいう。以下同じ。）がその監護する児童（18歳に満たない者をいう。以下同じ。）について行う次に掲げる行為をいう。
一　児童の身体に外傷が生じ、又は生じるおそれのある暴行を加えること。
二　児童にわいせつな行為をすること又は児童をしてわいせつな行為をさせること。
三　児童の心身の正常な発達を妨げるような著しい減食又は長時間の放置、保護者以外の同居人による前二号又は次号に掲げる行為と同様の行為の放置その他の保護者としての監護を著しく怠ること。
四　児童に対する著しい暴言又は著しく拒絶的な対応、児童が同居する家庭における配偶者に対する暴力（配偶者（婚姻の届出をしていないが、事実上婚姻関係と同様の事情にある者を含む。）の身体に対する不法な攻撃であって生命又は身体に危害を及ぼすもの及びこれに準ずる心身に有害な影響を及ぼす言動をいう。第16条において同じ。）その他の児童に著しい心理的外傷を与える言動を行うこと。

【第5条】（児童虐待の早期発見等）
学校、児童福祉施設、病院、都道府県警察、婦人相談所、教育委員会、配偶者暴力相談支援センターその他児童の福祉に業務上関係のある団体及び学校の教職員、児童福祉施設の職員、医師、歯科医師、保健師、助産師、看護師、弁護士、警察官、婦人相談員その他児童の福祉に職務上関係のある者は、児童虐待を発見しやすい立場にあることを自覚し、児童虐待の早期発見に努めなければならない。
2　前項に規定する者は、児童虐待の予防その他の児童虐待の防止並びに児童虐待を受けた児童の保護及び自立の支援に関する国及び地方公共団体の施策に協力するよう努めなければならない。
(3、4　省略)
5　学校及び児童福祉施設は、児童及び保護者に対して、児童虐待の防止のための教育又は啓発に努めなければならない。

少年法

【第1条】（この法律の目的）
この法律は、少年の健全な育成を期し、非行のある少年に対して性格の矯正及び環境の調整に関する保護処分を行うとともに、少年の刑事事件について特別の措置を講ずることを目的とする。

【第3条】（審判に付すべき少年）
次に掲げる少年は、これを家庭裁判所の審判に付する。
- 一　罪を犯した少年
- 二　14歳に満たないで刑罰法令に触れる行為をした少年
- 三　次に掲げる事由があつて、その性格又は環境に照して、将来、罪を犯し、又は刑罰法令に触れる行為をする虞のある少年
  - イ　保護者の正当な監督に服しない性癖のあること。
  - ロ　正当の理由がなく家庭に寄り附かないこと。
  - ハ　犯罪性のある人若しくは不道徳な人と交際し、又はいかがわしい場所に出入すること。
  - ニ　自己又は他人の徳性を害する行為をする性癖のあること。

2　家庭裁判所は、前項第二号に掲げる少年及び同項第三号に掲げる少年で14歳に満たない者については、都道府県知事又は児童相談所長から送致を受けたときに限り、これを審判に付することができる。

いじめ防止対策推進法

【第2条第1項】（定義）
この法律において「いじめ」とは、児童等に対して、当該児童等が在籍する学校に在籍している等当該児童等と一定の人的関係にある他の児童等が行う心理的又は物理的な影響を与える行為（インターネットを通じて行われるものを含む。）であって、当該行為の対象となった児童等が心身の苦痛を感じているものをいう。

【第3条】（基本理念）
いじめの防止等のための対策は、いじめが全ての児童等に関係する問題であることに鑑み、児童等が安心して学習その他の活動に取り組むことができるよう、学校の内外を問わずいじめが行われなくなるようにすることを旨として行われなければならない。
2　いじめの防止等のための対策は、全ての児童等がいじめを行わず、及び他の児童等に対して行われるいじめを認識しながらこれを放置することがないようにするため、いじめが児童等の心身に及ぼす影響その他のいじめの問題に関する児童等の理解を深めることを旨として行われなければならない。
3　いじめの防止等のための対策は、いじめを受けた児童等の生命及び心身を保護することが特に重要であることを認識しつつ、国、地方公共団体、学校、地域住民、家庭その他の関係者の連携の下、いじめの問題を克服することを目指して行われなければならない。

【第4条】（いじめの禁止）
児童等は、いじめを行ってはならない。

【第8条】（学校及び学校の教職員の責務）
学校及び学校の教職員は、基本理念にのっとり、当該学校に在籍する児童等の保護者、地域住民、児童相談所その他の関係者との連携を図りつつ、学校全体でいじめの防止及び早期発見に取り組むとともに、当該学校に在籍する児童等がいじめを受けていると思われるときは、適切かつ迅速にこれに対処する責務を有する。

【第9条】（保護者の責務等）
保護者は、子の教育について第一義的責任を有するものであって、その保護する児童等がいじめを行うことのないよう、当該児童等に対し、規範意識を養うための指導その他の必要な指導を行うよう努めるものとする。
2　保護者は、その保護する児童等がいじめを受けた場合には、適切に当該児童等をいじめから保護するものとする。
3　保護者は、国、地方公共団体、学校の設置者及びその設置する学校が講ずるいじめの防止等のための措置に協力するよう努めるものとする。
4　第1項の規定は、家庭教育の自主性が尊重されるべきことに変更を加えるものと解してはならず、また、前3項の規定は、いじめの防止等に関する学校の設置者及びその設置する学校の責任を軽減するものと解してはならない。

【第16条】（いじめの早期発見のための措置）
学校の設置者及びその設置する学校は、当該学校におけるいじめを早期に発見するため、当該学校に在籍する児童等に対する定期的な調査その他の必要な措置を講ずるものとする。
2　国及び地方公共団体は、いじめに関する通報及び相談を受け付けるための体制の整備に必要な施策を講ずるものとする。
3　学校の設置者及びその設置する学校は、当該学校に在籍する児童等及びその保護者並びに当該学校の教職員がいじめに係る相談を行うことができる体制（次項において「相談体制」という。）を整備するものとする。
4　学校の設置者及びその設置する学校は、相談体制を整備するに当たっては、家庭、地域社会等との連携の下、いじめを受けた児童等の教育を受ける権利その他の権利利益が擁護されるよう配慮するものとする。

【第22条】（学校におけるいじめの防止等の対策のための組織）
学校は、当該学校におけるいじめの防止等に関する措置を実効的に行うため、当該学校の複数の教職員、心理、福祉等に関する専門的な知識を有する者その他の関係者により構成されるいじめの防止等の対策のための組織を置くものとする。

【第23条】（いじめに対する措置）
学校の教職員、地方公共団体の職員その他の児童等からの相談に応じる者及び児童等の保護者は、児童等からいじめに係る相談を受けた場合において、いじめの事実があると思われるときは、いじめを受けたと思われる児童等が在籍する学校への通報その他の適切な措置をとるものとする。
2　学校は、前項の規定による通報を受けたときその他当該学校に在籍する児童等がいじめを受けていると思われるときは、速やかに、当該児童等に係るいじめの事実の有無の確認を行うための措置を講ずるとともに、その結果を当該学校の設置者に報告するものとする。
3　学校は、前項の規定による事実の確認によりいじめがあったことが確認された場合には、いじめをやめさせ、及びその再発を防止するため、当該学校の複数の教職員によって、心理、福祉等に関する専門的な知識を有する者の協力を得つつ、いじめを受けた児童等又はその保護者に対する支援及びいじめを行った児童等に対する指導又はその保護者に対する助言を継続的に行うものとする。
4　学校は、前項の場合において必要があると認めるときは、いじめを行った児童等についていじめを受けた児童等が使用する教室以外の場所において学習を行わせる等いじめを受けた児

童等その他の児童等が安心して教育を受けられるようにするために必要な措置を講ずるものとする。

5　学校は、当該学校の教職員が第3項の規定による支援又は指導若しくは助言を行うに当たっては、いじめを受けた児童等の保護者といじめを行った児童等の保護者との間で争いが起きることのないよう、いじめの事案に係る情報をこれらの保護者と共有するための措置その他の必要な措置を講ずるものとする。

6　学校は、いじめが犯罪行為として取り扱われるべきものであると認めるときは所轄警察署と連携してこれに対処するものとし、当該学校に在籍する児童等の生命、身体又は財産に重大な被害が生じるおそれがあるときは直ちに所轄警察署に通報し、適切に、援助を求めなければならない。

【第25条】（校長及び教員による懲戒）
校長及び教員は、当該学校に在籍する児童等がいじめを行っている場合であって教育上必要があると認めるときは、学校教育法第11条の規定に基づき、適切に、当該児童等に対して懲戒を加えるものとする。

【第26条】（出席停止制度の適切な運用等）
市町村の教育委員会は、いじめを行った児童等の保護者に対して学校教育法第35条第1項（同法第49条において準用する場合を含む。）の規定に基づき当該児童等の出席停止を命ずる等、いじめを受けた児童等その他の児童等が安心して教育を受けられるようにするために必要な措置を速やかに講ずるものとする。

【第28条第1項】（学校の設置者又はその設置する学校による対処）
学校の設置者又はその設置する学校は、次に掲げる場合には、その事態（以下「重大事態」という。）に対処し、及び当該重大事態と同種の事態の発生の防止に資するため、速やかに、当該学校の設置者又はその設置する学校の下に組織を設け、質問票の使用その他の適切な方法により当該重大事態に係る事実関係を明確にするための調査を行うものとする。

一　いじめにより当該学校に在籍する児童等の生命、心身又は財産に重大な被害が生じた疑いがあると認めるとき。
二　いじめにより当該学校に在籍する児童等が相当の期間学校を欠席することを余儀なくされている疑いがあると認めるとき。

【第30条】（公立の学校に係る対処）
地方公共団体が設置する学校は、第28条第1項各号に掲げる場合には、当該地方公共団体の教育委員会を通じて、重大事態が発生した旨を、当該地方公共団体の長に報告しなければならない。

2　前項の規定による報告を受けた地方公共団体の長は、当該報告に係る重大事態への対処又は当該重大事態と同種の事態の発生の防止のため必要があると認めるときは、附属機関を設けて調査を行う等の方法により、第28条第1項の規定による調査の結果について調査を行うことができる。

3　地方公共団体の長は、前項の規定による調査を行ったときは、その結果を議会に報告しなければならない。

4　第2項の規定は、地方公共団体の長に対し、地方教育行政の組織及び運営に関する法律（昭和31年法律第162号）第21条に規定する事務を管理し、又は執行する権限を与えるものと解釈してはならない。

5　地方公共団体の長及び教育委員会は、第2項の規定による調査の結果を踏まえ、自らの権限及び責任において、当該調査に係る重大事態への対処又は当該重大事態と同種の事態の発生の防止のために必要な措置を講ずるものとする。

著作権法

【第10条第1項】（著作物の例示）
この法律にいう著作物を例示すると、おおむね次のとおりである。

一　小説、脚本、論文、講演その他の言語の著作物
二　音楽の著作物
三　舞踊又は無言劇の著作物
四　絵画、版画、彫刻その他の美術の著作物
五　建築の著作物
六　地図又は学術的な性質を有する図面、図表、模型その他の図形の著作物
七　映画の著作物
八　写真の著作物
九　プログラムの著作物

【第35条】（学校その他の教育機関における複製等）
学校その他の教育機関（営利を目的として設置されているものを除く。）において教育を担任する者及び授業を受ける者は、その授業の過程における利用に供することを目的とする場合には、その必要と認められる限度において、公表された著作物を複製し、若しくは公衆送信（自動公衆送信の場合にあつては、送信可能化を含む。以下この条において同じ。）を行い、又は公表された著作物であつて公衆送信されるものを受信装置を用いて公に伝達することができる。ただし、当該著作物の種類及び用途並びに当該複製の部数及び当該複製、公衆送信又は伝達の態様に照らし著作権者の利益を不当に害することとなる場合は、この限りでない。

2　前項の規定により公衆送信を行う場合には、同項の教育機関を設置する者は、相当な額の補償金を著作権者に支払わなければならない。

3　前項の規定は、公表された著作物について、第1項の教育機関における授業の過程において、当該授業を直接受ける者に対して当該著作物をその原作品若しくは複製物を提供し、若しくは提示して利用する場合又は当該著作物を第38条第1項の規定により上演し、演奏し、上映し、若しくは口述して利用する場合において、当該授業が行われる場所以外の場所において当該授業を同時に受ける者に対して公衆送信を行うときには、適用しない。

【第36条】（試験問題としての複製等）
公表された著作物については、入学試験その他人の学識技能に関する試験又は検定の目的上必要と認められる限度において、当該試験又は検定の問題として複製し、又は公衆送信（放送又は有線放送を除き、自動公衆送信の場合にあつては送信可能化を含む。次項において同じ。）を行うことができる。ただし、当該著作物の種類及び用途並びに当該公衆送信の態様に照らし著作権者の利益を不当に害することとなる場合は、この限りでない。

2　営利を目的として前項の複製又は公衆送信を行う者は、通常の使用料の額に相当する額の補償金を著作権者に支払わなければならない。

第1講 (→17頁)

解答 1 キ　2 ウ　3 ク　4 ア

解説　1〜4は、教員採用試験でも最もよく出題される条文である。法規名と内容を合わせて覚えておきたい。
1　教育基本法第10条（家庭教育）第1項である。「子の教育について第一義的責任を有する」という部分を押さえておこう。
2　学校教育法第11条である。教員の懲戒権と体罰の禁止が定められている。この条文はよく出題されるので、「第11条」であることも含めて覚えておこう。
3　地方公務員法第30条〜第38条は地方公務員の服務について定めている。問題文は、「職務に専念する義務」について規定した第35条である。主語が「職員」であることに注目。
4　初任者研修について定めた教育公務員特例法第23条第1項である。第24条に規定される中堅教諭等資質向上研修もあわせて覚えておこう。

第2講 (→29頁)

解答　①

解説　教育基本法第9条は教員、第10条は家庭教育、第13条は学校、家庭及び地域住民等の相互の連携協力について規定した条項である。
第9条では「研究と修養」「職責の遂行」、第10条では「第一義的責任」「（基本的）生活習慣」「自立心の育成」、第13条では「役割と責任」「連携及び協力」をキーワードとして押さえておきたい。

第3講 (→42頁)

①・・

解答　3

解説　教育基本法第1条は教育の根本的な目的について、学校教育法の各条文はそれぞれの学校種における教育の目的について述べたものである。違いを確認しておこう。また、義務教育学校、中等教育学校の目的には「一貫して」という言葉が入ることも覚えておきたい。

②・・

解答　ア ×　イ ○　ウ ○　エ ×

解説　特別支援教育は、特別支援学校、特別支援学級に加えて通級による指導によっても行われることを押さえておこう。
ア　特別支援学校の目的は、学校教育法第72条に示されている。「同じ教育」ではなく「準ずる教育」が正しい。「準ずる教育」とは、基本的には同じであるが、必要に応じて配慮を行ったり変更を加えたりしていることを意味する。特別支援学校においては、特別な教育的ニーズに応じた教育が行われるので、「準ずる教育」となるのである。
イ　学校教育法施行規則第140条を参照。障害に応じた特別の指導を行う必要がある場合に、特別の教育課程によることができる（これが通級による指導だったことを思い出そう）学校に、高等学校と中等教育学校が含まれている。2018（平成30）年4月1日施行の改正により加えられたものである。
ウ　「特別の教育課程」について、小学校（中学校）学習指導要領では、「児童（生徒）の障害の程度や学級の実態等を考慮の上、各教科の目標や内容を下学年の教科の目標や内容に替えたり、各教科を、知的障害者である児童に対する教育を行う特別支援学校の各教科に替えたりするなどして、実態に応じた教育課程を編成すること」としている。ただし、特別支援学級も小学校（中学校）の学級の一つであることに変わりはなく、「学校教育法に定める小学校（中学校）の目的及び目標を達成するものでなければならない」ことが、学習指導要領解説総則編で示されている。
エ　「小学部のみ」ではなく、「そのいずれかのみ」が正しい。

第4講（→54頁）

①・・・

解答　2

解説　教育委員会制度に関する問題である。

1　ポイントは「大綱」とは何かである。「大綱」とは、教育の目標や施策の根本的な方針であり、首長が招集する総合教育会議において協議調整し、首長が策定するものである（地教行法第1条の3、第1条の4）。したがって、問題文の、首長が「教育委員会に対し」「大綱を定めるよう指示する」は誤りである。

2　総合教育会議についての説明。召集は首長によって行われることや、構成メンバー、会議の具体的な協議調整事項を確認しておこう（地教行法第1条の4）。

3　教育委員会のメンバーである教育長と教育委員の任命についての問題である。どちらも首長が議会の同意を得て任命する（地教行法第4条第1項、第2項）。教育委員会が「委員のうちから、教育長を選出」は誤りである。

4　地教行法第5条の任期に関する規定についての問題である。教育長の任期は3年、教育委員の任期は4年である。なぜ任期が異なるのかについては本文中に説明があるので見直しておこう。どちらも再任は可能なので、「再任されることができない」は誤り。

5　首長と教育委員会の職務権限についての問題である（地教行法第22条の長の職務権限）。教育財産の取得・処分、契約締結、予算の執行など財政に関する権限はすべて長にあることに注意しよう。教育委員会が行うのは、教育財産の管理であり、取得・処分に関する事務を行うことができない。

②・・・

解答　b　総合

解説　地方教育行政の組織及び運営に関する法律第1条の4は、総合教育会議に関する規定である。総合教育会議は、地方公共団体の長と教育委員会で構成され、大綱の策定に関する協議や、重点施策、児童、生徒等の生命・身体に被害が生じるおそれがあるなど、緊急の場合に講ずべき措置に関する協議・調整を行う。招集は地方公共団体の長が行う。

第5講（→67頁）

解答　(1) D　(2) A ○　B ×　C ×　D ×

解説　教員の身分と服務についての問題である。地方公務員法第27条～第29条は分限と懲戒について、第30条～第38条は服務について規定している。どの自治体でも出題の頻度は高いので、しっかりと整理しておこう。

(1)　ア　第34条の秘密を守る義務についての問題である。秘密を守る義務は、在職中はもちろんのこと、その職を退いた後でも従わなければならない。したがって、「その職にある期間において」は誤りである。

イ　第32条の法令等及び上司の職務上の命令に従う義務についての問題。

ウ　第35条の職務に専念する義務についての問題。

エ　第36条の政治的行為の制限についての問題である。勧誘運動も禁止されている。一般の公務員は勤務する地方公共団体の区域外においては、勧誘運動や署名運動、募金等の政治的行為は行うことができるが、教員の政治的行為については教育公務員特例法第18条で、国家公務員と同様に全国において政治活動が制限されることが規定されている。

(2)　A　第29条の懲戒についての問題。

B　第28条の分限についての問題。勤務実績がよくない場合や心身の故障により職務遂行に支障がある場合、適格性に欠ける場合などは降任、免職を、心身の故障により長期の休養を要する場合や刑事事件に関して起訴された場合は休職を、それぞれ本人の意に反して行うことができる。このように、本人に道義的責任があるかどうかを問わず、公務能率維持のために行われる身分の変動

を「分限」という。教育公務員特例法第25条の2では、指導が不適切な教諭等に指導改善研修を行ってもなお指導の改善が認められない場合に、分限免職や転任などの措置を講ずることが定められている。

C　教育に関する他の事業等に従事する場合は、本属長（ほとんどの場合、校長を指す）ではなく任命権者の許可が必要である。なお、許しを得て教育に関する他の事業等に従事する場合、報酬を受け取ることも可能である。

D　上述のとおり、教育に関する他の事業等に従事することは可能である。

第6講 （→80頁）

① ・・

解答　3

解説　教育公務員特例法で規定されている研修についての問題である。

1　第21条第2項では、任命権者に研修に関する計画の樹立と実施を努力義務として課している。問題文の「校長は」は、誤り。

2　第22条第2項は職務専念義務の免除による研修についての規定である。勤務時間中に勤務場所を離れて行う研修には本属長の承認が必要である。

3　第22条第3項は、現職のまま長期研修が受けられることを定めている。いわゆる「内地留学」はこの長期研修にあたる。

4　第23条の初任者研修に関する規定から、初任者に対する指導を行う指導教員の任命についての問題である。初任者研修の指導教員になれないのは、①校長、②養護教諭、③栄養教諭、④主幹教諭のうち養護または栄養の指導・管理を担当する者、の四者で、それ以外の教員はすべて（講師も含んで）なることができる。これらのうちから任命権者が、初任者研修の指導教員を任命する。副校長、教頭が指導教員となることも可能であるので、問題文の「管理職を除く」は誤り。

5　第24条の中堅教諭等資質向上研修に関する問題。2017年度より、在職期間が10年に達した教諭等に対する10年経験者研修から、相当の経験を有し学校運営の中核的な役割を果たすことが期待される中堅教諭等に対する中堅教諭等資質向上研修に改められた。任命権者に作成が義務付けられている研修に関する計画書は、研修を受ける者の個々の能力・適性に応じて作成されるのであり、校種に応じて作成されるのではない。

② ・・

解答　(1)○　(2)○　(3)○　(4)×

解説　公立学校の教員の分限・懲戒については、教育公務員特例法には規定がなく地方公務員法に従う。

(1)　地方公務員法第27条第1項。第3項には「職員は、この法律で定める事由による場合でなければ、懲戒処分を受けることがない」と規定されている。

(2)　分限については、地方公務員法第28条に規定されている。

(3)　地方公務員法第29条。戒告とは「服務義務違反の責任を確認し、戒める処分」（→77頁参照）である。児童生徒に対して行われる「訓告」と区別すること。

(4)　「教育公務員特例法」ではなく、「地方公務員法」が正しい。(1)の解説参照。

③ ・・

解答　(1)×　(2)○　(3)×

解説

(1)　初任者研修の校内指導教員は、副校長、教頭、主幹教諭（養護又は栄養の指導及び管理をつかさどる主幹教諭を除く）、指導教諭、教諭、主幹保育教諭、指導保育教諭、保育教諭、講師のなかから任命される。校長、養護教諭、栄養教諭は校内指導教員にはなれない。

(2)　職務専念義務の免除による研修についての説明である。

（3）中堅教諭等資質向上研修は、在職期間が 8 ～ 12 年程度の中堅教諭等に対し、個々の教員の能力・適性に応じて、中堅教諭等としての職務を遂行する上で必要とされる資質の向上を図るための研修である。2017 年の教育公務員特例法の改正により 10 年経験者研修から改められた。

第7講 （→92頁）

①

解答　2

解説　学校教育法第 42 条では学校評価を実施することにより、学校運営の改善のための措置を講じ教育水準の向上に努めることが規定されており、学校評価の目的が「教育水準の向上」であることがわかる。学校教育法施行規則第 66 条に自己評価について、第 67 条に保護者その他学校関係者による学校評価についてその具体的内容について定められている。また、学校教育法第 43 条では、保護者や地域住民との連携協力を推進するために、情報提供を行うことが義務付けられている。これらに基づき、学校評価ガイドライン（平成 28 年改訂）では、以下の 3 つが学校評価の目的として掲げられている。①各学校が、自らの教育活動その他の学校運営について、目指すべき目標を設定し、その達成状況や達成に向けた取組の適切さ等について評価することにより、学校として組織的・継続的な改善を図ること。②各学校が、自己評価及び保護者など学校関係者等による評価の実施とその結果の公表・説明により、適切に説明責任を果たすとともに、保護者、地域住民等から理解と参画を得て、学校・家庭・地域の連携協力による学校づくりを進めること。③各学校の設置者等が、学校評価の結果に応じて、学校に対する支援や条件整備等の改善措置を講じることにより、一定水準の教育の質を保証し、その向上を図ること。

②

解答　4

解説　学校教育法第 42 条の学校評価についての詳細を定めているのが学校教育法施行規則第 66 条～第 68 条である。これらは、中学校、義務教育学校、高等学校、中等教育学校にも準用される。
ア　自ら行う評価＝自己評価についての規定。結果の公表が義務であることにも注意しよう。
イ　学校評価ガイドラインは、取り組みの参考とするために作成されたものであり、各学校は学校教育目標や運営方針等に基づいて重点化した評価項目を設定する。
ウ　学校関係者評価についての規定。結果の公表は努力義務となっている。
エ　設置者に結果を報告するのは、学校の管理運営の責任者が設置者であり、設置者による条件整備が学校教育の質の向上に不可欠であるからである。

第8講 （→106頁）

①

解答　1

解説
1　校長の職務は学校教育法第 37 条第 4 項で定められており、職員会議の設置については、学校教育法施行規則第 48 条で定められている。職員会議は校長が主宰し、校長の意思決定を助ける補助機関としての機能を果たす。
2　学校教育法第 37 条第 5 項、第 7 項にそれぞれ副校長と教頭の職務が示されている。副校長と教頭はどちらも校長を補佐する役割を担うものであるが、教頭の権限が「校務を整理」するにとどまるのに対し、副校長の職務は「命を受けて校務をつかさどる」ことであり、一部の校務を、権限を持って直接処理できる。教頭の職務には必要に応じて「教育をつかさどる」ことも含まれており、場合によっては授業を担当することもあることも押さえておこう。
3　主幹教諭は校務の一部を整理する権限を持ち、他の教員に対して職務命令を発することもできる（学校教育法第 37 条第 9 項）。問題文の「校務全般」は誤り。

4 指導教諭は他の教職員に対して教育指導の改善・充実のための指導・助言を行うが（学校教育法第37条第10項）、あくまでも指導・助言であり、職務命令を出したり監督したりすることはできない。
5 学校教育法施行規則第45条第3項に「保健主事は、指導教諭、教諭又は養護教諭をもつて、これに充てる」と定められており、栄養教諭を充てることはできない。

②・・・
解答 3
解説
ア 生徒指導主事を置かなければならないのは、中学校、義務教育学校、高等学校、中等教育学校。
イウ スクールカウンセラーおよびスクールソーシャルワーカーに役割については、103頁で確認しておこう。

第9講 （→120頁）

①・・・
解答 5
解説
1 学校教育法施行規則第60条に「授業終始の時刻は、校長が定める」と規定されている。問題文の「学校の設置者」は誤り。
2 学校教育法第59条では、学年は、4月1日に始まり、翌年3月31日に終わると定められているが、修業年限が3年を超える定時制の課程を置く場合は、その最終の学年は、4月1日に始まり、9月30日に終わることができる（学校教育法施行規則第104条第2項）。問題文の「8月31日」は誤り。
3 学校保健安全法第19条及び第20条に、感染症予防のための措置として、校長による出席停止と設置者による学校の全部又は一部の休業が可能であることが規定されている。
4 学校における休業日は、「国民の祝日」「日曜日及び土曜日」「教育委員会が定める日」である（学校教育法施行規則第61条）。「地方公共団体の長」は誤り。
5 学校教育法施行規則第63条に、急迫の事情があるときは、校長は臨時に授業を行わない措置をとることができること、その場合、設置者である教育委員会に報告をしなければならないことが定められている。

②・・・
解答 4
解説 学校教育法施行規則第24条は指導要録について、第28条は学校備え付け表簿とその保存期間についての規定である。
A ○
B ○
C × 「学校日誌」が正しい。
D × 「時間表」が正しい。第三号は職員に関する情報なので、年間指導計画は不適切。
E ○ 保存期間の問題はよく出題されるので、しっかり確認しておこう。

第10講 （→133頁）

解答 4
解説 地教行法第47条の5は学校運営協議会についての規定である。委員の任命、学校運営協議会の機能について整理しておこう。
（ア） 学校運営協議会の設置は、努力義務となっている。
（イ） 委員の任命は、校長の意見を踏まえて教育委員会が行う。
（ウ）（エ） 学校運営協議会の権限は、校長が作成した学校運営の基本方針を承認すること、教育委員会又

は校長に対して対象学校の運営に関して意見を述べること、任命権者に対して職員の採用その他の任用に関して意見を述べることである。

第11講 （→146頁）

① ‥‥‥

解答 （1）キ　（2）オ　（3）ウ　（4）カ　（5）ケ

解説　平成29・30年に告示された学習指導要領には、初めて前文が付され、学習指導要領を実施するにあたっての基本的な考え方が示された。社会に開かれた教育課程の理念が明示され、学習指導要領の役割について述べられている。

② ‥‥‥

解答　3

解説　「生活科」が新設されたのは、1989（平成1）年の改訂である。

③ ‥‥‥

解答　2

解説

a 「見方・考え方」は、2017年改訂の学習指導要領の「学びの鍵」として位置づけられている。

b 「主体的・対話的で深い学び」の「深い学び」についての説明である。

c 学習評価の妥当性や信頼性を確保するための「組織的かつ計画的な取組」の例としては、評価規準や評価方法等について事前に教員同士で検討するなどして明確にすること、評価に関する実践事例を蓄積し共有していくこと、評価結果についての検討を通じて評価に係る教員の力量の向上を図ることなどが、学習指導要領解説総則編に示されている。

第12講 （→159頁）

解答　②

解説　著作権法第35条（学校その他の教育機関における複製等）や第36条（試験問題としての複製等）で、学校における著作権の取り扱いについて規定されている。第35条の詳細な解説については以下のガイドラインを参照されたい。

「改正著作権法第35条運用指針（令和2（2020）年度版）」

https://forum.sartras.or.jp/wp-content/uploads/unyoshishin2020.pdf

最も注意を必要とするのは、「著作権者の利益を不当に害する（著作権者に不当に経済的不利益を与えるおそれがある）」場合である。ドリル・ワークブックの複製や、授業の目的を超えた放送番組のライブラリー化などは、これに当たるとされ、例外とは認められない。

A　○　学習者が授業の過程で使用するために著作物を複製することは、教育機関における例外措置として認められている。

B　○　第36条第1項の規定により、学校の定期テストの問題として著作物を複製することは認められる。

C　○　認められる。ただし、複製部数あるいは公衆送信の受信者の数は、児童生徒の数と授業を担当する教員の数の合計を超えてはならない。

D　○　授業には、初等中等教育の特別活動（学級活動・ホームルーム活動、クラブ活動、児童生徒会活動、学校行事、その他）や部活動、課外補習授業等も含まれる。人数に関する基準も満たしているので、この場合は認められる。高等教育の機関である大学のサークル活動や部活動などの課外活動には、例外規定は適用されないことも覚えておこう。

E　×　児童生徒に配付するのと同じ複製物の授業参観、研究授業の参加者への配付は認められるが、この

場合は「教科書の複製」の参観者への配付なので、これには該当せず、許諾が必要。

第13講（→169頁）

解答 4

解説 就学に関するさまざまなポイントについての問題である。

1 ×　学校教育法第17条第1項。「満6歳に達した日の翌日以後における最初の学年の初めから、満12歳に達した日の属する学年の終わりまで」が正しい。

2 ×　学校教育法第18条。「地方公共団体の長」ではなく「市町村の教育委員会」。長には、このような権限はない。

3 ×　学校教育法第19条。「国」ではなく「市町村」。同条は市町村が行う就学援助の根拠規定となっている。

4 ○　学校教育法施行令第1条。なお、学齢簿の作成基準日は10月1日とすることが学校教育法施行規則第31条で定められており、これが問われる問題もよく出題されるのであわせて覚えておこう。

5 ×　学校教育法施行令第8条。第5条第1項及び第2項の規定により保護者に送付される通知には、指定就学校の変更が可能であることも明記されている。就学校変更の手続きは、「保護者の教育委員会への申し立て」→「教育委員会による就学校の指定変更」→「もともとの指定校と変更後の指定校それぞれの校長に通知」のように進められる。変更が認められる事由について、本文で確認しておこう。

第14講（→182頁）

①・・

解答　(1)　b　　(2)　体罰　　(3)　c

解説　学校教育法第11条では、教員の懲戒権と体罰の禁止が定められている。この条文はよく出題されるので、「第11条」であることも含めて覚えておこう。

(1) 「文部科学大臣の定めるところ」は「文部科学省令」を意味し、具体的にはここでは省令の一種である「学校教育法施行規則」を示している。懲戒についての詳細は学校教育法施行規則第26条に規定されている。

(2) 体罰の禁止。体罰は違法行為であり、人権侵害であること、また場合によっては刑法の傷害罪などが適用されること、を肝に銘じておこう。

(3) 上述のとおり、学校教育法施行規則第26条には、懲戒についての詳細が規定されており、第3項の退学を行えるのは、性行不良で改善の見込がないと認められる者、学力劣等で成業の見込がないと認められる者、正当の理由がなくて出席常でない者、学校の秩序を乱し、その他学生又は生徒としての本分に反した者の4つの場合があげられている。退学は、公立の義務教育諸学校においては行うことができないこと、学校の秩序と他の児童生徒の学習の権利を守るために、「出席停止」の制度があることもあわせて覚えておこう。

②・・

解答　2

解説　本文にも取り上げられている「体罰の禁止及び児童生徒理解に基づく指導の徹底について（通知）」は、懲戒、体罰に関する解釈・運用についての基本的考え方が示された文部科学省の通知である。ウエブで閲覧できるので、全文に目を通しておこう（https://www.mext.go.jp/a_menu/shotou/seitoshidou/1331907.htm）。

ア　×　「教育基本法」でなく「学校教育法」が正しい。学校教育法11条は法規名、条番号、条文を暗記しておくことが望ましい。

イ　○

ウ　○

エ　○

オ　×　「粘り強く指導すること」が正しい。こうした用語の意味を確認するとともに、その用語が学校の
どのような場面で用いられるのかをしっかり押さえておこう。

第15講（→196頁）

① ・・

解答　5

解説　いじめ防止対策推進法第3条には、いじめの防止についての基本理念が述べられている。
すべての児童生徒がいじめを行わないようにすること、いじめを受けた児童生徒の生命・心身を守ること、
いじめの問題に政府、学校、地域住民、保護者が連携して取り組むことの3つのポイントを押さえておこう。
同法からは広い範囲で出題されているので、全体に目を通しておきたい。

② ・・

解答　1

解説　いじめ防止対策推進法第2条第1項には、いじめの定義が述べられている。「児童等が心身の苦痛を
感じている」ことが重要なポイントであり、加害行為を行った側がいじめと認識しているかどうかは問題で
はないことに注意しよう。「一定の人間関係」は、学校の内外を問わないこと、加害行為にはインターネッ
トを通じた悪口や嫌がらせも含まれること、「物理的影響」とは身体的なもの、金品を隠されたりたかられ
たりすることをいうことを押さえておこう。
同法からは広い範囲で出題されているので、全体に目を通しておきたい。また、「いじめ防止のための基本的
な方針」（https://www.mext.go.jp/component/a_menu/ education/detail/__icsFiles/afieldfile/2019/
06/26/1400030_007.pdf）もあわせて確認しておこう。

索 引

参考・引用文献

第1講

佐藤晴雄監修、学校運営実務研究会編『改訂版　教育法規解体新書──速解！　校務に役立つ知識とトラブル対処法』東洋館出版社　2009年

篠原清昭編著『教育のための法学──子ども・親の権利を守る教育法』ミネルヴァ書房　2013年

第2講

市川昭午『教育基本法改正論争史』教育開発研究所　2009年

日本児童教育振興財団編『学校教育の戦後70年史』小学館　2016年

第3講

高妻紳二郎編著『新・教育制度論──教育制度を考える15の論点』ミネルヴァ書房　2014年

渡部昭男編著『日本型インクルーシブ教育システムへの道──中教審報告のインパクト』三学出版　2012年

第4講

木田宏著、教育行政研究会編著『逐条解説　地方教育行政の組織及び運営に関する法律（第4次新訂）』第一法規出版　2015年

第5講

内田良・広田照幸・高橋哲・嶋崎量・斉藤ひでみ『迷走する教員の働き方改革──変形労働時間制を考える』岩波書店　2020年

国立教育政策研究所『教員環境の国際比較　OECD国際教員指導環境調査（TALIS）2018調査報告書──学び続ける教員と校長』ぎょうせい　2019年

第6講

川上泰彦『公立学校の教員人事システム』学術出版会　2013年

中央教育審議会「これからの学校教育を担う教員の資質能力の向上について──学び合い、高め合う教員養成コミュニティの構築に向けて（答申）」2015年12月21日

文部科学省「教員免許制度の概要（平成31年4月1日現在)」
https://www.mext.go.jp/a_menu/shotou/kyoin/__icsFiles/afieldfile/2019/09/09/1339300_1.pdf（2020年7月20日確認）

文部科学省ホームページ「平成30年度公立学校教職員の人事行政状況調査について」
https://www.mext.go.jp/a_menu/shotou/jinji/1411820_00001.htm（2020年7月20日確認）

横浜市教育委員会編著『「教師力」向上の鍵──「メンターチーム」が教師を育てる、学校を変える！』時事通信社　2011年

第7講

篠原清昭編著『学校改善マネジメント──課題解決への実践的アプローチ』ミネルヴァ書房　2012年

佐藤晴雄『コミュニティ・スクール──「地域とともにある学校づくり」の実現のために（増補改訂版)』エイデル研究所　2019年

第8講

鈴木勲編著『逐条学校教育法　第8次改訂版』学陽書房　2016年

中央教育審議会「チームとしての学校の在り方と今後の改善方策について（答申）」2015年12月21日

浜田博文編著『学校を変える新しい力──教師のエンパワーメントとスクールリーダーシップ』小学館　2012年

第9講

河野和清編著『現代教育の制度と行政』福村出版　2017年

佐々木幸寿編著『学校法』学文社　2017年

高見茂監修、若井彌一上席編集委員、坂田仰・梅野正信編集委員『2021年度版　必携教職六法』協同出版　2020年

第10講

黒崎勲『学校選択と学校参加──アメリカ教育改革の実験に学ぶ』東京大学出版会　1994年

篠原清昭編著『教育のための法学──子ども・親の権利を守る教育法』ミネルヴァ書房　2013年

日本児童教育振興財団編著『学校教育の戦後70年史──1945年〈昭和20〉～2015年〈平成27〉』小学館　2016年

浜田博文監修、公益社団法人日本PTA全国協議会『今すぐ役立つ　PTA応援マニュアル』ジアース教育新社　2016年

第11講

勝野正章・庄井良信『問いからはじめる教育学』有斐閣　2015年

田中耕治編『よくわかる教育課程（第2版）』ミネルヴァ書房　2018年

原清治編著『学校教育課程論』学文社　2005年

広岡義之「現代日本の教育課程（学習指導要領）の変遷」広岡義之編著『はじめて学ぶ教育課程』ミネルヴァ書房　2016年　35-51頁

文部科学省「新しい学習指導要領の考え方──中央教育審議会における議論から改訂そして実施へ」2017年
https://www.mext.go.jp/a_menu/shotou/new-cs/__icsFiles/afieldfile/2017/09/28/1396716_1.pdf（2020年7月20日確認）

文部科学省「新しい学習指導要領─生きる力　学びの、その先へ」
https://www.mext.go.jp/component/a_menu/education/micro_detail/__icsFiles/afieldfile/2019/02/14/1413516_001_1.pdf（2020年7月20日確認）

第12講

一般社団法人授業目的公衆送信補償金等管理協会
https://sartras.or.jp/（2020年7月20日確認）

公益社団法人著作権情報センターホームページ
https://www.cric.or.jp/（2020年7月20日確認）

田中耕治編著『よくわかる教育課程（第2版）』ミネルヴァ書房　2018年

文部科学省ホームページ「教科書」
https://www.mext.go.jp/a_menu/shotou/kyoukasho/main3_a2.htm（2020年7月20日確認）

文化庁ホームページ「著作権」
https://www.bunka.go.jp/seisaku/chosakuken/（2020年7月20日確認）

第13講

井深雄二・大橋基博・中嶋哲彦・川口洋誉編著『テキスト教育と教育行政』勁草書房　2015年

諏訪英広・福本昌之編著『教育制度と教育の経営——学校－家庭－地域をめぐる教育の営み』あいり出版　2011年

平原春好編『概説　教育行政学』東京大学出版会　2009年

渡部昭男『障がいのある子の就学・進学ガイドブック』青木書店　2008年

第14講

学校管理運営法令研究会編著『第五次全訂　新学校管理読本』第一法規出版　2015年

窪田眞二・小川友次『教育法規便覧　平成28年版』学陽書房　2016年

坂田仰・黒川雅子『補訂版　事例で学ぶ“学校の法律問題”——判断に迷ったときに手にとる本』教育開発研究所　2014年

坂田仰・黒川雅子・河内祥子・山田知代『図解・表解　教育法規——“確かにわかる”法規・制度の総合テキスト　新訂第3版』教育開発研究所　2017年

鈴木勲編著『逐条　学校教育法　第8次改訂版』学陽書房　2016年

菱村幸彦『はじめて学ぶ教育法規　改訂新版』教育開発研究所　2015年

菱村幸彦『やさしい教育法規の読み方　新訂第5版』教育開発研究所　2015年

菱村幸彦編著『教育法規の要点がよくわかる本——これだけは知っておきたい教職員に必要な法令知識！　新訂版』教育開発研究所　2015年

第15講

文部科学省「平成30年度　児童生徒の問題行動等生徒指導上の諸問題に関する調査について」2019年
https://www.mext.go.jp/component/a_menu/education/detail/__icsFiles/afieldfile/2019/10/25/1412082-30.pdf（2020年7月20日確認）

文部科学省国立教育政策研究所「生徒指導リーフ」2012～2014年
https://www.nier.go.jp/shido/leaf/（2020年7月20日確認）

文部科学省「生徒指導提要」2010年

兵庫県教育委員会「いじめ対応マニュアル　改訂版」2017年
https://www.hyogo-c.ed.jp/~gimu-bo/ijimetaiou/manyuaru2908.pdf（2020年7月20日確認）

監修者、執筆者紹介

●監修者

森田健宏 (もりた たけひろ)
関西外国語大学　英語キャリア学部　教授
博士（人間科学）大阪大学

田爪宏二 (たづめ ひろつぐ)
京都教育大学　教育学部　教授
博士（心理学）広島大学

●編著者

古田薫 (ふるた かおり)
第1講を執筆
兵庫大学　教育学部　教授
教職・学習支援センター長
『考えを深めるための教育原理』（共著・ミネルヴァ書房・2020年）
『教育課程論・教育評価論（ミネルヴァ教職専門シリーズ6）』（共編著・ミネルヴァ書房・2022年）

山下晃一 (やました こういち)
第2講を執筆
神戸大学　人間発達環境学研究科　教授
博士（教育学）京都大学
『現代教育改革と教育経営（講座現代の教育経営1）』（共著・学文社・2018年）
『学校ガバナンス改革と危機に立つ「教職の専門性」』（共著・学文社・2020年）

●執筆者（執筆順）

武井哲郎 (たけい てつろう)
第3講を執筆
立命館大学　経済学部　准教授
博士（教育学）東京大学
『「開かれた学校」の功罪──ボランティアの参入と子どもの排除／包摂』（単著・明石書店・2017年）
『貧困・外国人世帯の子どもへの包括的支援──地域・学校・行政の挑戦』（共編著・晃洋書房・2020年）

米原泰裕 (よねはら やすひろ)
第4講を執筆
文部科学省
『教育行政提要（平成版）』（共著・協同出版・2016年）
『教職教養講座　教育経営』（共著・協同出版・2017年）

笹田茂樹 (ささだ しげき)
第5講を執筆
富山大学　教育学部　教授
博士（学術）神戸大学
『教師という仕事　リーディングス日本の教育と社会（第15巻）』（共著・日本図書センター・2009年）
『地域教育の構想』（共著・同時代社・2010年）

髙橋（可児）みづき (たかはし［かに］ みづき)
第6講を執筆
神戸市外国語大学　非常勤講師
「米国都市部における教員確保を目指した新たな養成システムの意義──若年・教員志望者の主体的な意味構成への作用に着目して」『関西教育学会紀要』第15号　1-16頁（関西教育学会・2015年）

湯田拓史 (ゆだ ひろふみ)
第7講を執筆
宮崎大学教職大学院　准教授
博士（学術）神戸大学
『都市の学校設置過程の研究──阪神間文教地区の成立』（単著・同時代社・2010年）
『地域教育の構想』（共著・同時代社・2010年）

榎景子 (えのき けいこ)
第8講を執筆
長崎大学　教育学部　准教授
博士（教育学）神戸大学
『学校教育制度概論（第2版）』（共著・玉川大学出版部・2017年）
『現代アメリカ学校再編政策と「地域再生」』──学校統廃合か、地域と教育の刷新か』（単著・学文社・2020年）

小早川倫美 (こばやかわ ともみ)
第9講を執筆
島根大学　教育学部　専任講師
『教師教育講座第5巻　教育行財政・学校経営（改訂版）』（共著・協同出版・2018年）
『新・教育の制度と経営（3訂版）』（共著・学事出版・2020年）

執筆者紹介

太田知実（おおた ともみ）
第10講を執筆
聖隷クリストファー大学　看護学部　助教
「米国都市部の保護者の学校参加にみる『公共性』の存立構造に関する一考察──ニューヨーク市におけるCC9の組織化過程・組織特性に注目して」『神戸大学大学院人間発達環境学研究科研究紀要』第11号第1巻　65-73頁（神戸大学大学院人間発達環境学研究科・2017年）
「米国教員養成制度における『スタンダード化』への対応実践の展開とその意義──志望者の主体的な学びを大学側はいかに支援できるか」『教育制度学研究』第25号　147-166頁（日本教育制度学会・2018年）

西野倫世（にしの みちよ）
第11講を執筆
大阪産業大学　全学教育機構教職教育センター　准教授
「現代米国の学校改善事業にみる学力測定結果の活用状況と課題──テネシー州チャタヌーガ市のValue-Added Assessmentをめぐる動向」『日本教育行政学会年報』第42巻　130-146頁（日本教育行政学会・2016年）
『Japanese Educational System and its Administration──日本の教育制度と教育行政（英語版）』（共著・東信堂・2018年）

米岡裕美（よねおか ゆみ）
第12講を執筆
埼玉医科大学　医学部　専任講師
博士（学術）神戸大学
『保健・医療・福祉のための 専門職連携教育プログラム』（共編著・ミネルヴァ書房・2019年）

金丸彰寿（かなまる あきとし）
第13講を執筆
神戸松蔭女子学院大学　教育学部　准教授
『大学評価と「青年の発達保障」』（共著・晃洋書房・2016年）
『事例で学ぶ 発達障害者のセルフアドボカシー──「合理的配慮」の時代をたくましく生きるための理論と実践』（共著・金子書房・2017年）

谷口武（たにぐち たけし）
第14講を執筆
元兵庫大学　教学部　教職・学習支援センター
公立高等学校管理職（8年間）

奥平賢一朗（おくだいら けんいちろう）
第15講を執筆
元兵庫大学　教学部　教職・学習支援センター
公立高等学校管理職（10年間）

編集協力：株式会社桂樹社グループ
イラスト：植木美江、寺平京子
本文フォーマットデザイン：中田聡美

よくわかる！教職エクササイズ⑦

法規で学ぶ教育制度

| 2020 年 11 月 20 日 | 初版第 1 刷発行 | 〈検印省略〉 |
| 2024 年 2 月 25 日 | 初版第 2 刷発行 | |

定価はカバーに
表示しています

監 修 者	森田 宏二	田爪 宏	健宏
編 著 者	古山 薫一	田下 晃	
発 行 者	杉田 三夫	田 啓	
印 刷 者	藤森 英夫		

発行所　株式会社　ミネルヴァ書房

607-8494　京都市山科区日ノ岡堤谷町 1
電話代表 (075) 581 - 5191
振替口座 01020 - 0 - 8076

亜細亜印刷

ISBN978-4-623-08182-0

Printed in Japan

森田健宏／田爪宏二 監修

よくわかる！ 教職エクササイズ

B5判／美装カバー

①**教育原理**　　　島田和幸／髙宮正貴 編著　本体 2200 円

②**教育心理学**　　　田爪宏二 編著　本体 2200 円

③**教育相談［第2版］**　　　森田健宏／吉田佐治子 編著　本体 2500 円

④**生徒指導・進路指導**　　　安達未来／森田健宏 編著　本体 2500 円

⑤**特別支援教育**　　　石橋裕子／林 幸範 編著　本体 2200 円

⑥**学校教育と情報機器**　　　堀田博史／森田健宏 編著　本体 2200 円

⑦**法規で学ぶ教育制度**　　　古田 薫／山下晃一 編著　本体 2500 円

⑧**学校保健**　　　柳園順子 編著　本体 2500 円

ミネルヴァ書房

https://www.minervashobo.co.jp/